이정표 없는 길을 가다

벤처 1세대 덕산 그룹 이Z

이정표 없는 길을 가다

벤처 1세대 덕산 그룹 이준호 회장 성공 스토리

BM (주)도서출판 성안당

언제나 위를 향해, 향상지심(向上之心), 향상지병(向上之病)

이른 퇴사와 늦은 도전, 그리고 성공

나는 울산의 어느 시골 마을에 넉넉지 않은 농가에서 태어나, 대학교를 졸업하고 울산의 현대중공업에 공채 1기로 입사하여 빠른 승진을 거듭하며 30대 중반에 불과한 나이로 50에도 어렵다는 부장이 되었다. 현실에 안주하여 그대로 회사에 다녔다면 장래가 보장되었겠지만, 37살에 안정적인 직장을 박차고 나와서 100평 남짓한 비탈진 밭에 움막 같은 공장을 짓고는 현대중공업과 현대정공에 부품을 납품하는 덕산산업을 세웠다.

회사는 꾸준히 성장했다. 사업이 궤도에 오르고 안정화된 시기인 1999년, 새로운 사업을 시작하기에는 너무 늦었다고 누구나 만류하는 54살에 덕산하이메탈을 창업했다. 반도체 소재를 생산하는 기업으로 그 당시에는 일종의 벤처사업이었고, 더구나 기존에 내가 해왔던 중공업과는 완전히 다른 영역으로서 그야말로 새로운 분야에 도전한 것이었다.

실험실에서 연구해 새로 개발한 제품을 양산하는 과정이었는데, 숱한 어려움을 극복하고 양산에 성공하여 덕산하이메탈을 세계적인 기업으로 일구어냈다. 이어서 덕산네오룩스, 덕산테코피아 같은 반도체 소재를 생산하는 기업을 인수, 합병하거나 신설하며 사업 영역을 확대해 각각의 분야에서 나름의 성공을 거두었다.

현재는 덕산넵코어스, DS 미얀마, 티그리스 인베스트먼트 등 9개의 계열사로 덕산그룹이 이루어졌다. 현재 덕산그룹을 이루고 있는 9개 기업 중 3개가 상장기업이며, 이들의 시가 총액만 해도 2조 원이 넘는다.

뼈에 새긴 실패가 성공을 가리켰다.

벤처사업은 문자 그대로 성공보다 실패하는 경우가 더 많다. 하지만 나는 1세대 벤처기업가로서 도전과 혁신으로 닥쳐온 위기와 역경을 기회로 바꾸었다.

나는 나의 성공 요인을 기업을 경영하면서 반칙을 쓰지 않은 정도경영과 향상지심(向上之心)이라고 생각한다. 나는 내 속에 잠재된 '높은 곳을 향해 도전하는 DNA'를 향상지심이라고 말한다. 향상지심은 나를 발전시킨 원동력이지만 무모한 향상지심은 고난을 주기도 했다.

고등학교 시절 우리 반에는 자기가 울산에서 싸움을 제일 잘한다고 으스대는 녀석이 있었다. 평소 눈엣가시 같은 녀석이었는데 싸움으로 도전해보고 싶은 마음이 일어났다. 나는 체구도 작았고 변변한 싸움 경험도 없었기에 패배가 분명했지만, 싸움에서 최고라는 녀석에게 도전해보고 싶은 향상지심이 발동한 것이었다. 나는 제대로 주먹도 휘둘러 보지 못하고 처참하게 깨졌다. 그 녀석의 주먹으로 한 대 맞으니 눈에 불이 번쩍하면서 '맞다, 야가 우리 반에서 싸움을 제일 잘하는 놈이었지!' 하는 깨달음을 순식간에 얻었다.

'제일 싸움을 잘한다는 놈과 싸운다'라는 목표만 있었지, 나는 그의 강점이 무엇인지 내가 파고들어야 할 약점이 무엇인지도 알지 못했을 뿐만 아니라, 내가 어떤 장점이 있는지조차 알지 못했다. 목표를 수행할 방법에 대한 고민도 성취에 필요한 준비도 전혀 없이 무작정 덤빈 도전이 성공할 수 없음은 너무도 당연하다.

위를 향해 도전하는 DNA는 이때 맞은 자리에 통증과 멍으로 남은 실패의 교훈이 뼛속 깊이 새겨져 더욱 정교하게 내 인생을 성장시켰다.

이처럼 도전하는 DNA는 나의 전 생애에 걸쳐 발동되었고, 가난과 농촌 출신이라는 핸디캡에도 주눅 들지 않게 해주었다.

농촌에서 가난하게 자란 처지라서 다른 친구들은 대학에 갈 꿈도 감히 꾸지 못할 때, 나는 대학에 가는 도전을 했으며, 대학에서도 당시 일반 학생들은 엄두도 내지 못하던 행정고시에 도전했다.

나보다 출신과 학력이 월등한 아내와 결혼에 성공한 것은 향상지심의 발로로 이루어진 내 인생 최고의 결과이다. 아내는 당시 부산의 명문 여중과 여고를 졸업하고, 여자대학으로서는 최고 명문이던 이화여대를 졸업했다. 농부의 아들로 태어나 시골에서 초·중·고를 졸업한 지방대 출신으로서 아내는 언감생심 엄두도 내지 못할 여자였지만, 아내를 만나고 나서 놓쳐서는 안 되겠다는 생각이 들었기에 혼신의 노력을 다하여 결국은 결혼에 골인했다. 아내가 자신보다 수준이 낮다는 주변의 만류를 뿌리치고 나와 결혼을 결심한 까닭도 위를 향해 도전하는 내 DNA에서 미래를 확신했기 때문이었다.

향상지병(向上之病) 같은 모험적 도전

사업을 시작한 뒤에도 나는 언제나 '미래 지향적 발전 인자'를 찾아 도전했다. 사업의 변곡점마다 위로 향하는 도전을 했는데, 아내의 말을 빌리면 가히 병적인 수준이었다. 그래서 나의 향상지심(向上之心)은 향상지병(向上之病)이라 말하기도 한다.

조선 부품을 제조하는 사업을 하다가 금속을 코팅하는 도금업에 도전한 것은 그때 형편으로는 커다란 모험이었으며, 전통 제조업인 도금업을 하면서 첨단 기술로만 가능한 솔더볼을 생산하는 기술집약적 정밀산업인 반도체 소재산업에 도전장을 내민 것도 무모해 보이기만 한 시도였다. 나아가서 디스플레이 분야로 진출한 것도, 더욱이 첨단의 유기 발광제인 OLED 사업을 시작한 것도 큰 도전이었다.

나는 탁월한 능력을 지닌 사람도 아니다. 그저 노력을 멈추지 않았을 뿐이다. 숱한 고난을 겪으며 어찌 마음이 평온하기만 했겠는가? 지옥의 나락으로 추락할 수도 있다는 두려움이 왜 없었겠는가? 하지만 위를 바라보아야만 직성이 풀리는 그저 향상지심(向上之心)이라는 DNA가 있었기에 도전이 가능했던 것이다.

그 과정에서 겪어야 했던 각고의 어려움은 나에게 숱한 인고의 시간을 안겨주었음은 말할 나위가 없다. 그런데도 이런 도전을 마음껏 할 수 있었던 것은 고통보다 큰, 가슴 설레는 성취가 있었기 때문이다. 스스럼없이 도전장을 내밀고 밀어붙이는 성향 때문에 고통과 성취감이 반복되는 삶을 살아왔고, 분명 굴곡과 고통의 연속이었지만, 가치 있는 삶이었다. 그런 나를 걱정스러운 눈으로 바라보던 가족의 심정은 어떠했을까? 아마도 나보다 더 심한 고통을 겪지 않았을까? 그러한 고통을 참고 묵묵히 기다려 준 가족에게 무한한 고마움을 느낀다.

내가 만든 이정표가 뒷사람의 지름길이 되기를

이 책은 나의 또 하나의 향상지심 DNA가 발동한 결과물이라고 생각한다. 이 책에는 나의 도전이 담겨있다. 처음에는 책을 쓸까 말까 많이 망설이기도 했다. 책을 쓰는 것이 나를 돋보이게 하려는 오만함이나 허영심으로 비치지 않을까 하는 우려 때문이었다. 아내도 나에게 "삼류나 하는 짓 말라"고 핀잔을 주기까지 했다. 하지만 나의 도전 이야기가 그대로 묻혀버린다면 너무 아쉽겠다는 생각이 들었다. 소위 지역의 성공한 벤처 1세대로서 어떻게 도전하고 혁신하여 성공했는지를 후배들에게 알려주고 싶었고, 내가 기업 활동을 하면서 평소에 생각하고 실천했던 정도경영에 대해서도 말해주고 싶었다.

이 책에는 내가 실제로 경험한 내용을 적었기 때문에 독자들은 더 큰 생동감을 느낄 것이며 공감의 폭 또한 클 것이라 여긴다.

중간중간 나의 경험에서 내가 도출한 나름의 결론을 정리했으므로 벤처기업을 시작하는 창업가들에게 생생한 교훈이 될 수 있을 것이다. 한발 먼저 길을 간 나의 이야기가 새롭게 창업을 시작하는 젊은이들에게 벤처의 길을 안내하는 이정표가 되었으면 한다. 그리고 어려움을 겪고 있는 많은 사람에게 나의 도전 이야기, 어려움을 극복한 이야기가 용기를 주었으면 한다.

무엇보다도 이 책은 나의 경험을 사회와 공유하는 것에 큰 의미를 두고 싶다. 사회에 이바지하는 방법은 여러 형태가 있다고 생각한다. 나의 경험이 교훈이 되어 나름대로 사회에 다소나마 기여가 되었으면 한다. 내가 세운 이정표가 뒤따르는 사람의 노고를 조금이라도 덜어주기를 바란다.

1장

날지 않으면,
높이 오를 수 없다

가슴 가득 열정 품은 어린 시절

울산광역시 북구 효문동에서 나는 3남 1녀 중 막내로 태어났다. 불행하게도 아버지는 한국전쟁 때 돌아가셨다. 우리 동네는 전주 이 씨 집성촌이었으며, 우리 집은 세종대왕 16대손의 종가로 울산 북구 효문동에 400평 부지의 고택에 살고 있었다. 우리 집에서 4대 봉제사, 시제(묘사)를 지냈다. 명절이면 차례를 지내기 위해 많은 친척이 모였다. 제관이 많다 보니 방과 마루, 마당에까지 멍석을 깔고 수십 명이 함께 제사를 지냈다. 그런 일을 다 감당하면서 어머니는 혼자서 우리 4남매를 키우셨다. 우리 집에는 큰 머슴, 작은 머슴이 있기도 했지만, 땅이 많은 부자는 아니었다.

어린 시절 집에서 막내이자 초등학생인 나는 소를 돌보는 일이 집안에서 맡은 임무였다. 여름이면 소를 끌고 풀을 먹이러 산으로 올라갔다. 풀을 베어다가 소를 먹이려면 어른의 노동력이 필요했지만,

소를 풀밭으로 데리고 가서 먹이는 일은 어린이로도 충분했기 때문이다. 내가 살던 곳은 백두대간의 끝자락이라고 할 수 있는데, 줄기마다 산등성이가 있고 골짜기가 있었다. 나는 소문골, 부엉골, 밤나무골, 삼치골, 끝재, 물청치를 비롯한 산과 골을 번갈아 가며 소를 먹이러 다녔다.

산에 올라 고삐(이까리)를 쇠뿔에 감아 풀이 많은 버덩(경상도 말로 뻔덕)에 내버려 두면, 소는 내가 놀고 있는 주변에서 풀을 뜯어 먹었다. 그러다 해거름이 되면 나는 아주 대단한 일이나 해낸 개선장군처럼 소가 말이라도 되는 듯이 등에 올라타고 산에서 내려오곤 했다.

들과 산에 풀이 없는 겨울이면 쇠죽을 끓여주어야 했다. 볏짚을 작두로 썰어서 콩깍지, 된장, 음식물 찌꺼기와 함께 넣고 쇠죽을 끓였다. 겨울에 소를 잘 먹여야 체력이 길러져 봄부터 일을 잘한다. 소는 봄에는 쟁기질하고 겨울에는 산에서 땔감을 마련할 때 없어서는 안 되는 존재이기에 농가에서는 소중한 보물이며, 살림 밑천이었다. 1년에 한 마리씩 새끼를 낳아주니 그 송아지를 키워 팔아 학자금으로 쓰기도 하는 등 유용하게 쓰였다. 그래서 소는 가족 같은 가축이었다. 그처럼 소중한 소를 내가 돌본다는 것은 가족의 일원으로서 한몫을 크게 해낸다는 자부심이 들게 했고, 뿌듯한 마음으로 즐겁게 해냈다.

제일중학교 시절 왼쪽 첫 번째가 필자

초등학교에 다니던 시절, 당시는 국가 산업 발전의 태동기였으며, 1차 산업이 2차 산업으로 옮겨가는 시점이었다. 많은 농촌 사람이 성공을 꿈꾸며 도시로 떠났다. 어린 나도 농촌을 벗어나고 싶었다. '어떻게 하면 여기를 벗어나 넓은 세상으로 나갈 수 있을까? 어떻게 하면 출세할 수 있을까?' 하는 생각을 늘 가슴에 품고 살았다. 농촌에 그냥 눌러앉으면 농촌 여자와 결혼하고, 아이 낳고, 농사꾼의 인생을 살아야 한다고 생각했다. 그 삶도 좋지만 나는 그렇게 살고 싶지 않았다.

그런 생각을 하던 중, 나에게 하나의 롤 모델이 생겼는데 그는 엄일영이라는 고종사촌 형님이었다. 그 형님은 울주군 온산면으로 시집간 고모의 아들인데, 우리 집에도 종종 놀러 오곤 했다. 서울대 경제학과를 졸업하고 한국일보사에서 기자 생활을 얼마간 하다가 공무원으로 임용되어 국가 고위직 핵심 관료로 출세한 분이었다. 박정희 대통령 시절 당시 경제기획원 외자관리국장으로, 부자나라에서 돈을 빌려 오는 일을 주로 한다고 들었다. 우리 집에 가끔 놀러 오는 형님을 보고 부러워하며 '여기서 벗어나려면 저렇게 성공해야 하겠구나'하고 마음을 다잡았다.

농촌을 탈피하여 살고 싶다는 강한 열망이 열정으로 자리잡기 시작했다. 이런 열정은 어린 시절 내내 내 가슴에서 불타고 있었다. 지금 생각해 보면, 현실에 안주하는 삶보다 더 나은 미래를 꿈꾸는 위로 향한 도전의 열정이 이즈음부터 태동하였다. 현실에 안주하며 평범하게 사는 것보다는, 도전을 통해 한 단계씩 더 발전해가는 삶을 택했고, 그것을 가능하게 한 것은 어릴 적부터 가슴에 품었던 열정 덕분이었다. 그러한 열정이 동력이 되어 나를 더욱더 나은 미래로 나아가게 했고 오늘의 나를 만들었다고 생각한다.

꿈은 성공의 씨앗 〰〰〰〰〰〰〰〰〰〰〰〰〰〰〰〰

당시 내 또래 아이들은 어른이 시키는 대로 농사지으며 살았다. 그런 인생이 나쁘다는 것은 아니다. 나는 그런 삶을 현실에 안주하는 삶이라고 생각했고, 탈피하고 싶었다. 더욱더 나은 미래를 꿈꾸었고, 현실 안주보다는 성공을 위해 도전하는 길을 선택했다. 가슴에서 꿈틀거리는 도전 DNA가 나를 채찍질한 덕분이었다. 꿈은 중요하다. 그것은 성공의 씨앗이 되기 때문이다. 그래서 어른들은 아이들에게 꿈을 가지라고 한다. 구체적인 꿈이면 좋겠지만 설령 막연한 꿈이라도 일단 꿈의 씨앗을 가슴에 품어야 한다. 그래야만 그것이 햇빛을 받고 비를 먹으며 자라 적절한 때에 꽃이 피고 열매를 맺게 되는 것이다. 나는 어린 시절 그 꿈을 도전 DNA라는 이름으로 가슴에 품었다.

대학에 도전하는 농고생

초등학교를 마치고 울산 제일중학교에 들어갔다. 중학교 졸업 후 대부분의 친구처럼 울산농고(후에 울산공고로 바뀜)에 진학했다. 나는 축산과에 들어갔는데 전공수업은 실습 위주였다. 수업 시간에 양계장에서 달걀을 수거하기도 하고 돼지 거세하는 일도 배웠다. 그중 닭장 청소는 보통 일이 아니었는데 닭털, 닭똥 등을 치우는 일이 마스크를 끼고 하는데도 고통스러웠다. 일반 교과목은 전공과목보다 시간이 아주 적었다. 대학 진학에 필요한 영어, 수학, 국어 같은 과목은 주당 4시간 정도였다. 당시 인문계 고등학교와 비교해보면 턱없이 적었다.

집이 있는 효문동에서 달동에 있는 울산농고(현 울산공고)까지는 상당히 먼 거리였지만, 걸어서 통학했다. 버스가 효문동 앞 비포장 도로로 다니긴 했지만, 차비를 낼 형편이 되지 않아 이용할 수 없었고, 그때는 또 걸어 다니는 것을 당연하게 생각했다. 학교에 가려면 강을 두 개나 건너야 했는데, 태화강에는 다리가 있었지만, 동천강에는 다리가 없어 양말을 벗고 바지를 걷어 올린 채로 건넜다.

울산농고에 다닐 때 등, 하교를 같이한 신기락이라는 친구가 있었는데 효문초등학교 교장의 아들이었다. 고등학교 2학년에 다니던 어느 날, 그 친구가 나에게 했던 말이 지금도 귀에 생생하다.

"준호, 너는 어느 대학교에 갈라고 하노?"

이 한마디가 내 인생 행로를 바꾸었다.

교육자인 아버지의 영향 때문이었는지 그는 당연히 대학에 진학할 생각이었고, 나도 자신처럼 대학에 진학할 것으로 생각했다. 나는 대학을 꿈조차 못 꾸고 있던 때였다.

"니 무슨 이야기고?"

"나는 서울대에 갈라고 하는데, 너는 어느 대학교에 갈긴데?"

그 친구는 그때 이미 대학시험 예비문제집도 가지고 있었다. 그의 한 마디가 어릴 때부터 마음속 깊이 잠재되어 있던 농촌을 벗어나고자 하는 나의 열정을 일깨웠다. '내가 농촌을 벗어나고 세상에 나가 출세하기 위해서는 대학에 가야겠구나!' 하는 생각이 갑자기 내 머리를 강하게 때렸다. 그때부터 나도 대학에 가야겠다고 굳게 결심했다. 친구의 그 한 마디가 내 인생의 변곡점을 만들었다.

그때까지 나는 은연중에 우리 집 형편에 대학은 당연히 못 가는 것으로 생각하고 있었는데, 집에 돌아와 혹시나 하는 마음에서 어머니에게 물었다.

"엄마, 나 대학 걸리면 보내 줄끼가?"

그러자 어머니는 거리낌 없이

"그래, 보내 주꾸마. 되기만 돼라."

전혀 예상하지 못한 대답이었다. 어머니의 긍정적인 대답을 듣자 나도 대학에 갈 수 있다는 꿈을 가지게 되었다. 그때부터 대학이라는 청운의 꿈이 생기게 된 것이다. 대학 진학이라는 도전이 마음속에서 시작되었고, 점차 대학 진학이라는 생각이 내 머릿속을 온통 차지하기 시작했다.

대학교 진학을 결심하고 나는 스스로 상징적인 의식을 하게 되었다. 대학에 합격하고 말겠다는 의지를 다지는 의식이었다. 한겨울, 어둠이 깔린 새벽길을 달리다가 얼음을 깨고 차가운 개천물에 옷을 전부 벗고 뛰어들었다. 물속으로 몸을 완전히 담그고는 첨벙첨벙 찬물을 끼얹었다. 그 차가움에 나의 정신도, 몸도 놀랐는데 그 새벽에 또 한 사람 놀란 사람이 있었다. 옆집에 사는 달천 어른이 개똥을 줍기 위해 나왔다가 그 광경을 본 것이다. 그 어른이 어이없다는 표정으로 나를 바라보던 모습이 아직도 눈에 선하다.

기업 활동에서 새로운 프로젝트를 시작할 때면 Kick Off Meeting(How to start the project)이라는 행사를 연다. 프로젝트를 시작하는 관련자들이 모여 추진할 방법을 논의하고 성공을 다짐하는 자리지만, 새로운 일을 시작한다는 세리머니 성격이 강하다. 새벽에 차가운 물로 뛰어든 것은 나 혼자만의 Kick Off 세리머니였던 것이다.

곧장 어머니를 졸라 자전거를 한 대 마련했고, 울산초등학교 부근에 있던 울산 유일의 영·수 입시학원에 다니기 시작했다. 학원에서 영어 강의를 듣는데 머리에 쏙쏙 들어왔다. 농고에서 공부하던 영어와는 차원이 달랐다. 강사가 어찌나 강의를 잘하던지 지금도 그때 영어 강사의 이름이 생각난다. 최현욱 선생님이었는데 뒤에 부산대학교에 입학해보니 문리대 영문학과 교수님이 되어 있었다. 칠판에다 문장을 쓰면서도 입에서는 예문이 술술 나왔다. 나는 그 예문들을 모두 필기하고, 집에 돌아와서는 달달 외울 정도로 복습했다. 그렇게 하니 학교에서 일주일에 4시간 하는 학교 영어 수업은 너무나 싱겁게 느껴졌다. 학교에서 다른 수업 시간에 학원에서 배운 영어 공부를 하다가 선생님에게 혼이 나기도 했다. 그렇게 한 달을 하고 나니 영어 실력이 부쩍 향상된 것 같았다.

두 달째 학원에 다니다 발견한 것이 있었는데, 최현욱 선생님 입에서 나오는 예문이 계속 반복된다는 것이었다. 이 예문들은 대부분 당시 학생들 사이에서 유명한 '에이 더블유 메들리(A.W. Medley)'라는 영어 참고서에 나오는 내용이었다. '이럴 것 같으면 비싼 돈 주고 학원에 다닐 필요가 뭐 있나, 시간 낭비만 하는 꼴이지'라는 생각

울산농고 시절, 친구 신기락과 함께   영어참고서, A. W. 메들리 삼위일체

이 들었고 그때부터 영어 참고서로 독학을 했다.

우리 집은 위채와 사랑채로 되어 있었다. 위채는 부엌, 큰방, 대청, 그다음이 머리방 순으로 이루어진 네 칸짜리 고가였는데, 머리방은 입시 준비를 하는 내가 차지했다. 전기가 들어오지 않을 때라 작은 책상 위에 촛불을 켜놓고 공부했는데, 여름에는 촛불에 모기장이 탈까 봐 장대로 모기장 중간을 받쳐야만 했다. 그때는 공부가 너무 재미있어 새벽까지 시간 가는 줄 모르고 공부했다. 제사 지내러 온 어른들이 새벽까지 그렇게 공부하는 나를 보더니 "집안에 인물하나 나겠다"는 말을 하기도 했다.

날지 않는 새는 새가 아니다 ◇◇◇◇◇◇◇◇◇◇◇◇◇◇◇◇◇◇◇◇◇◇◇◇◇

기회가 왔을 때 그 기회를 잡을 수 있는 사람은 준비가 된 사람이다. 그 준비는 꿈과 도전하겠다는 의지를 갖추었는지 안 갖추었는지가 결정한다. 내가 고등학교에 다니던 시절에는 대학에 가는 사람보다 가지 않는 사람이 훨씬 많았다. 더구나 나같이 농촌에서 나고 자란 사람이, 그것도 실업계 고등학교인 농고에 다니는 사람이, 가정 형편이 어려워 다른 형제들도 가지 않은 대학에 간다는 것은 분명 예사로운 일이 아니었으며, 나에게는 크나큰 도전이었다. 그 도전을 가능하게 한 요인은 어린 시절 품었던 '농촌을 떠나 성공하고 싶다'라는 꿈과 도전 DNA 덕분이었다.

날지 않는 새는 날개가 있어도 새라고 하지 않는다. 닭은 날개가 있지만, 날지 않으니 새가 아니다. 날지 않으면, 날개가 있어도 퇴화하여 날지 못하게 된다. 비록 날 수 있는 날개가 달려있기는 하나, 날지 않으니 날개가 없다고 생각하게 된다. 꿈은 날개이며, 도전 DNA는 날게 하는 근육이다.

◇◇◇

힘들었던 대학 시절, 그리고 행정고시 준비

대학 입시를 준비하면서 정말 열심히 공부했다. 오로지 공부에만 몰입해서 그랬는지 실력이 부쩍부쩍 느는 것을 느낄 수 있었다. 몰입은 목표를 향해 전력을 다하는 것을 뜻한다. 힘을 여기저기로 분산시키는 것이 아니라 한 곳으로 집중할 때, 상상 이상의 힘이 발휘된다. 이것은 비단 공부에만 해당하는 말은 아니고, 어떤 일을 하든지 집중하여 몰입하면 그 일을 달성할 가능성은 더욱 커진다. 나는 대학 입시 준비 과정에서 그 사실을 깊이 깨달을 수 있었다.

나는 농촌 출신이고, 농고를 다녀서 그런지 농대로 진학하고 싶었다. 그러나 신체검사에서 색맹이 나와서 농대에 갈 수 없었다. 어쩔 수 없이 진로를 인문계로 바꾸어 당시로서는 가장 미래가 유망하다는 부산대 상과대학 경제학과에 원서를 냈다. 당시에는 본고사만 치던 시절이었는데 운 좋게도 합격했다. 친구의 우연한 말에 촉발된 나의 대입 도전은 몰입을 통한 나의 노력과 어머니의 뒷바라지에 힘입어 단번에 성공할 수 있었다.

대학생이 되면서 처음으로 고향을 떠나 객지인 부산에서 생활하게 되었다. 가정 형편상 하숙은 꿈도 못 꾸고 조그만 방을 하나 얻어 스스로 식사를 해결하는 자취를 했는데 말 그대로 굶다시피 했다. 주말이면 집에 가서 쌀자루와 함께 비닐 가방에 김치 단지, 장 단지를 싸서 들고 자취방으로 돌아왔다. 취사는 주인집 부엌을 함께 썼다. 어느 여름날 주인집에서 가지무침을 했는데, 그 냄새가 그렇게 좋고 먹고 싶었다. 그것을 눈치챘는지 주인아주머니가 먹어보라고 한 접시 주었는데 얼마나 맛있었던지 그 맛을 지금도 잊을 수 없다.

나는 부산대학교 65학번이다. 부산대학교는 금정산 자락에 자리하고 있는데, 금정산을 넘으면 바로 산성 마을이 있다. 이 마을은 지금도 그렇지만 염소 불고기와 산성 막걸리로 유명했다. 입학 초에 거기로 야유회를 갔는데 막걸리를 마시고 몹시 취한 기억이 있다. 그 후에도 가끔 친구들과 막걸리를 마셨는데 점차 막걸리 맛을 알아가게 되었다. 이것이 대학 생활의 낭만, 그 빈약한 낭만의 시작이었을까?

집에서 쌀과 부식 외에는 별도로 경제적인 도움을 받을 처지가 되지 못했기에 학비와 잡비를 충당하기 위해 자취방에 중학생들을 모아 과외를 시키는 아르바이트를 했다. 자취와 과외 아르바이트를 병행하는 그 생활은 힘들기도 하거니와 너무 따분했다. 그래서 두 가지 문제를 동시에 해결할 수 있는 입주 가정교사를 하기로 하고 신문에 구직 광고를 냈다. 며칠간 전화 오기를 기다리다가 마침내 전화를 받고 학생 집을 찾아갔다. 그 집은 2층 양옥이었는데, 잘 산다는 게 이런 것이구나 생각될 정도로 세간살이가 으리으리했다. 나중에 알고 보니 스테인리스 그릇을 만드는 ㅇㅇ실업 회장 댁이었다. 그 집에서 처음 받은 밥상은 상다리가 부러질 정도로 진수성찬이었다. 내가 처음 왔다고 특별히 차려 준 밥상인 줄 알았는데 알고 보니 그 집의 일상적인 밥상이었다. 나는 모처럼 그동안 곯았던 배를 채울 수 있었으며, 식사 걱정을 안 해도 된다는 것이 정말 좋았다. 내가 거주할 방은 현관 입구 오른쪽에 있었는데, 운전기사와 함께 사용했다. 운전기사는 운전하는 머슴, 나는 아이를 가르치는 머슴이라는 생각이 들 때면 울산집에서 부리던 머슴이 떠올라 좀 울적하기도 했다. 내가 남의 집에 머슴으로 전락했다는 자괴감 때문이었다. 그 집에는 식모도 둘씩이나 있었는데 모두 울산 사람이라고 했다. 내가 중학교에 다닐 때 그 사람들 집 앞으로 다녔다는 사실을 나중에 알게 되었다.

내가 가르친 아이는 그 집의 2남 2녀 중 셋째였다. 누나들은 서울의 연세대, 이화여고를 다닐 만큼 공부를 잘했지만, 내가 가르친 학생은 부산중학교에 다녔는데 성적이 아주 나빴다. 당시는 중학교도 입학시험을 볼 때였는데, 일류 중학교인 부산중학교에 입학할 수 있는 학업 수준이 아니라는 생각이 들 정도였다.

처음 학생을 가르치기 시작했을 때는 학생의 성적이 반에서 60명 중 59등이었는데, 내가 가르친 후 성적이 39등까지 올랐다. 그런데 성적이 더는 오르지 않았다. 학생 성적이 오르지 않으니 과외선생으로서 그 집에 더 머물러 있을 명분이 없었다. 학생의 어머니는 내 앞에 과외선생을 9명이나 바꾸었는데, 그만큼 성적이 오른 것만 해도 잘한 것이라고 더 있어 달라고 했다. 그래도 아닌 것은 아니다 생각되어 그 집을 나왔다. 아이를 가르치는 교육자라는 자부심보다 머슴살이한다는 자괴감이 그 집과 가르치던 아이에게 정을 붙이지 못한 이유일 수도 있다.

학업만으로도 쉽지 않은데 경제문제까지 스스로 해결하려다 보니 세상 사는 것이 너무 힘들었다. 꿈에 그리던 대학생이 되었는데 인생이 고달프기만 했다. 2학년을 마치고 나니 온몸의 진이 다 빠진 느낌이었다. 없는 형편에 대학에서 공부한다는 것이 얼마나 힘겨운 일인지 뼈저리게 느꼈다.

도피하는 마음으로 자원입대하기로 결심했다. 군 복무가 끝나도 경제적인 형편은 나아지지 않을 테지만 일단 3년 뒤에 일은 제대 후에 생각하기로 했다. 휴학계를 내고 육군 창원 훈련소에 입소했다. 대학 시절 반이 고달프기만 한 채로 지나갔다. 하루하루 경제문제에 시달리고 허덕이며 꿈이 없이 흘러가 버린 시간이었다.

대학 초년생 시절 금정산성에서 경제학과 동기생들과 함께, 앞줄 맨 왼쪽이 필자

3년 후 육군을 만기 제대했다. 군을 제대하고 나서 앞으로 무엇을 해야 할 것인가를 고민하다가 마침 어릴 때 나의 롤 모델이었던 고종사촌 형님 생각이 났다. 그 형님처럼 정부의 고위 관료로 진출해 출세하고 싶었다. 농대에 진학하고 싶은 꿈을 색맹이라는 신체조건 때문에 포기한 자리에 고종사촌 형님처럼 고위 관료가 되어야겠다는 꿈이 되살아났다.

제대하고 복학하자마자 행정고시를 준비했다. 상대 경제학과에 다니면서, 다른 과목들은 몰라도 행정고시의 주요 과목인 법학은 공부하기가 무척 어려웠다. 그래서인지 3학년과 4학년 때 두 번이나 행정고시에 응시하였지만, 결과는 좋지 않았다. 대학을 졸업하고도 계속해서 고시를 준비했다. 조용히 시험공부에만 몰두할 수 있는 곳을 찾다가 울주군 범서면 입암리에 있는 누님 집을 찾았다. 누님 집의 머리방을 차지하고 다시 행정고시를 준비했는데 그야말로 밥 먹는 시간과 잠자는 시간을 빼고는 오로지 공부에 전념했다.

한동안 그런대로 공부에 몰입했는데 어느 날 예상하지 못했던 문제가 생겼다. 그것은 바로 말로 표현할 수 없을 정도로 밀려오는 고독감이었다. 지금도 그 뼈저린 고독감을 잊을 수가 없다. 그전까지는 학교에서 친구들과 어울려 공부했는데, 입암리에서는 혼자 있게 되자 외롭고 쓸쓸함이 가슴을 파고든 것이었다. 다른 친구들은 취업해서 직장에 다니고 있는데, 나만 그러지 못하다고 생각하니 넓은 바다 한가운데 떠 있는 무인도에 혼자 버려진 느낌이었다. 같은 학과 친구들과 다른 길을 가는 것이 잘하고 있는 것인지 확신도 서지 않았고, 내가 수강하지 않은 법학 과목들을 외부의 도움 없이 혼자서 공부해야 하는 것 또한 힘들었다.

8개월 정도 시험 준비를 한 후 시험을 쳤지만, 또 낙방했다. 세 번을 도전했으니 할 만큼 했다고 생각하고 과감히 행정고시를 포기했다. 그러면서 고시촌에서 공부하는 사람들이 정말 대단하다고 생각되었다. 하지만 능력이 되지 않은 수많은 사람이 공무원 시험에 매달리며 시간을 보내는 것은 경제나 효율 면에서 개인 차원을 넘어 국가적인 손실이라는 생각도 함께 들었다. 그리고 이 생각은 지금도 변함이 없다.

🖐 버릴 줄도 알아야 한다 ◇◇◇◇◇◇◇◇◇◇◇◇◇◇◇◇◇◇◇◇

어떤 일을 하더라도 몰입해서 노력을 다해야 한다. 하지만 안 되면 버릴 줄도 알아야 한다. 행정고시를 포기하며 3년에 걸쳐 공부한 것이 아깝다는 생각도 들었으나 지금 생각해 보니 그 노력은 결코 헛된 것이 아니었다.

첫째, 법학 과목을 공부하면서 행정에 대해 많은 것을 알게 되었고 나중에 기업을 경영하면서 그때 공부한 내용이 큰 도움이 되었다.

둘째, 길이 아니라고 판단하고 중단하면 나중에 100을 잃을 것을 50만 잃는 결과가 되어 더 나은 결과를 가져올 수도 있다.

셋째, 실패했을 때, 실패를 단순히 실패로 끝낼 것이 아니라 성공적인 실패가 되도록 해야 한다는 것을 알게 되었다. 어떤 일에 실패하게 되면 일단 그렇게 해서는 안 된다는 교훈을 얻을 수 있으며, 실패의 원인을 분석하여 다음번 도전에서 성공의 실마리를 찾을 수가 있다.

1,000번의 실패 끝에 백열전구의 필라멘트 개발에 성공한 에디슨도 실패는 성공의 어머니라고 하지 않았던가?

◇◇

현대중공업 공채 1기, 사회에 첫발을 디디다

행정고시를 과감히 포기한 다음 해인 1972년에 울산에 있는 현대 중공업 공채 1기 시험에 도전했다. 행정고시 준비를 하면서 나름대로 실력을 닦았기에 현대중공업 입사 시험은 나에게는 쉽게 느껴졌다. 경쟁률이 12대 1이나 되었지만, 무난히 합격하여 채용되었다.

정주영 회장의 자서전 '이 땅에 태어나서'를 읽어보면 정 회장이 현대중공업을 설립할 때의 일화가 나온다.

정주영 회장이 영국 애플도어사에서 조선 기술을 도입하기 위해 롱바톰 회장을 만났을 때, 한국의 조선 기술력을 믿지 못하자 정 회장은 5백 원짜리 지폐에 그려진 거북선을 보여주며 우리나라는 이미 16세기에 철갑선을 건조해 일본 수군을 격파했다고 말했고, 감동한 롱바톰 회장이 조선 기술 제공은 물론 조선소를 건설할 차관 공여 은행으로 버클레이즈 은행을 소개해 주기까지 했다.

또한 버클레이즈 은행에 차관을 요청했을 때 은행 측에서 앞으로 건설할 조선소에서 건조할 선박을 수주해 오면 차관을 주겠다고 하자, 애플도어사에서 빌린 유조선 도면과 조선소 부지로 예정된 울산 전하만의 5만분의 1 지도 한 장, 소나무 몇 그루와 초가집 몇 채가 서 있는 백사장 사진을 들고 세계를 다니며 수주 활동을 벌였다. 결국 그리스의 해운 선주 리바노스로부터 유조선 두 척을 수주했고, 버클레이즈 은행으로부터 차관을 도입할 수 있었다.

내가 입사한 그 시점이 바로 정주영 회장이 그런 우여곡절을 거쳐 회사를 설립하고, 조선소를 건설하고 있을 때였다. 당시 허허벌판에 본사 사옥으로 사용하는 빨간색 4층 건물 하나만 덩그러니 서 있었고, 인근에 외국인 숙소와 독신자 숙소가 있었다. 나는 독신자 숙소에서 출퇴근하며 식사는 삼시 세끼를 전부 회사에서 해결했는데, 저녁 8시 이전에는 퇴근할 엄두도 못 낼 만큼 바빴다. 그런 역동적인 시기에 현대중공업(당시는 현대조선)에 입사해서 5년 동안 근무했다.

나는 자재관리 업무를 맡았는데, 내 직속 상사는 연세대를 나온 박세용 과장(후에 현대종합상사, 현대상선 회장 역임)으로 철두철미한 현대맨이었다. 그분에게 현대맨이 되기 위한 교육을 철저하게 받았다. 평소 부하들을 아주 엄하게 다루었으며, 결혼하기 위해 선보러 가는 것을 제외하고는 주말에도 외출을 금지했다. 그분은 회사에 대한 충성심이 대단히 높았고, 정주영 회장의 신임도 두터웠다.

1970년대 현대중공업 조선소 건설현장(사진자료: 현대중공업(주))

또 영어를 대단히 잘해서 바이어, 슈퍼바이저와 함께 저녁에 회식이
라도 하게 되면 영어로 사회를 보기도 했다. 현대중공업의 사우디
아라비아 주베일 산업기지 공사 현장에서 폭동이 일어난 적이 있는
데, 폭동을 진압하는 과정에서 사우디아라비아 경찰로부터 총을 맞
기도 했고, 감옥에 가기도 했다.

　현대중공업이 들어선 전하만은 당시 유리 원료가 되는 규사 혹은
주물사로 쓰이는 모래로 유명한 아주 맑고 깨끗한 백사장이었는데
그 일대를 사들여서 조선소를 건설했다. 엄청나게 많은 중장비가 동
원되어 도크를 비롯한 수많은 기반 공사를 동시에 하다 보니 문자
그대로 장관이었다. 아침에 출근하면 어제까지 없던 길이 새로 나
있곤 했다. 당시 직원들은 현대중공업을 우리 손으로 일구는 회사
라고 생각했기 때문에 자부심과 더불어 애사심이 대단했다. 우리가
공채 1기이니 우리 선배들은 모두 경력사원으로서 부산에 있는 대
한조선공사나 인근에 있는 작은 규모의 조선소에서 배 만드는 일을
직접 경험한 사람이었다.

　현대중공업은 우여곡절 끝에 리바노스사에서 수주한 26만 5천 톤

현대중공업의 첫 수주 선박 애틀랜틱 배런호 명명식(사진자료: 현대중공업(주))

급 VLCC 선박(애틀랜틱 배런호) 건조에 성공했다. 현대중공업에서 만든 첫 작품인 그 선박을 진수할 당시, '과연 우리 손으로 지은 배가 바다에 뜰까?' 궁금해하며 임직원 수천 명이 도크에 모여 긴장과 기대로 바라보았다. 한민족 5천 년 역사상 처음으로 건조한 대형 선박이었기 때문에 매스컴은 물론 전 국민으로부터 큰 관심을 끌었다. 현대의 모든 임직원은 자신이 국가 산업 발전에 이바지한다는 자부심이 대단히 컸기 때문에 긴장과 기대도 당연한 일이었다. 예인선이 도크에서 끌어낸 배가 바다에 뜨자, 그 자리에 참석한 많은 사람이 손뼉을 치고 눈물을 흘리며 환호했다.

현대중공업은 처음부터 좋은 경영 여건을 갖추고 출발한 회사였다. 노동 집약적 산업인 조선업은 현대중공업이 출발할 당시 유럽 전체가 내리막길을 걷기 시작했다. 그런 상황이었기 때문에 조선 선진국이었던 영국과 우호적인 협력관계도 맺을 수 있었다. 애플도어사와 조선 기술 도입계약을 맺은 것은 물론, 스코틀랜드에 있는 조선소와도 협력 계약을 체결하여 현대중공업 직원들이 현지에서 6

현대중공업 재직시절 입사동기와 함께

개월 동안 연수받기도 했다. 그뿐만 아니라 영국이나 덴마크 등의 조선소에서 퇴직한 우수한 임원 출신의 관리인력을 현대중공업에서 대거 영입할 수 있었는데, 그렇게 영입된 외국인들이 기술 사장(CTO)과 기획실장, 훈련소장 등 요직에 기용되었다. 그들 덕택에 현대는 처음부터 글로벌 시스템을 갖출 수 있었다.

생각은 자세를, 자세는 행동을, 행동은 인생을 바꾼다.

어떤 일을 할 때 어떤 자세를 가지고 접근하느냐가 매우 중요하다. 일할 때는 일에만 몰입해야 하며, 몰입하기 위해서는 그 일을 하는 데에 대한 자부심이 있어야 한다. 현대중공업에서 근무하는 동안 이것을 깨달았기에, 내 사업을 하면서도 직원들에게 일을 시킬 때는 먼저 일에 대한 동기를 부여하여 스스로 자부심을 품고 임하도록 했다. 일에 임하는 자세에 따라 그 결과는 엄청난 차이가 날 수 있기 때문이다.

현대정공(모비스)을 나와 비전의 날개를 펼치다

현대중공업 자재부에서 열정적으로 일했고, 입사한 지 5년쯤 되었을 때는 과장으로 승진할 수 있었다. 과장으로 승진한 지 얼마 되지 않아 인근에 있던 현대 그룹 계열사인 현대정공(지금의 현대모비스)에서 자재부를 이끌어 달라는 스카우트를 제안받았다. 현대정공에 차장으로 부임해 곧 부장으로 진급했다. 현대정공에 가서 보니 직원들이 일하는 방식이 내가 일하던 현대중공업과는 사뭇 달랐다. 명색이 대기업인데도 일하는 방식이 체계적이지 못했다. 마치 동네 철공소에서 일하는 것 같다는 느낌이 들 정도로 어설프게 보였다.

부서장인 내 밑에는 과장 4명이 각각 구매과장, 창고과장, 통제과장, 관리과장을 맡고 있었는데 업무분장이 불분명하고 일을 처리하는 체계가 정립되지 않아서인지 업무효율이 낮았다. 나는 내가 현대중공업에서 현대정공에 스카우트 되어온 이유가 이런 체계를 바로 잡기 위한 목적임을 깨달았다. 업무효율을 높이기 위해서는 관리체계를 바로 잡아야 하고 과장들이 부서 전체의 업무를 이해할 수 있어야 한다고 생각했다. 과장들이 자기 부문의 일 뿐만 아니라 부서 전체의 업무를 이해해야 개별 업무를 하더라도 전체를 보는 안목이 생겨 성과를 높일 수 있기 때문이다. 타 부문의 업무를 이해하기 위해서는 순환근무를 시키는 것이 가장 효율적이라 생각해서 4명의 과장에게 취지를 설명하고 동의를 얻어 각각의 보직을 바꾸는 인사를 단행했다.

내 취지를 이해하고 회사를 위해서 동의해준 과장들이 무척 고마웠다. 그런데 과장 한 명은 내 앞에서 동의는 했지만 내심으로는 타사에서 부임한 부서장이 자신의 보직을 바꾼 게 만족스럽지 않았던 모양이었다. 예상 못 한 문제가 터졌다.

당시 현대정공의 대표는 정몽구 회장이었다. 현대의 급성장과 함께 계열사인 현대정공도 사업이 나날이 번창했고, 그러다 보니 정몽구 회장은 자신을 도와줄 믿을 만한 사람이 필요했는데 주로 자신의 지인들을 영입했다. 이들 중에는 회사 내에서 직접 보직을 맡아 일하는 사람도 있었고, 회사 밖에서 현대정공과 관련된 일을 하는 사람도 있었다. 사내에 영입한 대표적인 사람이 자재부의 내 상사였던 K 이사이다. 그는 미국으로 유학 가서 미국 회사에 취업해 있었는데 당시 정몽구 회장이 불러들여서 이사 직급을 줬다. 당시 내가 느끼기에 이사는 하늘의 별이라고 생각될 만큼 보통 사람이 따기에는 대단히 어려운 직급이었다.

회사 밖에서 현대정공과 관련된 사업을 하는 사람 중에는 일 처리를 좀 과격하게 하는 사람도 있었다. 그 가운데에는 현대정공 밖의 공장장이라고 부르던 O 사장이 있었다. 회사의 초창기라 힘으로 밀어붙여야만 진행되는 일도 많았기 때문에 이런 사람도 회사 발전에 크게 힘이 된 부분이 없지 않아 있다.

과장들의 인사 발령을 낸 후 얼마 되지 않아 그 O 사장으로부터 전화가 왔다.

"이 부장 자네 인사를 그리하면 되나?"

다짜고짜 따졌다. 나는 그 말을 듣고,

"사장님, 그게 무슨 말씀입니까?"

어리둥절해서 되물었다.

"일 잘하는 사람을 좌천시키고."

하는 순간, 과장들 순환보직 발령 때문이라는 생각이 들었고 과장 중 한 사람이 그에게 불만을 털어놓았다는 것을 알아차렸다.

하지만 회사 밖에 있는 사람이 회사 내의 인사 문제까지 참견하는 것에 화가 났다. 또한, 나름대로 계획을 세우고 사전에 취지까지 설명한 후에 동의를 구했음에도 불구하고, 외부 인사에게 자신의 불만을 누설한 부하가 괘씸하게 느껴져 마음이 매우 불편했다.

"사장님, 저희 과장들의 실력을 배양하려는 방편입니다. 저의 직속 상사인 김 이사님도 제가 한 인사에 동의했는데, 왜 사장님이 간섭하는 겁니까?"

이번에는 내가 따져 물었다.

그러자 그는 발끈해서,

"너 지금 있는 자리가 어디야?"

소리쳤다.

"사무실에 있습니다."

나는 아무 거리낌 없이 대답했다.

"그 자리에 꼼짝 말고 있어."

당장 나를 때려눕히기라도 할 기세였다.

얼마 안 있어서 그가 얼굴이 벌겋게 된 채로 사무실로 들어왔다. 흥분한 사람은 냉정한 사람보다 다루기가 더 쉽다. 나는 그를 일단 자리에 앉게 하고는,

"부하들에 대한 인사는 부서장 고유 권한입니다."

당당한 자세로 단호하게 말했다. K 이사는 자기 친구가 들어와 소란을 피우자 입장이 곤란했는지 뒷자리에 앉아서 모르는 척하며 듣고만 있었다.

"제 직속 상사인 이사님도 제 고유 권한인 인사에 관해서는 관여하지 않습니다. 더군다나 외부에 계신 분이 왜 회사 내부의 인사에 간섭하십니까? 그러지 않았으면 좋겠습니다."

내가 전혀 밀리지 않자 그는 화가 머리 꼭대기까지 치민 것 같았

지만, 아무 반박도 못 했다.

그는 말문이 막혀버려서 할 말이 없자, 말로는 나를 이길 수 없다는 사실을 깨달았는지 더는 윽박지르지 못하고 가버렸다.

회사 밖에서 회사를 쥐락펴락하려는 사람을 응징했다는 사실이 무척 통쾌했다. 하지만 그 통쾌함은 얼마 가지 못했다.

그 일이 있고 나서 나는 회사라는 거대조직에 톱니바퀴로 살아가는 삶에 회의감이 들기 시작했다. 나는 내 소신껏 회사를 위해서 일하지만, 진심이 통하지 않는 것에 큰 좌절을 느꼈다. 1년 동안이나 회사를 그만둘 것인지 고민했다. 현대중공업과 현대정공에서 합계 10년을 일했으니 결론이 쉽게 나지 않았다. 순간순간에는 그만두고 싶은 생각은 간절했지만, 결혼을 했으니 한 가정의 가장으로서 안정된 직장을 그만둔다는 것은 큰 용기가 필요했다. 지금도 마찬가지지만 당시에도 현대와 같은 대기업에 근무하는 것은 다른 사람들에게는 부러움의 대상이었는데 그 복을 박차고 나가다니, 주위의 시선이 따가울 것도 같았다.

그리고 주변에는 자기 사업을 하기 위해 회사를 나갔다가 실패한 사람도 많았다. 회사를 그만두고 내 사업을 하다가 성공하면 다행이지만 만약 실패하는 날에는 가정이 파탄 날 수도 있었기 때문에 쉽게 결정을 못 내리고 있었다. 달마다 정해진 돈을 받으면 되는 삶에서 달마다 정해진 돈을 주어야만 하는 삶으로 전환하는 일이 만만하지 않을 것이기 때문이었다.

하지만 나는 나를 믿기로 했다. 어릴 때부터 도전하는 삶을 살았기에 내 몸속에는 도전 DNA가 있었으며, 현대정공에서는 희미한 내 인생의 비전보다는 보이는 비전을 쫓기로 했다.

그래서 과감히 사표를 던지고 새로운 비전을 찾아 나섰다. 현대정공을 퇴사하고 덕산산업이라는 회사를 창업했다. 사업 초기에는 현대중공업과 현대정공의 전 동료들이 도와준 덕분에 두 회사에 부품을 납품하며 그럭저럭 사업을 꾸려갈 수 있었다.

심장을 펄떡이게 하는 것은 열정이다

나는 현대정공의 자재부장이라는 안정적인 자리를 박차고 나와서 새로운 비전을 향해 도전했다. 실패할 수도 있는 위험도 있었으나 위기는 동시에 기회도 가져온다는 평소 신념이 있었기에 나만의 사업을 시작할 수 있었다.

새가 하늘을 날 수 있는 것은 날개가 있기 때문이라고 생각하겠지만, 날개보다 더 중요한 무언가가 있다고 생각된다. 그것은 날갯짓하도록 해주는 심장의 펄떡임이다. 그리고 그 심장을 펄떡이게 하는 것이 열정이다. 나는 그러한 열정을 가슴에 품고 있었기에 날갯짓을 할 수 있었고, 현상에 안주하지 않고 하늘을 비상할 수 있었다.

현대 직장생활 10년의 의의

　현대에서의 직장생활 10년은 이후의 인생에서 큰 의미를 지닌다. 말하자면 현대가 나에게 큰 선물을 했다고 생각한다. 현대중공업에서의 5년은 정주영 회장으로부터 무에서 유를 창조할 수 있는 열정을 선물 받았고, 기업의 체계를 갖추어가면서 저돌적으로 밀어붙이는 추진력을 배웠다. 이뿐만 아니라 대한민국의 초기 경제 발전에 큰 주춧돌이 되었던 중화학공업이 국가 경제에서 가지는 비중과 무게감을 터득할 수 있었다.

　한편 현대정공에서의 5년은 현대중공업에서 흡수한 양호한 영양 상태의 체질에 강한 생명력과 자생할 수 있는 면역력을 더해 주었다. 길가의 잡초처럼 발에 밟혀 문드러져도 살아남을 수 있는 생명력을 선물 받은 것이다. 이것은 아무리 어려운 환경에서도 독자적으로 생존할 수 있는 면역체계와 같은 것이었다. 이들은 모두 내가 경영인으로 사는 삶에 큰 자양분이 되었음은 의심할 여지가 없다.

2장

내 힘으로
내 길을 간다

도금업에서 미래를 보다 – 덕산산업 창업

1982년, 현대중공업에서 시작해 현대정공을 거친 나의 회사생활 10년을 마감한 그때, 내 나이는 많지도 적지도 않은 37살이었다. 고향 효문동에 있는 동네 형님의 비탈진 땅 100평을 빌려 움막 같은 건물을 짓고 덕산산업을 창업했다. 현대정공을 퇴사하고 내 사업을 창업하니 너무나도 편하고 좋았다. 잃어버린 영혼을 다시 찾은 기분이 들었다. 역시 나는 큰 조직의 부품으로 살 사람이 아니라는 확신도 커졌다. '이제부터는 나 자신의 삶을 살겠다. 순수한 내 힘으로 내 길을 개척하겠다.' 인생의 변곡점을 맞아 그간의 삶을 정리해 보며 앞으로 살아가야 할 인생의 초석을 다졌다. 그때부터는 남의 눈치를 보지 않는, 나만의 삶을 살아갈 수 있었다.

창업 초기에 은행에 근무하는 친구에게 500만 원을 꾸어 장만한 1t짜리 픽업트럭을 자가용 겸 납품 차량으로 사용했다. 사장에서부터 말단 종업원 역할까지 '완전 밑바닥'에서부터 일을 시작했다. 사업 초기에는 현대중공업과 현대정공에 다닐 때 알던 인맥으로 수주받은 제품을 생산하여 납품하는 일을 주로 했다.

그런데 창업하여 새로운 일에 전력투구하며 한창 꿈에 부풀어 있던 시기에 한 번의 큰 시련이 닥쳤다. 현대정공에 대한 납품이 끊어진 것이다. 잘 되는 사람을 축하해주는 사람도 있지만 질투하는 사람도 있고, 어느 일이나 경쟁이라는 게 있기 마련이다. 나도 제품을 잘 만들었지만, 구매를 담당하는 쪽에서는 나보다 더 잘 만드는 사람이 있으면 눈길이 가는 게 당연했다. 눈길이라는 것도 길이라서 다른 쪽으로 방향이 바뀌면 물길처럼 그쪽으로만 흘러가게 되어 있다.

나를 적극적으로 밀어주던 퇴직 전 윗사람부터 아랫사람들까지 나에게 등을 돌리는 것 같아 무척 억울하고 섭섭했다. 나도 사람인지라 내가 경쟁력이 약해서 그렇다는 생각보다는 나를 미워하는 어떤 사람이 일을 벌여서 나를 망하게 하려는 것 같아 화가 나기만 했다. 현대정공에 왔을 때 인사 문제로 갈등을 빚었던 O 사장이 내가 하던 일을 빼앗아 자신이 가졌다는 소문에는 마음이 크게 어지러워졌다.

어렵게 창업하여 새로 사업을 시작했는데 그런 일을 겪게 되니 힘이 쭉 빠져버렸다. '친정에서 배신당한 딸의 느낌이 이런 것이겠구나'하는 생각도 들었다.

나는 주위 사람들에게

"앞으로는 현대정공 쪽을 보고는 오줌도 안 눌 거다."

라고 말하곤 했다. 아쉬움과 답답한 마음을 털어놓은 넋두리였다.

하지만 이 일에서 나는 하청은 원청의 방침에 따라 얼마든지 흥망을
겪을 수 있다는 교훈을 뼈에 새겼다.

연은 역풍에 높이 난다

현대정공과의 뼈아픈 경험은 사업에 대해 많은 것을 생각하게 했다. 연이 역풍에 더 높이 나는 것처럼 역경이 나를 단련시켜 더욱 강하게 만든 것이다. 우선은 현대중공업의 물량으로 사업을 지속할 수 있겠지만, 현대정공의 물량을 빼앗긴 것과 같은 일이 언제든지 다시 일어날 것이기 때문이었다. 나를 도와주던 현대중공업에서 같이 일했던 동료들과 입사동기생들도 언젠가는 자리를 옮기거나 퇴사할 것이고, 그러면 나에게 우호적인 상황이 언제까지 지속될지 장담할 수 없었다. 또한, 대기업에 납품하는 사업은 항상 불안했다. 나의 의지에 상관없이 자신들의 입장에 따라 언제든지 물량 조정이 가능하고 심지어는 납품이 끊어질 수도 있었다. 말하자면 대기업에 종속된 사업이었다. 이러한 사업은 리스크가 크고 사업하는 사람은 늘 불안하기 마련이다. 이러한 위험에서 벗어나려면 어떻게 해야 할까? 대기업에 종속되지 않기 위해서는 어떠한 종류의 사업을 해야 할까? 어떻게 하면 대기업의 영향력에 휘둘리지 않고 오직 나 자신의 힘으로 사업을 지속시킬 수 있을까? 그렇게 하려면 내 사업을 혁신해야 하는데, 어떻게 하면 혁신할 수 있을까? 이러한 생각들이 내 머리를 떠나지 않았다.

그러던 중 어느 날, 은행에서 고객용으로 비치되어 있던 '이노베이션, 이것이 기업을 영속하게 한다.'라는 제목의 소책자를 우연히 보게 되었다. 일본의 경제학자가 쓴 책이었는데 그 내용이 나의 관심을 끌었다. 그 책의 핵심 내용은 기업이 사회가 요구하는 니즈, 고객사가 요구하는 니즈에 민감하게 반응하여 변신하지 않으면 기업 생명은 끝나게 되는데, 전후에 일본 기업들이 지속적인 발전을 할 수 있었던 이유는 상황에 맞게 변신과 혁신을 했기 때문이라는 것이었다. 일례를 든다면, 전시에는 총, 칼, 등의 무기를 제작했지만, 전쟁이 끝난 후 사회는 그러한 제품을 더는 요구하지 않았기 때문에, 변신해서 기존에 하던 사업과 관련된 기술과 생산설비를 이용하여 포크, 나이프와 같은 주방 기구를 생산했기에 장기적으로 발전해 나갈 수 있었다는 것이다. 시장의 상황이 변하면 기업은 혁신과 변신을 해야 하며, 변신할 때는 기존에 하던 일과 기술이나 시장 측면에서 관련성이 있는 아이템으로 옮겨가면 성공할 가능성이 더욱 커진다는 내용이었다.

이것은 내가 생각하기에 지극히 상식적인 내용이었고, 만약 다른 때에 그 책을 보았다면, '맞는 이야기구나'하는 생각만 하고 그냥 지나쳤을 것이다. 하지만 당시에 나는 변신, 혁신, 더 나은 기업으로 발전할 방법에 대해 고민하던 중이었기에 그런 상식적인 내용이 눈에 들어왔다. 경영대학원에서 이미 혁신에 대해 배운 적이 있었기에 평소에 내가 잘 알고 있고 일반적인 내용이었지만 '그래, 이것이 정답이구나, 혁신해야지. 혁신할 수 있는 방법을 찾아보자. 시장에서 요구하는 것이 무엇인지 고민해 보자.'라는 생각이 강하게 밀려왔다. 이 책을 읽는 독자들도 이 책에서 언급되는 내용에 대해 '이런 내용은 다 알아'하고 무시할 수도 있을 것이다. 하지만 피상적으로 알고 있는 내용과 내가 필요할 때 직접 경험해서 터득한 이치는 리얼리티의 강도가 다르다고 생각한다. 이 책은 내가 직접 경험한 사실에 바탕을 두고 있으므로 독자들에게 훨씬 생동감 있게 다가가리라고 믿는다.

당시 현대중공업에서 조선 부품을 수주해 납품했다. 주문서를 받으면 제품에 대한 스펙이 함께 첨부되어 온다. 부품의 소재는 스틸이 대부분인데 스틸은 산소와 결합하면 필연적으로 녹이 슨다. 부품이 녹스는 것을 방지하기 위해서는 도금이나 도장이 필수적이다. 수주한 부품 중에 도금해야 하는 부품이 있어 도금업체를 찾으니 울산에는 없고 부산이나 대구로 가야만 했다. 중공업의 메카인 울산에 왜 전문 도금공장이 없는지 이해가 되지 않았지만, 그것이 현실이었다.

　나는 이때 은행에서 본 소책자의 혁신을 생각했다. 새로운 시장기회를 만드는 것 또한 혁신이다. '울산에 없는 것을 있게 하는 것이 혁신이 아닐까?' 그래서 생각한 것이 도금업이다. 지금까지 내가 해온 사업은 프레스기를 사용하여 스틸을 절단하거나 가공하고 용접을 하는 것이 대부분이었고, 이들은 모두 대기업에 의존하는 사업이었다. 그에 반해 도금업은 특정 대기업만이 아닌 불특정 다수의 고객을 대상으로 일반적인 영업을 할 수 있는 사업이라고 판단했다. 그동안 지속해서 생각해온 대기업의 종속에서 벗어날 수 있는 탈출구를 찾았던 것이다.

도금사업의 시작

'울산에 제대로 된 도금공장을 차리자.'

막상 그렇게 생각했으나 도금업이 과연 내가 앞으로 매진할 만한 업종이 될 것인가에 대해서는 더 고민이 필요했다. 그래서 생각한 것이 외국의 사례를 참고하는 것이었다. 백문이 불여일견이라 하지 않았던가. 그래서 일본에 출장을 나가 일본의 도금업체 몇 군데를 둘러보았는데 일본의 도금업체들은 내가 생각했던 것 이상이었다. 우선 규모가 상상 이상으로 컸고 도금물량도 엄청나 작업 물량을 쌓아놓고 작업하는 수준이었다. 일본에 도금업이 활발한 것을 보며 그 이유를 생각해보니, 철은 항상 부식이 일어나고 이를 방지하기 위해서는 도장이나 도금이 필요하니 철이 소재로 사용되는 한 도금업은 사라지지 않을 것이었다. 도금업은 영원히 지속할 수 있는 업종이라고 결론을 짓고, 울산에 도금공장을 차리는 데 대한 확신이 섰다.

덕산산업을 창업하고 5년 정도가 지난 1987년경, 도금사업에 착수했다. 도금기술자를 영입하고 아연도금 설비를 도입하여 기존 공장 한편에 아연도금 생산라인을 설치하기 시작했다. 창업하고 난 뒤 처음으로 시도한 변신이자 혁신이었다. 그런데 전혀 예상 밖의 일이 일어났다. 도금설비를 도입하여 한참 라인 설치 공사를 하는 중에 울산의 모 업체가 울산에 도금공장을 계획하고 있다는 정보가 들어왔다. 아닌 밤중에 홍두깨 격이었다. 시장이 한정된 울산지역에서 두 개의 도금공장은 불가피하게 가격경쟁을 가져와 두 회사 모두를 파멸시킬 것이 뻔하다고 생각했기 때문이었다. 희망에 부풀어 지금 막 도금사업을 시작한 나에게는 찬물을 끼얹는 거나 다름없는 행위였다. 나는 그 업체를 찾아가, "울산에서 두 개의 도금공장은 두 업체 모두가 죽는 일이다. 한 개 공장만 있으면 충분하다. 나는 이미 투자하여 라인을 설치하고 있으니 당신이 이 사업을 포기했으면 한다. 이것은 당신에게도 현명한 길이라고 생각된다." 라며 사장을 설득시켰다.

다행히 그 업체는 내 말을 듣고 사업을 접었으나 그 후에도 두 번이나 또 다른 업체가 도금사업을 시작하려는 시도가 있었다. 그때마다 내가 설득해서 도금사업을 포기하게 만들어 결국 현재 울산에는 도금업체가 나 하나밖에 없다.

도금공장을 새로 운영하며 여러 가지 시행착오도 많이 겪었지만, 도금공장은 서서히 자리를 잡아갔다. 기술도 안정되었고 영업 측면에서 수주량도 점차 늘어났다.

그럴 즈음, 어느 날 출장 가는 길에 나를 괴롭혔던 O 사장을 울산공항에서 만났다.

"이사장, 지금 하는 사업은 아이템이 좋대."

라며 말을 걸어왔다. 그때 순간적으로 '이 사람이 내 도금사업을 빼앗으려고 하나'하는 생각이 들었다.

하지만 그때는 이미 우리 회사에 도금을 의뢰하는 발주업체가 여러 개 있어서 사업이 안정 궤도에 올랐고, 기술력 또한 어느 회사에도 뒤지지 않았다. 누군가가 일부러 나를 망치려는 작정으로 방해를 한다고 해도 사업이 흔들리지 않을 것이라는 확신도 있었다.

'자라 보고 놀란 가슴 솥뚜껑 보고도 놀란다'는 속담이 있듯이 그 당시 나는 도금이라는 새로운 아이템에 내 인생을 걸고 있던 시절이라 나를 축하해주는 말을 듣고도 지난날의 안 좋은 기억에 사로잡혀 진심을 받아주지 못했다.

그 일이 있은 지 얼마 뒤에 그가 세상을 하직했다는 안타까운 소문을 들었다. 그날 내가 그의 축하를 받아주지 못한 후회가 밀려들었다. 그가 살아있었다면 할 이야기가 참 많았었는데. 그가 죽었다는 말을 듣자 지난날의 미움은 눈 녹듯이 사라져 버리고 그가 나를 두들겨 단단한 쇠로 담금질 한 것인지도 모른다는 생각도 했었다.

시간이 흐름에 따라 도금사업은 점점 번창했고, 그에 따라 회사 규모도 늘려나갔다. 도금사업은 덕산산업을 덕산그룹으로 발돋움 할 수 있게 만든 주춧돌이 되었다.

🖎 필요가 길을 만든다 ◇◇◇◇◇◇◇◇◇◇◇◇◇◇◇◇◇◇◇◇◇◇◇◇◇◇◇◇◇◇◇◇◇

혁신의 필요성을 강하게 느끼고 있을 때 '이노베이션, 이것이 기업을 영속하게 한다.'라는 책을 읽었고 그 내용에 깊이 공감했다. 또, 울산에 제대로 된 도금회사가 없어 불편했고 울산에도 도금공장이 필요하다고 느꼈을 때, 나는 새로운 길이라고 생각되던 도금사업을 시작했다.

무언가 불편하다는 생각이 들 때, 무엇이 필요하다고 느낄 때, 그때가 새로운 길을 만들 기회임을 알아차려야 한다. 이 책에는 내가 그런 필요를 느꼈을 때 도전하고 혁신한 사례들을 많이 소개하고 있다. 이 책을 읽으며 당신도 자신에게 필요한 무언가가 있는지를 주의 깊게 살펴보아야 한다. 그 필요를 해결하기 위해서 무엇을 해야 하는지를 깊이 생각하고 도전하고 혁신할 수 있다면 당신의 미래는 오늘보다 훨씬 밝아질 것이다.

"물은 흐르다 막히면 새로운 길을 만들어 흘러간다. 그것이 자연의 순리다."

◇◇◇

성공적인 실패, 아닌 것은 아니다

아연도금 사업이 어느 정도 안정되었을 즈음에 아연도금과는 다른 다크로(dacro) 도금 방법이 있다는 정보를 접했다. 이 도금 방법은 자동차용 디스크 브레이크의 디스크를 코팅하는 데 사용되고 있었다. 지금까지 내가 하던 것과는 다른 새로운 영역이었지만 기왕 도금업에 손을 대었으니 다크로 도금도 한번 해보자고 생각했다. 자동차 부품에 사용되는 도금 방법이고 울산에 현대자동차도 있으니 판로 문제는 해결될 수 있을 것 같았고, 이미 도금공장을 하면서 도금에 관한 기술도 어느 정도 축적되어 있으니 시도해보면 가능할 것 같았다.

이 도금 방법은 일본 업체가 개발하여 특허권을 가지고 있었는데, 국내에는 H다크로라는 회사가 국내 독점 판매권을 가지고 있었다. 그 사업을 하기 위해 H다크로와 기술사용권 계약을 했다. 울산의 나를 비롯하여 부산, 양산, 경주 등에 있는 전국의 많은 업체도 H다크로와 기술사용권 계약을 했다.

다크로 도금에 필요한 도금액은 H다크로가 일본 본사에서 독점 수입해 국내 계약업체들에 배분하여 판매하는 방식이었다. 그런데 한국에 산업이 급성장하다 보니 다크로 도금에 대한 수요가 급증했다. 도금액 물량이 부족해졌고, 많아진 도금 업체가 요구하는 양만큼 충분히 공급해 주지 못했다. 한 달 치 물량에 해당하는 대금을 미리 입금해도 도금액은 일주일 치밖에 공급해 주지 못했다. 물량이 끊이지 않게 공급해 줄 테니 걱정하지 말라고 했지만, 현실이 받쳐 주지 못했다. 공급해 주는 도금액이 항상 모자라니 공장에서는 생산을 안정적으로 할 수 없었고, 우리에게 임청난 스트레스가 되었다.

현대자동차에서는 컨베이어 시스템으로 자동차를 조립하는데, 부품공급을 적시 생산(just-in-time) 방식으로 하므로 공급되는 부품 중 하나라도 결함이 발생하면 생산라인을 멈춰 세워야 했다. 우리가 부품을 적기에 납품해주지 않으면 우리 때문에 라인이 서게 되고 이것은 클레임 사유가 되어 우리에게 엄청난 손실을 초래할 수 있는 일이었다.

도금액이 떨어져도 H다크로에서 원활하게 공급하지 못했고 경주나 부산 등에 있는 업체에서 도금액을 빌려 써야 했다. 그러다 보니 도금액을 적기에 공급받지 못할까 봐 늘 노심초사해야 했다.

H다크로와 거래하던 국내 대부분의 다크로 도금업체들은 이런 한계에 대한 타개책이 필요하다는 공감대가 점점 커졌다. 그러던 어느 날 인천에 있는 한 다크로 도금업자가 H다크로로부터 도금액을 공급받고 있는 전 도금업자들에게 연락을 취했다.

"전부 모이자, 빅 뉴스가 있다. 다크로 도금액은 알고 보니 별것 아니더라. 우리가 개발했다."

다크로 도금업자들 모두가 대전의 유성온천에 모였고, 그 자리에서 인천의 그 업체 사장은 의기양양하게 말했다.

"지금껏 일본 특허제품 도금액을 사용했지만, 일본 특허에 저촉되지 않도록 우리가 새로운 도금액을 개발했다. 힘을 모아 공동으로 국산화하자."

그 자리에 참석한 모두가 그의 말에 환호했으며, 함께 사업을 진전시키자고 결의하고 기념사진까지 찍은 후 헤어졌다. 그런데 그 후 후속 작업을 논의하려고 약속한 장소에 나가니 지난번에 그렇게 굳건하게 약속한 다른 업체의 사장들은 하나도 보이지 않고 인천의 개발업체 사장과 나만 있었다. 틀림없이 H다크로에서 이 일을 알게 되었고 다른 업체 사장들은 혹시 불이익을 당할지도 모른다는 불안감 때문에 몸조심을 하는 것 같았다.

당시 나는 특허에 대한 국제 감각이 전혀 없었기에 이것이 앞으로 어떤 결과를 가져올지 전혀 예상하지 못한 채 순진하게 인천업체의 사장 말만 믿고 달려들었다. 국산 다크로 도금액을 개발한 인천 업체의 그 사장은 과거 내가 현대중공업에서 대리, 과장으로 근무할 때 같이 근무한 적이 있는 사람이어서 믿음도 갔다. 개발된 그 도금액을 우리 회사의 다크로 도금라인에서 사용해 보니 기존의 제품을 사용했을 때와 품질 차이가 거의 없었다. 그래서 인천업체의 사장과 함께 국산 도금액 개발 후속 작업을 진전시켜 나갔다. 당시 나는 H다크로의 한계를 극복하고 전량 일본에서 수입하던 도금액을 국산화한다는 의협심과 욕심이 있었다. 칼을 뺏으니 한번 해보자는 오기도 발동했다.

그런데 그런 일을 시작하기 전에 사전에 잘 알아보고 다른 문제는 없는지 철저히 검토해야 했었는데 나는 너무 경험이 없었다.

아니나 다를까, 새로이 개발된 국산 도금액을 사용한 지 얼마 되지 않아 다크로 일본 본사와 H다크로 양쪽에서 특허 소송이 제기되었다. 일본 측과 화해 협상이 진전되면 H다크로에서 거부했고, H다크로와 어느 정도 협의해 놓으면 일본 측이 반대했다. 소송을 제기한 측에서는 협상보다는 유사한 사례가 발생하지 않도록 철저히 응징하려는 게 아닌가 하는 느낌을 받았다. 만약 잘못되어 소송에서 패소하기라도 하면, 이미 눈덩이처럼 커져 버린 손해배상을 감당하지 못해 자칫 내 사업을 접어야 할 수도 있겠다는 생각이 들어 '죽기 아니면 살기'라는 각오로 소송에 임할 수밖에 없었다.

소송은 장기전으로 갔다. 애초에 국산 다크로 도금액을 개발한 인천의 업체는 그러는 와중에 부도가 나버려 결국 나 혼자 뒤집어쓰고 싸워야 했다. 후회도 되었지만 물러설 수는 없었다. 내가 선택할 수 있는 길이 달리 없었기 때문이다.

그런데 하늘이 무너져도 솟아날 구멍이 있었다. 어느 날 부산의 법조계에서 일하는 한 친구를 만났다. 그는 부산 모 변호사 사무실의 사무장이었는데 그 친구에게 사정을 이야기하고 자문을 구했더니, 내 소송 건이 어떻게 진행되고 있는지 알아보고 왔다.

"니 우짜면 좋노, 니가 바위에 달걀을 던지고 있더라."

"무슨 말인데?"

"일본다크로와 H다크로의 법정 대리인이 L이더라."

당시 L은 국내 법조계의 거물이었다. 소송이란 변호인들의 힘 싸움인데, 그에게는 상대할 사람이 없었다.

"그래도 해야지 우짜겠노."

"1심과 2심은 특허청 소관이나 3심은 대법원으로 간다. 1, 2심은 중소기업 보호 차원에서 승소를 할 수도 있으나, 3심에서는 안 된다. 결과는 뻔하다. 있는 돈 없는 돈 다 동원해도 이길 가능성은 제로다."

여기까지 들은 나는 하늘이 무너지는 것 같았다. 힘과 권력에 맞설 힘이 나에게는 없었다.

"하지만 한 가지 방법은 있다. 동정표를 얻는 것이다. 특허 문제로 한국에서 국제분쟁이 일어나면 L 변호사가 100전 100승이라는 말이 있다. 그것을 역으로 이용하면 될 수도 있다."

라는 말에도 희망이 생기지 않았다.

"그게 말처럼 쉽겠나?"

나는 절망적으로 물었다.

"내가 친한 정치인이 있다."

친구는 대통령 정무수석 비서관을 거쳐 국회의원을 역임한 바 있는 당시 실세로 알려져 있던 P 의원을 잘 알고 있다고 했다. 내 친구와 P 의원은 대학 선후배 사이로 부인들끼리도 절친한 사이였다고 한다. 친구가 내 사연을 이야기하고 도움을 청하자 P 의원이 흔쾌히 응했고 친구의 또 다른 대학 선배인 당시 야당의 실세였던 H 의원도 가세했다. 여당의 P 의원과 야당의 실세 H 의원이 합세하여,

"L 변호사가 그간 외국 물질특허를 가지고 한국의 중소기업 여럿을 죽였는데 이번에도 외국 기업의 특허를 가지고 조그만 중소기업을 죽이려 하고 있다."

라고 법조계에 소문을 내고 동정표를 얻는 작전을 폈다. 친구는 나에게 우리 쪽 입장을 변호할 수 있는 자료가 있는지 물었다.

그때 머리를 번개처럼 스치는 생각이 있었다. 다크로 도금기술에 대한 특허 승인은 1995년에 났는데 이미 3년 전에 기술의 원리가 공개되었기 때문에 이 특허는 원천무효라는 것이었다.

친구는 나에게,

"그 근거만 제시하면 다크로 특허는 그 자체가 무효이기 때문에 특허권 침해가 성립되지 않는다."

고 했다.

나는 친구에게 옛날이야기에서 해와 달이 된 오누이가 동아줄을 잡는 심정으로,

"내가 무슨 수를 써서라도 자료를 구해볼게."

약속했다. 그 자료를 구하려고 이리저리 수소문하던 중 다행히 관련된 문건을 서울에서 구할 수 있었다. 서울로 달려가 그 자료를 입수하여 봉투에 넣고 나오는데, '이것만 있으면 사업을 다시 일으킬 수 있다.'라는 생각이 들었고 그 서류 봉투가 내 생명줄 같이 느껴졌다.

서울 출장에서 돌아온 다음 날, 서류 봉투를 챙겨 출근했는데 회사에 와서 보니 서류 봉투가 없었다. 가만 생각해 보니 아침에 출근할 때 승용차 루프 위에 봉투를 얹어놓고 그냥 출발했던 기억이 났다. 아무리 소송 때문에 여러 가지로 신경을 쓰느라 정신이 없어도 그렇지 이런 어처구니없는 일이 생기다니, 생명줄을 놓쳐버린 절망감에 정말 미쳐버릴 것만 같았다.

혹시나 하는 마음에서 아내에게 전화를 걸었다.

"아침에 출근하면서 중요한 서류 봉투를 잃어버렸는데, 당신, 집에서 공업탑 부근까지 가면서 혹시 노란 봉투 하나가 떨어져 있는지

찾아봐 주세요. 급합니다."

당시 우리 집은 울산 공업탑 로터리 부근에 있었다. 승용차 루프 위에 놓았으니 집에서 출발하고 얼마 못 가서 떨어졌을 것이다. 아내가 달려 나가 공업탑 주위를 헤매며 봉투를 찾았다. 하지만 봉투는 흔적도 없었다. 절망하며 돌아서는데 청소하는 환경미화원이 보였다. 혹시나 하는 생각에 아내는 환경미화원에게 물었다.

"아저씨, 혹시 청소하시며 노란 서류 봉투 하나 보지 못했나요?"

미화원은 고개를 저으며,

"서류 봉투는 본 적이 없는데요."

했다. 아내는 떨어진 봉투를 누가 주워가지는 않았을 것으로 생각했다. 우리에게는 목숨줄이지만 남들에게는 그냥 종이 쓰레기일 뿐이니까.

아내는 마지막이라는 생각으로 환경미화원에게,

"손수레를 한번 열어봐도 되겠어요?"

부탁했다.

환경미화원이 쓰는 손수레 위에는 여닫는 뚜껑이 두 개 달려있었다. 아내가 뚜껑을 둘 다 열어보았지만, 서류 봉투는 보이지 않았다.

힘없이 뚜껑을 닫으려는 순간 서류로 보이는 종이 몇 장이 눈에 띄었다. 봉투가 도로에 떨어져 지나가는 차에 밟혀 찢어졌고, 흩어진 서류를 환경미화원이 손에 잡히는 대로 주워 담아놓은 것이었다.

아내가 그 종이들을 모두 챙겨 가져왔는데, 자동차가 밟고 지나간

바퀴 자국이 선명했고, 아스팔트에 짓눌려 울퉁불퉁하게 찌그러진 곳도 많았다. 몇 장은 분실되었지만, 다행히 제일 중요한 내용이 담긴 서류는 남아있었다. 그것을 가져다가 잘 닦고 다리미로 다리고 복사해서 친구에게 넘겨주었다. 우리 소송 건은 특허청 1심에서는 승소했으나 2심 소송에서 계류 중인 상태였다. 그때 이 서류를 첨부하여 증거를 보완한 결과 2심에서도 승소할 수 있었으며, 이후 대법원에서도 원안 번복 없이 1, 2심대로 확정되었다.

재판에서 승소하고 나면 무척 기쁠 것 같았는데, 오히려 허탈감이 밀려왔다. '내가 그렇게 어리석었나' 하는 생각 때문에 오히려 나 자신에게 화가 났다. 특허 소송에도 승소했으니 국산 도금액을 사용해도 문제가 없고, 또 국산 도금액을 개발한 업체도 부도가 났으니 그 회사의 임직원을 영입하여 다크로 도금사업을 계속할 수는 있었지만, 그 사업은 포기하는 쪽으로 가닥을 잡았다. 나중에 알고 보니 시장이 그리 크지 않았기 때문이었다. 다크로 도금은 자동차 브레이크의 디스크를 코팅하는 것 외에 다른 용도로는 쓰이지 않아, 그 시장을 독점한다고 하더라도 연 30~40억 정도의 매출밖에 올릴 수 없었다. 사전에 그 기술로 벌어들일 수 있는 시장 규모도 확인하지 않은 채 국산 개발이라는 명분에만 끌려 경솔하게 행동한 것이 정말 후회되었다. 이 교훈을 얻는 데에 적지 않은 수업료를 낸 것이었다.

그리하여 다크로 도금사업은 양산의 한 업체에 설비를 포함하여 거래처 정보와 함께 5천만 원이라는 헐값에 매각했다. 애초 설비 투자에 6억 원 정도가 소요되었으니 장부상으로는 엄청난 손실을 봤지만, 다크로 도금을 포기한 대신 이후 우리의 사업을 아연도금과 알루미늄 도금에 주력하며 그 시장이 크게 신장하였으므로 결코 손실은 아니라고 생각했다. 우리에게 다크로 도금사업을 인수한 양산의 업체는 미심쩍었는지 나에게 다크로 도금업 근처에는 얼씬도 하지 않겠다는 각서를 써달라고 했다. 아무 조건 없이 써주었다. 이미 알루미늄 도금과 아연도금의 시장규모가 커질 것을 예상하고 그 사업에 주력하면 된다고 판단했기 때문이다.

그로부터 20여 년 후 나에게서 다크로 도금사업을 인수했던 양산의 그 사업자를 우연히 만났다. 20여 년이 흘렀지만 내 예상과 다르지 않게 그때도 매출이 30~40억 원을 넘지 않는다고 했다. 시상이 작으니 성장하는 것에는 한계가 있었다. 하지만 경쟁업자가 없으니 매출액 이익률은 40% 정도로 아주 높다고 했다. 다크로 도금사업은 그것으로 끝이 났지만, 그 사업을 과감히 포기하고 아연도금과 알루미늄 도금에 주력한 내 판단이 옳았음을 확인했다.

과감한 포기도 하나의 방법이다 ◇◇◇◇◇◇◇◇◇◇◇◇◇◇◇

예전에 행정고시를 포기할 때, 안 된다고 생각했을 때는 과감하게 포기할 줄도 알아야 한다는 것을 깨달았다. 그때의 깨달음이 있었기에 나는 다크로 도금사업도 과감하게 포기할 수 있었다. 아니라는 판단이 들거나 비전이 없다고 판단되면 미래를 위해 과감히 던져 버릴 수 있어야 한다. 그렇게 해야 더 이상의 손실을 피할 수 있게 된다.

◇◇

실패하더라도 성공적인 실패를 해야 한다 ◇◇◇◇◇◇◇

사업이라는 것은 실패의 가능성이 항상 따라다닌다. 한마디로 사업에서 실패하는 것은 병가지상사다. 내 경우도 사업이 항상 성공했던 것만은 아니고, 때로는 실패하기도 했다. 그렇지만 나는 오히려 실패를 통해서 많은 것을 배웠다. 실패를 그냥 실패로 두면 실패로 끝나지만, 실패에서 무언가를 배운다면 실패는 더는 실패가 아닌 것이 된다. 그 실패를 통해 더 큰 것을 얻을 수 있기 때문이다. 그러므로 실패를 하더라도 성공적인 실패를 해야 한다. 실패가 곧 성공의 시발점이 되도록 해야 하는 것이다.

사업한다는 것은 선택하는 행위다. 끊임없는 선택의 연속이다. 때로는 그 선택이 성공을 가져오기도 하고 때로는 실패를 가져오기도 한다. 성공은 물론 좋은 것이지만, 실패도 나쁜 것이 되어서는 안 된다. 실패는 더 큰 실패를 막아주는 예방주사가 되도록 해야 한다. 실패했다고 좌절하면 실패는 실패로 끝나버리지만, 그 실패에서 배우는 것이 있으면 실패는 더 큰 이득을 가져오는 시발점이 될 수 있다.

항상 성공하는 선택만 할 수는 없다. 항상 성공하기 때문에 자만하기라도 한다면 성공이 어쩌면 더 위험할 수도 있다. 나무는 햇살과 비가 골고루 있어야 열매를 맺는다. 햇살은 눈에 보이지만 비는 보이지 않게 땅속으로 스며들어 뿌리에 영양분을 공급한다. 보이지 않는 것이 나무를 더 튼튼하게 만든다. 실패를 통해 배울 수 있다면, 그 실패가 기업의 경쟁력을 더 키워 줄 수 있는 것이다.

◇◇

알루미늄 도금사업, 그리고 박여일 부사장

사업을 하는 과정에서 항상 어려움이 따르지만, 특히 기술자가 아닌 사람이 기업을 경영할 때 겪는 어려움 중의 하나가 기술자를 관리하는 일이다. 기술자가 평소에 일을 잘하다가도 어느 날 회사를 그만두겠다고 하면 사장은 머리에 피가 마른다. 새로운 기술을 들여 설비 투자를 했는데 핵심 기술자가 그만두면 일이 더 진척되지 않는다. 상황에 따라서는 그 사업을 접어야 하는 위기가 올 수도 있다. 나도 기술자가 아니면서 창업한 것이었기에 기술자 때문에 곤욕을 치른 일이 한두 번이 아니다.

1990년대 초 도금사업을 시작한 지 3년 정도 되었을 때 새로운 시도를 했다. 그때까지 우리가 하던 도금방식은 제너럴 갈바나이징이라고 하는 아연도금 방식으로, 아연이 채워진 탱크 안에 도금할 제품인 피도물을 집어넣는 디핑으로 코팅하는 방식이었다. 그런데 기존의 도금과는 다른 방식으로 알루미늄 도금을 시도한 것이다. 우리 회사에는 알루미늄 도금 기술이 없었기 때문에 기술자를 영입하기로 했다.

부산에 알루미늄 도금을 하는 업체가 하나 있었는데 알루미늄 도금 시장을 독점하면서 돈을 많이 벌었다. 돈을 많이 벌다 보니 사세를 확장하느라 이러저러한 사업에 투자를 많이 했는데 기존 업종과는 연관성이 없는 섬유공장과 고무신 공장에 투자했다. 결국 무리한 사세 확장이 화를 불러 이 업체는 부도가 났다. 알루미늄 도금회사도 문을 닫았는데 그 회사의 주 기술자가 놀고 있다는 소문을 듣고 찾아갔다. 그는 박여일이라는 사람이었는데, 내가 삼고초려까지 해가면서 영입한 기술자로 나중에 우리 회사에서 부사장까지 지낸 인물이다. 사업을 하면서 많은 사람을 만났지만 그만큼 내 기억에 또렷한 흔적을 남긴 사람은 없다.

그를 처음 만났을 때,

"제가 투자를 하라고 할 때 망설이지 않고 투자할 수 있겠습니까?"

라고 물었다. 그 질문에 내 귀가 번쩍 뜨였다. 그의 그러한 요청은 사업하는 사람에게는 신중한 판단이 필요한 것이어서 약속하기가 쉽지 않았지만, 적기에 투자해야 밝은 미래가 열린다는 것이 평소 내 경영철학이기도 했기에 그의 요청을 오히려 반기면서 그렇게 하겠다고 했다. 박여일 씨와 함께 그가 거느리고 있던 보조기술자 2명을 함께 채용했다.

그는 우리 회사에 채용된 처음 얼마간은 일을 잘했다. 그런데 얼마 되지 않아 곧 기술자 특유의 괴팍한 버릇이 나왔다. 1년에 꼭 한두 번 정도는 무단으로 결근하거나 그만두겠다고 버티며 사장에게 애를 먹이는 것이었다. 주로 자기 마음에 들지 않는 일이 있을 때나, 나와 의견 충돌이 있어서 자기 의사가 관철되지 않을 때인데, 기술자가 이렇게 애를 먹이는 일을 업계에서는 속된 말로 "쟁이 곤조부린다."고 했다. 그가 나가면 그를 따라온 보조기술자 두 명도 따라나갈 것이기 때문에 자기가 없으면 공장을 돌릴 수 없다는 내 약점을 잘 알고 있었으므로 그 약점을 이용한 것이다. 처음에 그저 말로만 그만둔다며 나를 겁주다가 나중에는 강도가 점점 세져서 보따리를 싸서 공장을 나가버리기도 했다. 그가 그런 성질을 부리면 나는 머리에 피가 말랐고, 그를 그만두지 않게 말리느라고 진이 빠졌다. 나와 서로 의견이 맞지 않을 때 그가 끝까지 고집을 부리면 나도,

"정말 힘이 들어서 못 해 먹겠다, 내가 때려치운다. 네 맘대로 해라."

하고는 내가 공장을 나와 버린 적도 있었다.

그러면서 차츰 나도 그를 다루는 방법이 생겼다. 변변한 노사협의 시스템이 없던 시절에 노동자가 권익을 얻기 위한 유일한 방법이라는 이해를 하면서 얻은 요령이었다. 그가 짐을 싸 들고 나가면 며칠 동안은 쉬게 해주었다. 그런 다음, 다시 돌아올 수 있는 명분을 만들어 주었다. 부하 직원에게 심부름을 보내서,

"공장에 불량이 나서 난리가 났는데, 어떻게 해야 할 줄 모르겠다."
고 말하라고 했다.

현대중공업에 납품하는 부품은 초도는 도금으로 하고, 중도, 상도
는 도장으로 마감하는 경우가 있었는데, 도장 작업 완료 후에 가끔
페인트가 벗겨지거나 칠이 흘러내리거나 균열이 생기는 불량이 발
생하는 경우가 있었다. 이럴 때 재작업을 하거나, 원청 업체가 받은
클레임에 대한 배상을 해야 하므로 도장업체는 종종 도금업체에 책
임을 떠미는 경우가 발생했다. 이럴 때 도금업체인 우리의 잘못이
아니라는 것을 입증해야 하는데 불량의 원인을 규명하는 일은 전문
적인 기술이 필요해 주 기술자인 그만이 할 수 있었다. 회사에서 심
부름꾼을 보낸 것이 자신의 기술을 인정하고 있다는 의사이므로 그
는 업무에 복귀할 명분을 얻었고 다시 회사로 돌아왔다. 그와는 이
러저러한 사소한 일로 갈등도 많이 겪었지만, 결과적으로 그는 나에
게 많은 도움을 주었다. 그가 가지고 온 알루미늄 도금기술로 우수
한 품질의 제품을 생산할 수 있었을 뿐 아니라, 도금에 관한 그의 탁
월한 지식이나 노하우 덕분에 우리가 기존에 취급하던 아연도금도
불량이 감소하고 품질을 안정시킬 수 있었다.

상대방을 인정해 주라

경영자가 부하 직원에게 끌려다니면 회사를 망치게 된다. 회사를 정상적으로 운영하려면 직원이 회사의 경영방침에 따라오도록 다루어야 한다. 기술자와 갈등을 겪으면서 얻은 또 하나의 깨달음이 상대방을 인정해 주는 것이었다. 사람은 자신이 인정을 받고 있다고 생각하면 스스로 강한 책임감을 느끼게 된다. 기술자가 회사 문을 박차고 나갔을 때 부하 직원을 보내 "당신이 있어야만 문제를 해결할 수 있다"라고 이야기한 것은 '나는 당신을 인정하고 있다'라는 믿음의 의사표시를 한 것이다. 상대방을 인정해 준다는 것은 체면이 깎이는 일도 아니요, 자존심이 상하는 일도 아니다. 오로지 회사가 잘되도록 하는 일이다.

매뉴얼이 일을 하게 하라

초창기에 사업을 하면서 가장 힘든 것이 기술자를 다루는 일이었다. 어떻게 하면 이러한 문제를 해결할 수 있을까를 많이 고민했다. 결국 내가 터득한 방법은 회사 규모를 키워서 인력을 늘리고 분업화하며, 업무를 체계화해서 각각의 업무에 대한 매뉴얼을 만드는 것이었다. 회사의 규모가 커지면 기술인력을 늘릴 수 있는 여력이 생기고, 기술자가 여러 명 있으면 기술자 한 사람에게 의존하는 비중이 작아져 더는 기술자에게 휘둘리지 않아도 된다. 그런 깨달음을 얻은 후 어느 정도 규모 이상이 될 때까지 각고의 노력으로 회사를 키웠다. 그리고 개별 직원들이 해야 하는 업무의 범위와 기술을 쪼개서 분업화를 이루고, 자신의 직무에 대한 세세한 매뉴얼을 만들도록 했다. 중간에 담당자가 바뀌더라도 누구라도 와서 매뉴얼 대로만 하면 일 처리가 가능하도록 시스템을 만든 것이다. 그러자 기술자가 애를 먹이는 일은 해소되었다. 이런 노하우는 정말 힘든 과정을 겪으며 터득한 것이다.

혁신, 그리고 해외에서 배운 세 가지

내가 도금업에 뛰어들 때만 하더라도 우리나라의 도금산업은 초기 단계로서 규모나 기술 수준 측면에서 아주 열악했다. 여기서도 나는 혁신이 필요하다고 생각했는데, 혁신하려면 '무엇을 어떻게 해야 하는지'를 알아야 했다. 고민한 끝에 선진 외국에서는 도금산업을 어떻게 하고 있는지 궁금했고, 그들의 도금산업 현황과 도금사업의 운영 방법을 직접 관찰하고 싶었다. 소위 벤치마킹을 하고 싶었다. 그래서 우리나라보다 도금산업이 앞서 있다고 알려져 있던 호주, 대만, 일본으로 벤치마킹 출장을 갔다.

그 출장에서 세 가지를 확인하고 돌아왔다. 그 첫 번째는 산업의 쌀이라고 불리는 철이 소재로 사용되는 동안에는 표면처리를 위해서 도금산업이 지속된다는 것이다. 하루아침에 사라지는 산업이 아니기 때문에 도금사업에 투자하면 발전 가능성이 아주 크다고 생각했다.

두 번째는 이들 국가의 도금공장이 우리가 생각했던 이상으로 그 규모가 크다는 것이었다. 우리나라에서는 교량을 건설할 때 먼저 교각을 설치한 후 콘크리트나 스틸로 제작한 상판을 교각 위에 올려놓는다. 이들 상판은 워낙 대형 구조물이라 우리나라에서는 도금할 엄두를 내지 못하고 대부분 도장한다. 도장한 상판은 시간이 지나면 페인트가 벗겨지고, 이를 보수하기 위해서는 표면을 긁어내고 다시 도장해야 하므로 시간과 비용이 추가로 소요된다. 하지만 일본이나 대만에서는 상판 자체를 통째로 도금하고 있었는데, 대형의 도금 용융 욕조에 도금액을 채우고 그곳에 상판을 직접 담가 도금하는 방식이었다. 특히 해변에 설치하는 교량의 상판은 대부분 도금방식으로 처리하고 있었다. 해변의 대기 중에 포함된 염분 때문에 부식이 빨리 진행되므로 도금방식이 도장방식보다 상판의 수명을 훨씬 길게 해준다. 도금을 하게 되면 초기에는 비용이 많이 들지만, 보수비용을 합한 전체 비용을 고려하면 오히려 도금방식이 더 경제적이다.

세 번째는 도금산업의 생태적인 측면에서 도금업 협회의 존재와 역할이다. 이들 3개 국가에서는 도금업체들이 도금 시장 규모의 확대 등 업계의 이익을 위해 도금업 협회를 조직하여 공동으로 노력하고 있었다. 예컨대 정부나 지자체에서 교량 건설을 계획한다고 하면 관련 업체는 설계업체, 제작업체, 도금이나 도장업체가 된다. 먼저 발주처(정부나 지자체)는 설계업체를 선정해서 규격을 정하고, 다음에는 입찰 과정을 거쳐 제작업체를 선정한다. 제작업체는 자신들이 제작한 제작품(교량의 상판)의 표면처리를 위해 외주업체에 가공 외주를 준다. 설계도에 명시된 규격에 따라 도장(에폭시, 에나멜 등)업체나 도금업체를 선정하게 되는데, 이 경우 도금업체는 어느 곳에 가서 영업해야 할까? 설계업체에 가서 영업활동을 벌여서 상판의 표면처리 규격이 도금으로 정해진다고 해도 제작업체에서 자신을 외주가공업체로 선정하여 발주를 준다는 보장이 없다. 그렇다고 제작업체에 영업한다고 해도 설계업체에서 규격을 도장으로 정해버리면 영업이 헛수고가 된다. 설계와 제작업체 모두를 대상으로 영업하면 물론 영업비용이 두 배로 들게 된다.

이들 국가에서는 협회를 조직하여 이러한 문제점을 해결하고 있었다. 도금업 협회를 조직하여 설계단계에서는 협회 차원에서 영업하여 상판의 표면처리 규격을 도금으로 결정하도록 하는 것이다. 이것은 도금사업의 시장 규모를 키우는 것을 의미한다. 도장이나 도금, 어느 쪽으로도 가능한 규격을 도금으로 하게 되면 그만큼 도금 물량이 늘어나 도금업계의 파이가 커지게 되는 것이다. 규격이 도금으로 정해져 제작업체에 내려가면 도금업체는 제작업체만을 상대로 영업하면 된다. 즉 설계업체를 상대로 영업하여 도금업의 파이를 키우는 것은, 개별 업체보다는 협회 차원에서 하는 것이 훨씬 효과적이다. 해외 시찰에서 내가 확인한 것을 다시 정리하면, 첫째, 도금업은 영구히 지속될 것이므로 도금사업에 투자하는 것은 실패할 위험이 없다는 것, 둘째 대형 구조물의 표면처리 가공을 하기 위해서는 도금공장의 규모를 대형화해야 한다는 것, 셋째, 설계단계에서의 영업을 강화하기 위해서 도금업 협회를 조직해야 한다는 것이었다.

혁신의 방법, 벤치마킹

하늘 아래 새로운 것은 없다는 말이 있듯이 창조는 모방에서 나온다. 기업 경영에서 모방은 다른 말로 벤치마킹이라고 하는데, 혁신하기 위해서는 적극적인 벤치마킹이 필요하다. 벤치마킹은 자신이 모자라는 부분을 파악하고 그 부분을 가장 잘하고 있다고 평가되는 선진업체를 참고하여 자신의 업무 방법을 개선하는 것이다. 벤치마킹을 활용하여 혁신을 성공시키기 위해서는 첫째, 자신의 상황을 진단하여 개선이 필요한 부분을 파악하고, 그 부분을 가장 잘한다고 판단되는 동종업계나 타 업계의 선진업체에서 하는 방법을 관찰한다. 둘째, 선진업체의 방법을 연구하여 자신의 여건에 맞게 접목한다. 셋째, 철저히 실행한다. 이 세 가지가 삼위일체가 되어야 한다.

APGGC 국제 콘퍼런스 개최

해외 시찰에서 돌아온 후, 1990년 12월에 부산 · 경남지역의 도금 업체들로 조직된 부산 · 영남 아연용융 도금 협회를 설립했다. 협회 설립 후, 일본 오사카에 있는 관서 지구 도금 협회와 자매결연을 하고, 우수한 설비를 추천받아 도입하는 등 다양하게 교류했다. 또, 협회 차원의 영업활동을 통해 도금시장의 규모를 키우는 등 도금산업 발전을 위해 나름대로 노력한 결과 국내 도금산업도 점점 성장하였다. 협회가 활성화됨에 따라 협회의 활동을 영남권에 국한하지 않고 전국적인 규모로 확대해야 할 필요성을 느껴 한국용융도금협회를 조직하고 초대 회장에 취임했다.

당시 도금업과 관련된 국제조직으로 아시아태평양 용융아연도금 협회(APGGA, Asia Pacific General Galvanizing Association) 가 있었다. 일본, 대만, 호주 3국이 상임이사국으로 활동하고 있었는데, 우리나라도 여기에 가입하여 이사국으로 활동을 시작했다. APGGA는 2~3년에 한 번씩 아시아태평양 용융아연도금회의(APGGC, Asia Pacific General Galvanizing Conference)라는 국제회의를 개최했는데, 이사국이 된 우리는 제5회 대회를 2001년 10월 부산에서 개최했다.

당시 부산 지역에 국제 콘퍼런스가 가능한 장소로 벡스코를 건설하고 있을 때였는데, 콘퍼런스 계획 당시만 하더라도 벡스코의 완공이 9월로 예정되어 있고 콘퍼런스 일정은 10월이라 개최에는 큰 문제가 없다고 판단하여 회의 장소를 벡스코로 결정하였다. 그런데 연초에 건설공사 진행 상황을 알아보니 9월까지 완공될지가 불투명했다. 마침 시공업체인 현대건설의 공사책임자가 내가 현대에서 함께 근무해서 안면이 있던 사람이라, 그를 방문하여 상황을 설명하고 예정대로 완공을 할 수 있도록 협조를 요청했다. 결국, 콘퍼런스 개최일을 얼마 앞두고 벡스코가 완공되었고, 그리하여 우리 행사가 벡스코에서 열린 첫 행사가 되었다.

APGGC에는 도금업체 회사의 대표와 임직원뿐만 아니라, 도금 관련 학계의 교수와 연구자들, 또 도금의 소재로 사용되는 아연 메이커인 한국의 고려아연과 호주의 페스민코 대표 등, 많은 기관과 기업의 인사들이 참석했다. 미국, 중국은 물론이고 동남아시아의 국가들, 그리고 멀리 아프리카의 남아프리카공화국에서까지 관련 인사들이 참석하였는데, 전체 참석 인원이 500명 정도가 될 정도로 대규모 회의였다.

우리나라 사람들은 국제행사에 대체로 배우자 동반을 하지 않는데 비해 외국인들은 대부분 배우자를 동반하여 국제행사에 참석한다. 우리 행사에도 많은 참석자가 배우자를 동반했기에 배우자 프로그램(Spouse Program)을 별도로 운영했는데, 참석자가 콘퍼런스에 참여하는 동안 배우자들에게 부산지역의 명소를 관광시켜주는 프로그램이었다. 협회가 발족한 지 얼마 되지 않은 시기여서 사무국 등 시스템을 완벽하게 갖추지 못한 상태였기에, 배우자 프로그램 운영은 협회 임직원들의 배우자들이 동원되었다. 이들이 배우자 프로그램 참석자들의 손과 발이 되어 한국인 특유의 친절을 베풀었기에 참석자들로부터 많은 호응을 받았다.

APGGC는 성황리에 마쳤고, 우리나라 매스컴뿐만 아니라 외국의 매스컴에서도 많은 관심을 보였는데, 외국 매스컴에서는 나를 '한국의 도금왕'으로 소개하기도 했다. 부산 APGGC의 성공 요인 중의 하나는 아마 2002년 한일 월드컵이 아니었나 생각된다. 월드컵 개최국으로서 전 세계에서 한국에 관한 관심이 아주 높은 시기였기 때문이다.

APGGC 행사와 관련하여 생각나는 일이 하나 더 있다. 당시 월드컵 대회에 북한을 참가시키려는 사회 분위기가 있었다. 우리도 우리 행사에 북한 대표가 참석한다면 외형적으로 주목을 받을 수 있을 것 같아 북한에 APGGC 초청장을 보냈다. 당시 북한은 도금의 주 원료인 아연의 주요 생산국이었고 아연괴를 전 세계적으로 수출하고 있었다. 아연괴 수출에 욕심이 있었던지 북한 측에서 참석하겠노라고 했다. 북한은 중국 베이징에서 실무협상을 하자고 제안하면서 돈을 얼마나 가져오겠느냐고 물었다. 북한이 우리 회의에 참석하면 우리에게는 외형적으로 그럴듯한 명분이 된다. 북한은 우리가 얻는 명분에 대한 대가를 돈으로 요구하는 것으로 판단했다. 남북 사이에 생각의 차이가 크다는 것을 실감했고, 무엇보다 신생 협회라 북한이 만족할 만큼의 돈도 없었을뿐더러 남북 교류와 협력을 정한 관련 법률에 따라 우리 같은 협회 차원에서 북한에 돈을 줄 수도 없었다. 결국 APGGC 행사에 북한 대표 초청 건은 해프닝으로 끝났다.

아시아태평양 용융아연도금 회의(APGGC)

나름대로 열정적으로 APGGC 행사를 하던 중에 목에 이상 증후가 생겼다. 별것 아니겠지 생각하고 차일피일 미루다가 APGGC 행사를 마치고 병원에 가니 후두암 4기라고 진단했다. 그때가 2002년 초로서, 그때부터 후두암에 대한 나의 투병이 시작되었고 자연히 협회 운영에는 소홀해졌다. 내가 나서서 활동하지 않으니 협회 차원의 활동이 줄어들고 협회가 유명무실화되었다. 명색이 한국도금업 협회란 이름을 건 전국 단위의 조직이었지만, 실상은 부산, 영남권의 업체들만 활동하며 겨우 명맥만 유지되었다. 협회 차원의 활동을 하지 않으니 도금업체들은 개별적으로 각자도생하는 상황이 되었다.

나의 투병 생활과 함께 도금산업 발전에 더는 매진할 수 없었지만, 그래도 내가 한국도금업 협회의 회장을 맡고 있던 동안에는 국내 도금산업이 양적인 측면과 질적인 측면에서 괄목할만한 성장과 발전이 이루어졌다고 생각하며, 우리나라 도금산업 발전에 나름대로 이바지한 것에 대해 강한 자부심을 느낀다.

나의 암 투병기는 뒤에 다시 다루기로 한다.

How To Approach!

어떤 일을 시작할 때 '어떻게 접근할 것인가'가 중요하다. 내가 도금왕이라 불릴 정도로 우리나라의 도금산업 발전에 이바지할 수 있었던 것은 일에 대한 접근 방식이 다른 사람들과는 달랐기 때문이다. 업계의 다른 사람들이 나무만 보고 있을 때, 나는 숲을 보았다. 업계의 다른 사람들이 개별 업체로 활동했다면, 나는 도금 협회를 설립하여 조직적으로 활동했다.

사소한 부주의가 큰 화로 이어진다

DS

도금업은 유해 물질을 많이 다루므로 잘못 관리하면 환경을 오염시킬 수 있다. 과거에는 유사한 업종에서 환경을 오염시켜 회사 대표와 담당자가 구속되는 사례가 빈번했다.

생산과정에서 유해 물질을 공장 밖으로 배출하지 않기 위해서는 오염 방지 설비를 완벽하게 갖추어야 한다. 오염된 공기를 공장 밖으로 배출하지 않으려면 스크러버라는 설비를 설치해야 하는데, 이 설비에서는 오염된 공기를 흡입해서 정화제가 들어있는 특정 용기에서 일차 정화한 후, 다시 숯이 들어있는 정화설비를 통과하게 하여 깨끗해진 공기를 외부에 배출한다. 이것을 공기 샤워라고 부르기도 한다. 오염된 물은 폐수처리장에서 첨가제로 중화시켜 물을 깨끗하게 만든다. 그 물에 잉어를 키우면서, 잉어가 살 수 있을 정도로 깨끗한 물이라는 것을 보여준다.

공장을 지을 때는 공해방지 설비를 해야 하는데, 총 공사비용의 30% 정도가 들어갈 만큼 그 비용이 만만치 않다. 그뿐만 아니라 공해방지설비를 가동하는 비용도 만만치가 않은데, 오염물질을 정화하는 데 사용되는 화학약품 구매비용, 설비를 가동하는 데 소모되는 전력비용, 설비 유지보수를 위한 교체용 수리부속품 비용, 그리고 설비를 운용하는 인건비 등이다. 그런데 일부 업체가 그런 비용을 아끼려고 몰래 오염된 물을 흘려보내거나 오염된 공기를 내뿜는 사례들이 있다. 그러면 공장 주변의 사람들이 원인 모를 악취에 시달리고 인근 개울의 물고기들이 떼죽음을 당하곤 한다. 이러한 것을 잘 알기에 덕산은 공장을 지을 때부터 환경오염을 철저히 예방하기 위해 규정된 공해방지설비를 설치하고 정상적으로 가동했다.

그런데 본의 아니게 직원의 실수로 기름이 태화강으로 흘러 들어가 강을 오염시킬 뻔한 적이 한 번 있었다. 어느 해, 설 명절날 본가에 가서 제사를 지내고 난 뒤 음복을 하고 있는데, 회사 당직 직원으로부터 전화가 왔다.

"우리 공장에서 유출된 오염물질이 인근 개천과 본류인 태화강까지 오염시키고 있습니다."

그 말을 듣고 나는 너무 의아했다. 명절 휴가로 공장이 멈췄으니 오염물질이 발생하지도 않는 상황이었다. 그런데 어떻게 흘러나간다는 말인가, 회사로 가면서 나는 오염방지시설 문제가 아니라는 걸 직감했다.

내 예감은 당연히 맞았다. 지금은 공장에서 천연가스인 LNG를 연료로 사용하지만, 당시에는 벙커C유를 연료로 사용했다. 당시 연료 담당 직원이 명절 휴가를 가면서 기름펌프의 스위치를 끄지 않고 퇴근을 한 것이었다.

휴가에 들어가며 생산설비가 멈추었는데도 기름은 계속 설비 쪽으로 펌핑이 되는 바람에 넘쳐서 하수구를 통해 개천으로 흘러 들어간 것이었다. 그 기름은 양정, 염포를 거쳐 태화강 하류까지 흘러갔다. 태화강에는 기름띠가 둥둥 떠다녔다. 더 이상의 확산을 막기 위해 기름 확산 방지 펜스를 설치하고 흡착포로 기름 제거 작업에 들어갔다. 긴 하천을 덮은 기름을 제거하는 작업은 보통 일이 아니었다. 하지만 물에 녹아 들어가는 폐수가 아니고 물에 떠 있는 기름이니까 불가능한 일은 아니었다. 명절 휴가를 떠난 전 직원에게 비상령을 내리고 가능한 모든 사람이 나섰다. 덕분에 겨우 기름을 모두 제거할 수 있었다. 하지만, 지방환경청, 지방검찰청, 울산시의 세 기관에서 조사를 나왔다. 당시는 환경을 오염시키면 회사 대표를 구속하는 시절이었지만, 다행히 조사에서 고의적인 것이 아니고 직원의 실수로 발생한 것이라는 사실이 밝혀졌다. 대표인 내가 구속까지는 되지 않았다. 내가 평소에 나름의 소신과 철학을 가지고 정도경영을 하지 않고 편법을 사용하다가 사고가 났으면 어찌 되었을까? 아마 구속되어 편법 사용에 대한 충분한 죗값을 치르지 않았을까?

덕산은 늘 정도경영을 해왔고 나는 계열사의 사장, 임원들에게도 늘 정도를 걸으라고 말한다. 회의하거나 보고를 받는 자리에서 기회 있을 때마다 경영에 임하는 자세에 대하여 교육하면서 정도경영을 강조한다. 그렇게 하는 것이, 덕산이 정도경영을 이어가는 방법이라 믿고 있으며, 오늘날까지 덕산이 사회적으로 좋은 평판을 받는 이유라고 생각한다.

편법이 정도를 이길 수 없다

기업을 경영하다 보면 의도하지 않은 상황에 맞닥뜨릴 수 있다. 누구도 원하지 않은 일이지만 큰 사고로 이어질 수 있는 상황이 발생할 수 있는 것이다. 이때, 평소에 순리대로 일을 처리해 왔다면, 그러한 문제가 발생해도 수습할 수 있다. 그렇지만 평소 눈앞에 보이는 사소한 이익에 취하여 편법으로 일을 처리해 왔다면, 이처럼 예기치 않은 문제가 발생했을 때 수습이 어려워진다. 당장은 손해를 보더라도 순리대로 정도경영을 하면, 장기적으로는 커다란 이익으로 돌아온다. 하얀 콩은 하얀 콩을 달고, 까만 콩은 까만 콩을 다는 이치와 같다. 편법이 정도를 결코 이길 수 없으니 사업을 할 때는 크게 멀리 보는 안목이 필요하다.

덕산갈바텍의 설립과 발전

덕산산업을 창업하여 사업의 기초를 닦은 다음, 덕산산업의 경영이 안정화 단계에 들어섰을 때 설립한 회사가 덕산갈바텍이다. 1997년 외환위기 이전까지 우리나라 산업의 지속적인 성장과 함께 꾸준히 성장하는 전력수요를 해결하기 위해 소위 전력의 고속도로라고 할 수 있는 고압송전선로를 전국적으로 설치했다. 송전 철탑은 송전선을 연결할 때 필요한 구조물로서, 1997년 무렵 현대중공업 철탑사업부에서는 이러한 송전 철탑을 대량으로 수주하여 제작했다. 철탑 부품은 대형이라 도금하기 위해서는 대형 도금조가 필요했다. 이들 철탑 부품의 도금가공 수주를 위해 1997년 울산 남구 용연동에 길이 12m의 대형 도금조를 갖춘 아연도금 공장을 건설하고 덕산갈바텍을 설립했다.

신설된 공장을 조기에 안정시키기 위해 나는 주로 용연공장 사무실에 주재하면서 덕산산업과 덕산갈바텍을 오가며 두 개의 공장을 관리했다. 덕산갈바텍에서는 철탑이나 조선 분야의 대형부품 위주로 아연도금을 했고, 덕산산업에서는 아연도금도 일부 했으나 특수 도금방식인 알루미늄 도금에 주력했다. 알루미늄 도금은 아연도금에 비해 시장은 작았으나 수명, 고온이나 저온에 견딜 수 있는 기능, 표면강도, 표면의 미려성 등에서 뛰어났다. 나는 도금시장을 성장시키기 위해 도금 기술 향상에 노력하는 한편 기술 영업을 통해 금속의 표면처리에서 도금이 적용될 수 있는 분야를 꾸준히 확대해 나갔다. 그러한 노력의 결과 도금 분야에서 10개의 특허로 무장하고 도금가공에 대한 수요를 지속해서 성장시킬 수 있었다. 그 결과 덕산산업은 국내 유일의 알루미늄 도금 전문공장으로, 덕산갈바텍은 아연용융 도금 전문공장으로 발전했다.

덕산갈바텍의 주식 배분

뒤에 언급하겠지만 덕산하이메탈의 사업이 본격적인 궤도에 오르고, 덕산네오룩스와 덕산테코피아의 사업도 안정화되어 이들 기업을 공개해 주식을 상장하게 되자 나는 어느 정도 여유를 느끼며 심신의 안정을 찾게 되었다. 그동안 앞만 보며 질주했는데 심신의 여유가 생기자 나는 그동안의 사업 과정을 되돌아볼 수 있었고, 그동안 내가 사업을 잘 할 수 있도록 주위에서 나를 도와준 사람들에게 무언가 보답을 하고 싶었다. 그래서 내가 가장 어려울 때 내 곁에서 최선을 다해 나를 도와준 핵심 인력인 임원 3명과 나의 생질(누님의 아들)에게 덕산갈바텍 주식을 각각 25%씩 나누어 주었다. 주식을 배분받은 임원들은 현재 각각 덕산그룹의 부회장, 덕산갈바텍의 대표이사, 덕산산업의 사장직을 맡아 경영일선에서 일하고 있다. 생질에게 주식을 나누어 준 이유는 나중에 다른 항목에서 다룰 기회가 있을 것이다. 덕산갈바텍의 주식은 모두 나누어주었지만, 덕산산업은 내가 최초로 창업한 회사라는 상징적 의미가 있어 매출은 작지만 그대로 내가 경영하고 있다.

요즈음 덕산갈바텍의 주주이자 경영자인 그들에게 농담 삼아 말하곤 한다.

"갈바텍에는 더는 내 지분이 없으니 갈바텍과 나는 관계가 없지 않으냐, 덕산을 떼고 너희 간판을 올려라."

그러면 그들이,

"회장님 조금만 더 달고 갑시더,"

라고 말한다.

내 지분이 없으므로 회사 경영에 대해 더는 나에게 보고할 의무가 없지만, 그들 스스로 회사 운영을 하면서 혹시 잘못된 판단이나 결정을 할까 경계하기 위해 나의 의견을 구하고 있다. 격주로 회의하면서 실적과 손익 보고를 하며 경영 현안에 대해 조언해주기를 원한다. 나는 구체적인 경영에 대해 관여하지는 않지만 조언 정도는 해주고 있다.

최근 덕산갈바텍에서 공장을 확장하기 위해 회사 인근의 부지를 매입해야 하는 일이 있었는데 지주와 그 문제가 협의가 잘 안 되었다. 나에게 의견을 구하기에 해결하는 방법을 조언해주었고 결국 그 땅을 매입할 수 있었다. 나로서도 직접 경영에 관여는 하지 않지만, 애착이 있기에 늘 관심은 가지고 있다.

3장

벤처 1세대
덕산하이메탈

반도체 소재 솔더볼과의 만남

1999년 덕산산업을 경영하고 있을 때, 인근의 울산대학교 경영대학원에서 경영학석사 과정을 공부했다. 그때 만난 사람이 울산대 공대 첨단소재공학부 교수인 J 교수였다. 그와는 평소 안면은 있었지만, 그리 가까운 사이는 아니었는데, 어느 날, 울산공항에서 우연히 그를 만났다. 그때 J 교수는 나에게

"사장님, 솔더볼이라는 아이템이 있는데, 한번 소개해 드리고 싶습니다."

"아! 예, 날 잡아서 한번 찾아뵙도록 하겠습니다."

J 교수에 대해 알아보니 울산대학교에 부임하기 전 '대한 중석'이라는 공기업에서 연구원으로 일한 경력이 있었고, 그러한 현장 감각을 살려 울산대에 부임한 이후 첨단소재 분야의 실용적인 연구를 많이 하는 것으로 알려져 있었다. 며칠 후 울산대학교에 있는 그의

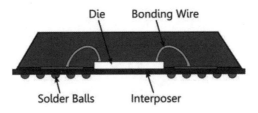

BGA Package Sideview

Die   Bonding Wire

Solder Balls   Interposer

솔더볼의 용도; 칩과 기판을 연결하여 전기적 신호를 전달한다

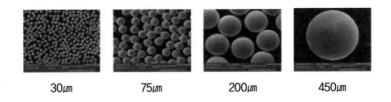

30μm   75μm   200μm   450μm

솔더볼을 확대한 사진

연구실로 찾아갔는데, 그의 연구실에는 작은 공장을 방불케 하는 장비로 가득했다. 그는 내가 처음 들어보는 솔더볼이라는 아이템에 대해 진지하게 설명하고 나서 자신이 연구해서 개발한 솔더볼 제조기술과 장비를 나에게 판매하기를 원했다. 나는 한번 생각해 보겠다고 말하며 그와 헤어졌다.

그 후 솔더볼이라는 아이템을 조사해 보았다. 솔더볼은 반도체의 소형화, 집적화에 따른 첨단 패키징의 핵심 부품 소재였다. 칩과 기판을 연결해 전기적 신호를 전달하는 접합 소재로 반도체 주변 회로부를 연결할 때 사용하며, 반도체가 사용되는 곳에는 필수적으로 사용되는 소재라는 것을 알게 되었다. 반도체는 IT 산업이 발전할수록 더욱 많이 사용되는 부품임은 익히 알고 있었고, 또한, 앞으로 반도체를 이용한 제품이 늘어날 것이므로 반도체의 수요 증가와 함께 이 소재의 시장도 엄청나게 성장할 것으로 예상되어 신규사업으로는 전망이 상당히 밝다는 생각이 들었다. 무엇보다도 국내에는 아직 이것을 생산하는 기업이 없고 전량 일본에서 수입하고 있었다. 솔더볼에 대해 자세히 알고 나니 그것이 내가 생각한 미래 발전 인자가 될 수 있다는 확신이 섰고, J 교수와 만나 솔더볼 제조기술과 함께 제조 장비를 매매하는 계약을 체결했다.

신기술, 유망기술에 대한 평소의 관심

기업을 경영하는 사람이라면 누구나 성장의 동력이 되는 신규사업에 관심을 가져야 하고, 신규사업을 가능하게 하는 신기술이나 유망기술을 찾는 것이 습관이 되어야 한다. 나의 경우 신문이나 텔레비전을 볼 때, 신기술이나 유망한 기술이 소개되면 꼭 기획이나 연구부서에서 조사해 보고하게 한다. 덕산산업과 덕산갈바텍을 경영하면서도 기업의 성장을 위한 신규사업에 대해 늘 관심이 있었고 이를 위한 신기술을 찾고 있었기에 솔더볼이라는 아이템에 대해 알게 되었을 때 이를 적극적으로 검토해 내 것으로 만들 수가 있었다. 새로운 것을 찾고 받아들이겠다는 마음의 준비가 되어 있었기 때문에 주저하지 않고 그것을 나의 새로운 사업 아이템으로 결정할 수 있었다.

당시 나는 나이가 50대 초반이었는데, 이 나이는 새로운 사업을 시작하기에는 늦다고 하던 시절이었다. 그래도 나는 나 자신을 믿었다. 당시는 우리나라에서도 정부가 1997년 '벤처기업 육성에 관한 특별 조치법'을 제정하면서 벤처기업이라는 용어를 공식적으로 처음 사용할 만큼 벤처기업에 대한 일반인들의 이해가 크지는 않았다. 그러나 정부가 미래의 성장 동력으로서 벤처기업에 대한 적극적인 육성정책을 펼치는 시기였으므로 앞으로 우리나라에 벤처 열기가 거세질 것으로 예상했다. 벤처사업은 말 그대로 위험을 감수해야 하는 사업이지만 성공한다면 다른 제조업에 비해 수익률이 높은 사업이기도 하다. 또한, 벤처사업은 도전과 혁신이 동력이다. 어릴 때부터 나는 항상 위로 향하는 향상지심이 있었고, 내가 살아오는 과정 자체가 도전과 혁신의 과정이라 할 수 있을 만큼 내 몸과 정신에는 그 DNA가 새겨져 있었기에 벤처사업은 나의 성향과는 아주 잘 맞는다고 생각했다.

잘만 할 수 있다면 황금알을 낳는 거위가 될 수 있지만, 예기치 못한 위험이 따를 수도 있었다. 하지만 나의 향상지심(向上之心), 위로 향하는 도전하는 마음은 어떤 어려움도 극복해낼 자신이 있었다.

당시는 IMF라는 국가적 비상 상황이 완전히 해소되지 않은 시점이었다. 다른 사람은 하던 사업도 접는 어려운 시기였지만, 나는 역으로 새로운 사업에 도전했다. 호황기에도 새로운 사업을 시작하는 것은 망설여지는데 역사상 유례를 찾아보기 어려울 정도의 불황이 닥친 시기에 새로운 사업을 시작하는 것에 대해 주변에서는 걱정을 많이 했다.

하지만 나는 솔더볼이 소재산업이기 때문에 성공할 수 있다고 확신했다. 소재산업은 하루아침에 성공과 실패가 결정되지 않는다. 긴 시간 동안 준비해야 하고 사업에 성공하기 위해서는 여러 가지를 검토해야 하는 업종이다. 한 마디로 천릿길도 한 걸음부터라는 말이 딱 어울리는 업종이 소재산업이다. 나는 눈앞에 닥친 IMF를 본 것이 아니라 그 이후를 보고 벤처사업을 시작했다.

위기는 누군가에게는 기회가 된다

위기 상황은 누군가에게는 위협이 되지만, 누군가에게는 기회가 된다. IMF 상황에서, 많은 기업이 부도가 났지만, 또 그 상황을 적절하게 활용한 많은 기업이 성공했다. 어떻게 대처하느냐에 따라 위기는 큰 기회가 될 수 있다. 벤처사업은 말 그대로 위험을 동반하는 사업이지만, 나는 여기서 소재산업의 미래를 보았다. 초유의 IMF 시대에 다른 사람과는 역발상을 하여 벤처사업에 투자했고, 그리고 성공했다. 그렇게 해서 벤처 1세대 덕산하이메탈이 탄생했다.

고난 그리고 창조적 파괴

DS

지금 생각해 보면, 그때 내가 조사한 솔더볼과 그 조사를 토대로 판단한 것은 희미한 안개 속에서 만지는 코끼리 코에 불과했다. 코끼리 전체를 보지 못하고 어렴풋한 형상만 보고 솔더볼 제조기술과 장비의 매매계약을 한 것이다. 무엇이든 하나의 가능성을 보면 일단은 도전하고, 문제가 생기면 그것을 극복해 나가는 평소의 내 성향 때문에 그 계약에 쉽게 응했던 것 같다. 내가 살아오면서 많은 부분에서 문제를 해결한 방식은 일단 부딪히고 나서 문제가 생기면 그때마다 개별적으로 해결해나가는 것이었다.

그 계약이 고난의 신호탄이라는 것을 알게 되기까지는 그리 오랜 시간이 걸리지 않았다. 이 사업을 진행하는 것 자체가 문제 해결의 과정이었고 어렴풋하게 보이는 코끼리를 선명한 상태로 볼 수 있게 만드는 작업이었다. 그 과정은 고통과 모험이 따르는, 말 그대로

Venture(모험)였고 Start up(시작)이었다.

　처음에 J 교수가 제안한 것은 15억 원을 대가로 솔더볼과 솔더페이스트 두 가지 아이템에 대한 매매계약을 체결하는 것이었다. 하지만 J 교수의 연구 내용을 자세히 검토해보니 솔더페이스트는 솔더볼보다는 기술적으로 아직은 많이 불완전해 보였다. 그래서 솔더페이스트 기술은 뒤에 매입하기로 하고, 일단 솔더볼 기술 하나만 10억 원에 매입하기로 계약을 했다. 10억 원의 대가는 기술료와 장비값이다. 새로 사업을 시작하며 울산 효문초등학교 부근에 있는 아파트형 공장에 40평 정도 되는 공장을 마련하고 회사 이름을 덕산하이메탈로 정했다.

덕산하이메탈 설립 당시 아파트형 공장

당시 J 교수는 자신의 연구실 소속 석, 박사로 구성된 연구 인력과 장비를 보유한 Q테크라는 벤처회사를 운영하고 있었다. 나는 먼저 우리가 매입한 장비를 그의 회사에서 우리의 아파트형 공장으로 옮기고, Q테크의 연구 인력 5명을 우리 직원으로 채용했으며, J 교수는 기술고문으로 영입했다. 그리고 같이 잘해 보자고, 또 새로 시작하는 사업을 잘 할 수 있도록 최선을 다해 협조해달라는 의미로 1억 원에 상당하는 주식을 J 교수에게 주면서 직원들과 나누어 가지라고 했다. 새로 채용된 직원들에게도 동기를 부여하기 위해서였다. 이렇게 하여 공장을 가동할 수 있는 시설과 인력이 갖추어진 셈이다.

그런데 본격적으로 생산을 시작해보니 계약 내용과 현실은 완전히 달랐다. 그것은 앞으로 닥칠 문제의 시작을 예고한 셈이다. 공장에서 실제로 생산해 보니 생산량이 계약 당시 J 교수가 생산될 수 있다고 말한 수량의 10%도 되지 않았으며, 생산된 제품도 정상적인 제품으로서 갖추어야 할 요구품질에 미달했다. 거기서부터 갈등이 시작되었다.

J 교수에게 이것은 계약과 다르다며 이의를 제기했다. 그런데 J 교수는 자신은 기술과 장비를 팔았으니 자신에게 더는 책임이 없다는 듯이 나의 이의제기를 가벼이 생각하고 해결해 줄 기미를 보이지 않았다. 갈등은 점점 심해졌고, 결국 나는 지불하기로 한 잔금을 약속한 날짜에 치르지 않았다. 그러자 J 교수는 심지어 집으로까지 내

용 증명을 보내며 잔금을 지급해 달라고 나를 압박했다. 그렇게 하여 J 교수와는 완전히 등을 돌리게 되었다.

사실 나에게도 미숙한 점이 있었다. J 교수가 이야기한 청사진을 그대로 믿고 장밋빛 꿈을 꾸면서 사업을 너무 쉽게 생각했던 것이었다. 남의 탓을 하기보다는 나에게도 문제가 있었다고 생각하니 오히려 편했다. 그때 나의 기질이 발동했다. 문제가 생기면 좌절하기보다는 그것을 극복할 방법을 찾는 도전정신이었다. '남을 원망하면 무슨 소용이 있겠는가? 스스로 문제를 해결할 수 있는 방법을 찾아보자'라고 생각하며 원점에서부터 다시 검토해보기로 했다.

J 교수는 나에게 내용 증명을 보낼 만큼 관계가 나빠져 아예 도와줄 생각조차 하지 않았다. 그래서 J 교수 밑에서 그 기술을 개발한 직원들과 함께 양산 방법과 품질개선 방법에 대해 처음부터 새롭게 연구하기 시작했다. 그러면서 실험실에서 개발된 기술을 전적으로 믿으면 안 된다는 것을 깨달았다. 실험실에서 개발된 기술은 씨앗이 되는 원천기술이 될 수는 있지만, 이 기술이 경제성을 가지기 위해서는 추가로 많은 시간과 노력이 소요된다는 것을 깨달은 것이다.

제품이 경제성을 가지기 위해서는 시간당 10개가 생산되어서는 안 되며, 천 개, 만 개가 쏟아져 나와야 한다. 또한, 불량품이 많아도 안 되며, 생산된 대부분이 양질의 제품이어야 한다. 상대에서 경제학을 전공한 나는 사실 생산기술이나 품질관리 이론에는 문외한이었다. 또 새로이 시작하려는 사업은 지금까지 내가 하던 도금사업과는 성격이 판이해 나의 지식이나 경험이 별로 도움이 되지 못했다. 지금까지 내가 도금공장에서 취급하던 조선 부품 등은 중량물로서 단위 시간당 처리량도 소량이었다. 그러나 새로이 생산하려고 하는 솔더볼은 미크론(micron, μ) 단위의 미세한 제품으로서 시간당 수십만 개를 생산해야 하고 아주 정밀한 품질관리가 필요한 것이었다. 따라서 제품생산과 관련된 모든 일을 전적으로 연구원들이나 기술자들에게 의존할 수밖에 없었으며, 내가 할 수 있는 일은 이들이 실력 발휘를 할 수 있게 끊임없이 동기를 부여하고 격려하는 일뿐이었다. J교수 밑에서 공부를 하다가 기술매매계약과 함께 우리 회사에 온 직원들에게 1억 원 상당의 주식을 스톡옵션 형태로 그들에게 나누어주며 성과에 대한 동기를 부여했다.

양산이 되지 않고 요구품질이 나오지 않으니 기존에 사용하던 기계를 폐기하고 새로운 기계를 개발, 제작해서 사용했다. 새로 개발된 기계를 한 달쯤 사용하다 안 되면 폐기하고 또 새로운 기계를 개발해서 사용했다. 이러한 과정을 반복하다 보니 쓰레기장에는 폐기된 기계가 산더미처럼 쌓였다. 그것을 보면서 '이것이 슘페터가 말하는 창조적 파괴구나' 하는 것을 절감했다. 슘페터에 따르면 기업이 발전하기 위해서는 혁신을 해야 하며, 과거의 것을 버리고 새로운 기술을 적용하는 것도 혁신의 일종이다. 이것이 경제의 혁신성장론에서 슘페터가 말하는 창조적 파괴이다.

이렇게 하는 과정에서 돈은 끊임없이 들어갔다. 그간 덕산산업을 경영하면서 벌어 둔 여유자금과 은행에서 시설자금으로 대출까지 받은 대략 15억 원 정도가 투자되었을 때 수중의 자금은 거의 바닥이 났다. 은행에서 단기 운영자금을 대출하여 급한 불을 끄며 버텨 나갔으나 완전 벼랑 끝에 몰린 기분이 들었다. 그렇지만 죽자 살자 매달릴 수밖에 다른 방법이 없었다.

👆 슘페터의 창조적 파괴(creative destruction) ◇◇◇◇◇

오스트리아 출신의 미국 경제학자 조지프 슘페터(Joseph Schumpeter)가 제시한 이론으로, 기술 혁신으로 낡은 것을 파괴하고 도태시켜 새로운 것을 창조하고 변혁을 일으키는 과정에서 새로운 기술이 발달하며, 그러한 과정이 반복되며 경제가 발전하는 것을 설명하는 이론이다. 그는 자본주의가 발전하는 가장 큰 요인은 창조적 혁신이라 주장했으며, 특히 경제 발전 과정에서 기업가의 창조적 파괴를 강조했다.

기업가의 '창조적 파괴행위'로 인한 생산요소의 새로운 결합에서 이윤이 파생되며, 이윤은 창조적 파괴에 성공한 기업가의 노력에 대한 정당한 대가라고 했다. 약 100년 전에 나온 이론이지만 기술 발전 속도가 현저하게 빨라진 현대에 더 잘 적용될 수 있는 이론이라고 생각된다.

◇◇◇

하늘은 스스로 돕는 자를 돕는다

벼랑 끝이라고 생각하고 온 힘을 다해 노력하니 전혀 예기치 않은 곳에서 자금 문제가 해결되었다. 행운의 여신이 나에게 미소를 지어준 것이다.

어느 날 한 통의 전화를 받았는데 울산 남구 무거동 울산대학교 인근에 있는 한 부동산 업자에게서 걸려 온 전화였다. 덕산에 대한 소문을 들었다고 했다. 그는 부동산이나 다른 곳에 투자하는 것보다 벤처기업에 투자하는 것이 수익성이 더 낫다고 생각해 벤처사업을 시작한 나에게 전화를 한 것이다. 당시 김대중 정부가 들어서면서 벤처기업 육성정책을 내세웠고, 여기저기서 벤처 붐이 일어났을 때였다. 투자자는 언제나 돈이 되는 곳에 투자하고 싶어 한다.

"당신의 회사에 투자하고 싶은데, 주식을 얼마나 줄 수 있습니까?"

그를 만나 협의한 끝에 액면 1억 원에 해당하는 주식을 20억 원에 매각했다. 그러니까 액면가치의 20배를 받은 셈이고, 회사의 가치가 그만큼 높아져 있었다는 것을 의미한다. 가뭄 끝의 단비였다. 20억 원이라는 거금이 들어오자 막혔던 숨통이 트였고, 연구 개발에 더욱 박차를 가할 수 있었다.

어느 정도 제품의 생산과 품질의 안정성이 확보되자 외국의 사정이 궁금했다. 세일즈도 할 겸 싱가포르, 말레이시아 등으로 출장을 가서 시장 상황을 파악해 보니, 이들 동남아시아 국가에는 마이크로소프트, 텍사스인스트루먼트 등 다국적 반도체 업체들이 생산 공장을 짓고, 제품을 생산해 판매하고 있었다. 한편, 에이전트를 선정해 판촉 활동도 열심히 했는데, 판촉하러 찾아가는 회사마다 묻는 말이

"삼성과 거래하느냐"

였다. 덕산은 들도 보도 못한 기업이기에 삼성과 거래 여부를 가지고 그 기술력을 판단하겠다는 것이었다. 또한, 그들로부터 삼성부터 거래를 트고 오라는 답변도 들었다. 나는 '삼성부터 정복해야 세계를 정복할 수 있겠구나'하는 것을 절실히 느끼고 돌아왔다. 나는 영업대상 제1호 목표를 삼성으로 정했다.

그 후에는 해외로 영업을 나가는 대신 삼성과 거래를 트기 위해 올인했다. 삼성에 처음 문을 두드리자 단번에 거절당했다. 많은 시간과 자본을 투자해 노력한 결과가 거절당하자 속이 상했지만 포기하지 않고 계속 문을 두드렸다. 그러던 중 삼성도 국산 개발을 간절히

원하고 있다는 것을 느끼게 되었다. 삼성은 거절하기는 했지만, 그냥 거절하는 것이 아니라 거절하는 이유를 달아서 거절했다.

"이것, 저것만 보완하여 다시 오십시오."

라고 하는 식이었다. 그들이 요구하는 것을 보완해가면 또 다른 것을 보완하기를 요구했고, 우리는 그것을 보완하여 샘플을 만들어 들고 갔다. 거절당할 때는 힘이 들었지만, 나중에 생각하니 그들은 코치해주면서 우리를 끌고 가려 했던 것이라는 걸 알았다.

실패를 도약의 발판으로 삼아야

나는 어떤 도전을 할 때, 그것이 미래 발전인자가 될 수 있을 것인지 최대한 분석한 후 시작한다. 하지만 새로운 도전에는 항상 예기치 못한 문제가 발생할 수 있다. 그러한 문제까지 예상할 수 있으면 좋겠지만 그렇지 못하는 경우가 더 많다. 그럴 때는 '하면 된다'는 신념을 가지고 방법을 찾으면, 시간과 자본은 더 들지 모르겠지만 언젠가는 문제를 극복할 수 있으며 목표에 도달하게 된다.

기업을 운영하다 보면 늘 실패에 부닥치곤 한다. 기업규모가 작은 우리가 이 정도로 실패했다면, 삼성과 같은 대기업은 얼마나 많은 실패를 했을 것인가? 문제는 그 실패를 어떻게 보는가이다. 실패에서 어떤 교훈을 얻는다든지, 실패를 어떻게 활용할 수 있다면 실패는 한 단계 더 도약하는 발판이 될 수도 있는 것이다. 우리도 신념을 가지고 노력하니 삼성이 우리를 도와서 앞에서 끌고 가려 했다. 이것을 보고, "하늘은 스스로 돕는 자를 돕는다"라는 말이 정말 옳은 말이라는 것을 느꼈다.

연구실의 기술 씨앗이 시장에서 열매를 맺기까지는

솔더볼 사업을 하면서 중요한 것을 깨달았다. 그 어떤 연구 개발이든 실험실의 기술을 시장에 적용할 때까지는 추가적인 연구 개발이 더 필요하다는 것이다. 연구실에서 제품을 만들었다고 해서 바로 시장에서 활용할 수 있는 기술은 아니다. 그 제품은 씨앗에 불과하고, 기술이 경제성을 갖추기 위해서는 또 다른 연구 개발이 필요하다. 품질을 보완하고 양산할 수 있는 기술이 뒷받침되어야 한다. 그것은 대기업에서도 마찬가지다. 연구실에서 한두 개 정도 제품이 나왔다고 해서 완성된 기술이라고 말할 수 없다. 수만 개가 나오고 품질도 보장이 되어야 경제성을 가진 완성된 기술이라 말할 수 있는 것이다. 그렇게 되기까지는 시간과 노력, 그리고 자금이 더 들어감은 말할 나위가 없다.

나는 솔더볼 기술을 처음 도입해 3년이라는 긴 시간 동안 추가적

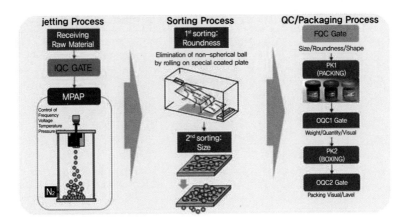

솔더볼의 제조 공정

인 연구 개발을 한 끝에 드디어 성공해 실용화 단계까지 끌어올렸
다. J 교수도 솔더볼을 생산할 수 있는 장비를 개발하기는 했지만,
양산 문제와 품질 문제를 해결해 실제로 경제적인 생산에 적용할 수
있는 단계에까지는 이르지 못했다. 나로 인해 비로소 자신의 연구
가 실용화하기에는 아주 미흡했다는 것을 알게 된 것이다. 마침내
2002년 양산 샘플을 가져가 삼성의 승인을 받고 삼성과 거래의 문
이 열렸다. 그날 고생한 직원들과 축배를 들며 함께 기뻐했다. 드디
어 연구실의 기술 씨앗이 시장에서 열매를 맺게 된 것이다.

어떤 기초 기술을 가지고 특허를 획득했다면, 그 기술을 비즈니스에 활용할 단계까지 끌고 가는 것은 벤처 사업가의 의지이고 능력이고 끈기이다. 기술이 경제성을 가지기 위해서는 초기 기술개발과는 별도로 추가적인 연구 개발의 노력이 투입되어야 한다. 그래야 그 기술은 시장에서 통할 수 있는 완전하고 실용적인 기술이 된다.

그러던 어느 날 부산의 모 학원 이사장이 나를 찾아왔다. 그 이사장은 J 교수를 비난하며 계약서 한 장을 내밀었다. 그 계약서는 솔더페이스트 기술 및 제조 장비 매매계약서였는데 J 교수와 내가 솔더볼에 대해 계약한 내용과 유사했다. 앞에서도 밝혔듯이 솔더페이스트 기술은 완성도가 떨어져 내가 매입하지 않겠다고 한 것이다. 그런데 그 계약서에는 '제공되는 기술로 솔더페이스트 제조에 성공하지 못하는 경우 솔더볼 기술을 공여하겠다'라는 조항이 포함되어 있었다. 명백히 나와 한 계약과 상충되었다. 그는,

"불완전한 기술을 가지고 와서 계약만 하고 수억 원을 받아 챙기고는 안 되는 것을 해결해 주려는 어떤 노력도 하지 않습니다. 그냥은 못 지나가겠어요. 문제를 삼아야 하겠습니다."

"저도 비슷한 경험을 했습니다만, 이사장님은 안 되는 기술을 해결하기 위해 얼마나 열정을 쏟아부었습니까?"

"저도 학교를 운영하면서 할 수 있을 만큼의 최선을 다했습니다."

"학교 일도 하고 이 일도 하는 것은 힘든 일입니다. 두 발 다 디디

고 완전히 올인해도 될동말동한데, 두 가지를 동시에 하기는 쉽지 않은 일입니다. 연구실의 기술을 실용화해 시장에서 요구하는 품질로 양산하기까지는 새로운 연구 개발이 필요합니다. 저는 고생고생해가며 이미 그런 과정을 다 겪었습니다."

"J 교수를 고발해 법정에 세울 테니, 증인을 좀 서주십시오."

"마음은 백 번 도와드리고 싶지만, 울산은 좁고 언제 그를 다시 볼 줄 모르니 증인 서는 것은 좀 어렵습니다."

라고 말하며 거절을 하니, 그는 나가면서,

"홀아비 속은 홀아비가 알아줄 줄 알았더니 그것도 아니네요."

라고 하면서 돌아갔다.

우수자본재 개발로 석탑산업훈장 수훈

석탑산업훈장 훈장증   석탑산업훈장

　내가 느끼기에 그는 나처럼 절박하게 매달리지 않았던 것 같다. 그를 보니 연구소의 기초 기술만 보고 환상을 가졌던 나의 첫 모습이 생각났다. 그와 나의 차이는, 기초 기술을 시장성을 가진 제품으로 만들 수 있는 기술로 만들기까지 추가로 연구 개발을 했는가이다. 실험실의 기술에 자본이라는 자양분을 주고 시간이라는 빛을 쏘이며 정성을 다해야 완성된 기술이 된다.

　덕산하이메탈의 솔더볼 사업은 시작한 지 5년 만에 정확한 크기, 높은 구형도 등으로 품질을 인정받아 삼성전자와 하이닉스 등 국내 대기업은 물론 미국, 중국, 일본 등 전 세계 메모리 반도체 업체에 제품을 공급하게 되었고, 회사는 현재 세계 2대 생산업체로 우뚝 섰다.
　그리고 기술력과 잠재력이 상대적으로 취약한 국내 소재산업을 한 단계 진일보시켰다는 평가를 받았다. 이것은 IMF라는 국가적 재난 상황임에도 불구하고 보다 나은 미래를 내다보고 과감히 투자

한 결과였다. 그리고 숱하게 닥친 시련에 굴복하지 않고 그것을 극복했기에 가능한 일이었다. 그러한 공로를 인정받아 2000년 9월에는 정부로부터 우수자본재 개발공로로 석탑산업훈장을 수훈했다. 2012년에는 정부가 글로벌 히든 챔피언 육성사업의 하나로 실시하는 월드클래스 300 기업에 선정되기도 했다. 히든 챔피언(Hidden champion)은 대중에게 잘 알려지지는 않지만 전문 분야에서 자신만의 특화된 경쟁력을 바탕으로 세계 시장을 지배하는 작지만 강한 우량 강소기업(强小企業)을 말한다. 또, 2016년에는 벤처, 창업 진흥을 통해 국가산업발전에 이바지한 공로로 대통령 표창도 받았다.

시대 변화에 대응하지 않으면 도태된다

덕산하이메탈의 혁신 스토리

'미래 발전지향적인 것에는 어떤 것이 있을까?'를 항상 진지하게 생각했다. 평소에 '천지지대덕왈생(天地之大德曰生)'이라는, 주역에 나오는 경구를 좌우명으로 삼고 있는데 그 의미는 '세상천지에 새 생명이 태어나는 것만큼 큰 덕은 없다'라는 것이다. 이 말을 기업 경영에 적용하여 내 나름의 해석을 해서 '혁신(새로운 것의 탄생)이 기업 경영의 근본(큰 덕)이 되어야 한다'라고 생각했다. 그런 생각이 나의 혁신의 저력이 되었다.

현재의 덕산하이메탈도 혁신이 있었기에 가능했다. 처음에 실험실에서 성공한 수준의 솔더볼 제조기술을 현장에 적용했으나, 불량품이 쏟아지고 생산량도 적어 이익을 낼 만큼의 경제적 가치가 없었다. 그러나 각고의 노력으로 혁신한 결과 양산에 성공했다. 그런 다음에는 무연시대의 도래라는 시대 변화를 읽고 납 소재를 주석 소재로 바꾸는 혁신을 해서 무연 솔더볼을 개발했고 그 결과 살아남았다. 나는 혁신을 해서 살아남았지만 혁신하지 못한 경쟁업체 두 개가 사라졌다. 혁신하지 않으면 도태되고 만다는 사실을 절감했다. 그 후로도 솔더볼은 시장에서 끊임없는 변신을 요구받았고 나는 그 요구에 혁신으로 대응해 성공했다.

무연 솔더볼 개발

초기에 전기회로를 접합할 때는 주로 납이 사용되었다. 라디오, 텔레비전 등의 전자제품에서 부품을 서로 연결하거나 반도체 칩의 회로를 연결할 때, 열을 가해 납을 녹여서 납땜하거나 납이 들어간 솔더볼을 사용했다. 그런데 납은 환경을 오염시키는 유해 물질로 규정되어, 그때까지 납이 사용되던 곳에서 점점 무연 소재를 요구하는 경향으로 바뀌는 추세였다. 유럽연합은 물론 미국과 중국에서도 납이 포함된 제품에 대해 반입 금지를 예고했다. 당시 우리는 납을 소재로 하는 솔더볼을 생산하고 있었지만, 상황을 보니 '언젠가는 Pb free(무연) 시대가 오겠구나'하는 생각이 들었고, 이러한 시대적 환경변화에 대응하지 않으면 도태될 수도 있겠다고 판단했다. 변화는 한순간에 오기도 하지만 많은 경우 사전에 신호를 보내며 서서히 오기도 한다. 그런 신호를 읽고 사전에 대비를 철저히 하는 것이 변화된 환경과 부닥쳤을 때 당황하지 않고 유연하게 적응

할 수 있는 것이다.

Pb free(무연) 시대가 올 것으로 판단한 그 순간부터 또 한 번의 도전을 시작했다. 그러한 시대적 요구에 부응해 무연 솔더볼 개발에 총력을 기울였고, 그것은 기업 차원의 기술 혁신을 의미했다. 그 결과 납 대신 주석을 소재로 한 무연 솔더볼을 다른 업체보다 한발 앞서 개발할 수 있었다.

당시 대구에도 솔더볼을 생산하는 업체가 하나 있었는데 그 업체의 솔더볼 생산기술이 대단히 우수했다. 삼성에서는 주기적으로 협력업체의 업무감사를 하는데, 어느 해 우리 회사에 오디트(audit, 품질감사)를 나온 담당 직원이,

"대구 업체의 기술력과 덕산의 관리력을 합하면 금상첨화겠네."

라고 말했다. 그 말은 대단히 충격적이었다. 관리적인 측면에서는 우리가 우수했지만, 기술적인 측면에서는 대구 업체가 훨씬 앞서 있었다는 말이다. 이보다 더 큰 충격이 어디 있겠는가? 선발업체로서 덕산이 나름대로 차별성을 가지고 앞서나가고 있다고 자부하고 있었는데 기술은 최고가 아니라는 말이다. 그래서 우리 기술진과 함께 자성과 새로운 다짐으로 자세 무장을 다시 했던 기억이 난다.

그런데 막상 Pb free라는 시대적인 환경변화에 그 업체는 대응하지 못했다. 우리는 기술 혁신을 해서 주석을 소재로 하는 무연 솔더볼 개발에 성공했지만, 그 업체는 성공하지 못했다. 그 결과 우리가

주석을 소재로 하는 무연 솔더볼을 개발해서 삼성과 유럽에 공급하는 동안 대구의 그 업체는 무너졌다. 기술 혁신을 하지 않은 결과였다. 기업에서 '기술 혁신이 얼마나 중요한 것인가'하는 것을 그때 다시 한번 실감했다.

✍ 시장과 기술의 변화(Trend)에 민감해야 생존한다 ∞

이 일 때문에 시대가 요구하는 상황에 적절하게 대응해 혁신하지 않으면 기업은 도태될 수밖에 없다는 중요한 교훈을 얻었다. 시대가 요구하는 상황에 대처하기 위해서는 시장의 변화와 기술의 변화 등에 민감해야 한다.

이것은 기업의 생존을 결정하는 중대한 문제다. 그러므로 경영자는 항상 다가올 미래를 예측할 수 있는 혜안이 있어야 한다. 그런 혜안은 저절로 오는 것이 아니라 항상 현재의 시장과 기술의 상황에 관심을 가져야 가능하다. 그것을 토대로 분석해서 앞으로 나아갈 방향을 예측해야 한다. 그리고 예측된 상황에 대비하여 기술 개발 등의 준비를 해야 한다. 시장에서 납이 포함된 제품을 더는 사용하지 않을 것이라는 신호를 보내왔고, 나는 그것에 대비해 무연 솔더볼을 개발한 덕택에 시장에서 살아남을 수 있었다. 이것이 내가 생각하는 미래 발전 인자를 찾는 것이다.

강한 솔더볼 개발

우리가 일반적으로 말하는 반도체는 전자회로, 연결용 솔더볼과 기타재료 등으로 구성된 패키지 형태로써 전자제품, 드론, 자동차 등에 다양하게 사용된다. 반도체가 제대로 작동하기 위해서 갖추어야 할 여러 특성 중에서 강도는 아주 중요한 요소이다. 예컨대 자동차에 사용되는 반도체는 자동차가 주행 중 받게 되는 큰 충격을 견뎌내어야 제대로 작동할 수 있으므로 높은 강도를 필요로 한다. 반도체 패키지의 강도를 강화하기 위해서는 솔더볼의 강도가 높아야 하며, 따라서 시장에서는 끊임없이 강도가 높은 솔더볼을 요구했다. 그래서 무연 솔더볼을 개발한 다음에 한 혁신이 강도가 높은 솔더볼을 개발한 것이었다. 덕산은 솔더볼의 강도를 지속해서 향상시키고 있는데 DNS[1]-1에서 시작해 현재는 DNS-6 수준이다. 시장에서는 벌써 다음 단계의 강도인 DNS-7 무연 솔더볼 개발을 요구하고 있다.

미세솔더볼 개발

그다음은 솔더볼의 입자 크기를 줄이는 혁신이었다. 시장은 mm 단위가 아닌 미크론(micron, μ) 단위의 미세솔더볼(MSB)을 요구했다. 미크론 단위의 미세솔더볼을 MSB(micro solder ball)라 부른다. 미세솔더볼은 덕산에서 자체 기술 개발을 시도했지만, 그 과정이 쉽지 않았다. 무연 솔더볼이 대세가 될 것이라고 예상했던 것처럼 앞으로는 MSB가 대세가 될 것으로 판단해서 개발에 착수하여 90%까지는 진척을 이루었다. 하지만 수년간 연구해 온 MSB 개발이 2010년 난항에 부닥쳤다. 우리 기술로는 한계가 있었고 10%

---

1) DNS-덕산 자체의 솔더볼 강도 규격, 숫자가 클수록 강도가 높다는 것을 의미

의 기술이 부족해 고전을 면치 못했다. 예컨대, 일반솔더볼은 700미크론에서 200미크론 범위의 크기인 데 반해 미세솔더볼은 150미크론에서 50미크론 범위의 크기로서 우리 기술로 개발할 수 있었던 것은 100미크론이 한계였다. 연구에 연구를 거듭했지만, 한계에 부닥친 것이었다.

더는 안 되겠다는 판단이 섰고, 다른 회사에서 가지고 있는 미세솔더볼의 기술 현황을 조사하기 시작했다. 여러 경로를 통해 확인한 결과 일본 히타치가 미세솔더볼 제조기술을 보유하고 있다는 것과 히타치에서는 마침 이 기술을 처분할 계획이 있다는 정보를 입수했다. 서둘러 그 기술을 도입하라고 지시했고, 담당자가 일본으로 가서 미세솔더볼 제조기술과 장비 한 대를 매입했다. 당시 70억이라는 거금을 투자해 히타치의 미세솔더볼 제조기술을 도입했는데, 이것은 2010년 당시 웬만한 중소기업을 M&A 할 수도 있는 자금 규모였다. 덕산으로서는 큰 투자였는데, 미세솔더볼의 향후 발전에 대한 확신이 없었다면 쉽사리 하기 힘든 결정이었다.

이후 그 기술을 더욱 개량해서 일반솔더볼에 적용하자 일반솔더볼의 생산성이 획기적으로 향상되었다. 미세솔더볼의 생산성이 향상되었음은 물론이다. 솔더볼의 생산성 향상으로 덕산의 경쟁력은 획기적으로 높아졌고, 소위 초격차 경쟁력을 갖추게 되었다. 말하자면 히타치에서 미세솔더볼 기술을 도입한 것은 신의 한 수였다.

향후 4차 산업의 다양한 업종을 비롯한 대부분 산업에서 반도체

미세 솔더볼

의 사용량이 증가할 것으로 예상되므로 SB든 MSB든 솔더볼의 수
요량도 엄청나게 증가하리라 예상된다. 특히 반도체 패키지가 미세
화되는 추세여서 MSB의 수요가 상대적으로 더 늘어날 것으로 예상
된다. 현재 SB와 MSB의 수요량 비율은 3억K : 9억K(K는 1,000개
단위)이나 향후 MSB는 12억K, 15억K, 20억K, 30억K까지 수요가
증가할 것이 예상된다. 여기에 대비해 현재 설비증설을 하고는 있으
나, 사실은 신규 공장을 지어도 물량을 감당하기가 벅찬 상황이다.
MSB는 전 세계적으로 우리가 65%를, 나머지 35%는 일본 센주가
생산하고 있다. 두 회사가 MSB 시장을 석권하고 있으며, 다른 회사
에서는 아직 MSB를 생산할 엄두도 내지 못하고 있다.

로우알파 메탈(Low alpha metal) 개발

로우알파 메탈은 납이나 다른 불순물이 적은 순도 높은 소재를 말
한다. 반도체 칩의 소형화 및 고집적화에 따라 칩에서 발생하는 소

프트 오류(soft error)의 해결을 위해서는 불순물이 적고 순도가 높은 합금을 사용해야 하며, 미래 반도체 접합 소재에는 로우알파 합금 사용량이 더욱 증가할 것으로 예상되었다. 뿐만 아니라 순도가 낮은 소재는 솔더볼 생산 공정에서 불량 증가의 원인이 되기 때문에 로우알파 메탈의 사용은 필연적이었다. 당시까지는 필요한 로우알파 메탈을 전량 수입에 의존하고 있었으므로 제조 원가가 인상되는 요인이 되었다. 제조 원가를 절감하기 위해 로우알파 메탈을 자체 개발하기로 하고, 2012년 서울 시립대와 산학 협동으로 연구에 착수해 2015년 기술 개발에 성공했다. 그것은 또 하나의 혁신을 의미했다. 자체 개발한 기술로 소재를 생산할 수 있으므로 필요한 양만큼 자급자족을 할 수 있으며, 그것은 엄청난 경쟁력 확보를 의미했다.

참고로 솔더볼 제조 과정은 다음과 같다. 용탕에다 소재 재료를 넣고 뚜껑을 만들어 압력을 가하면, 작은 구멍으로 녹은 쇳물이 국수처럼 흘러나온다. 그것에 펄스를 주면 미세하게 끊어지면서 표면장력에 의해 볼 형태가 된다. 이것을 POP이라 부른다. 순도가 높은 소재(주석)를 사용하지 않으면 불량이 나기 때문에 로우알파 메탈 사용은 필연적이다.

생산성 향상 – 또 하나의 혁신

반도체처럼 기술 발전이 빠른 아이템일수록 끊임없는 혁신을 요구한다. 처음 솔더볼을 개발하여 판매할 때는 K(천 개) 당 가격이 250원이었는데, 지금은 K 당 10~40원 수준이다. 단가가 하락했기에 마진(margin)은 초창기보다 아주 적다. 마진만 보면 판매 이익이 하락했을 것으로 생각할 수 있겠지만 오히려 그 반대다. 수요가 증가하면서 판매량이 엄청나게 늘어난 덕분에 매출액이 증가했고 그 결과 매출이익도 증가했다. 혁신을 통하여 제품의 경쟁력을 향상한 결과 시장 점유율이 높아졌고 수요 증가에 따른 판매량 증가로 매출액 자체가 늘어난 것이다. 증가한 매출액이 감소한 마진을 훨씬 능가하므로 결과적으로 이익이 확대된 것이다.

이러한 결과들은 모두 생산성을 향상시킬 수 있었기에 가능했다. 생산성 향상이라는 또 하나의 혁신에 성공했음을 의미한다. 이는 앞서 언급한 히타치의 미세솔더볼 공법을 모든 생산 공정에 적용한 결과 가능했다.

히타치 메커니즘은 알고 보니 우리 공법과 종이 한 장 차이였다. 우리가 이미 확보하고 있던 90% 수준의 기술에 히타치의 기술 10%를 더하여 100% 이상의 기술로 완성되었다. 히타치에서 확보한 기술을 일반솔더볼에도 적용해 일반솔더볼의 생산기술도 업그레이드했다. 결국 히타치에서 도입한 기술을 일반솔더볼 및 미세솔더볼에 모두 적용한 결과 솔더볼의 생산성을 획기적으로 향상시킬 수 있었던 것이다.

도전볼 개발

2010년 말 어떤 회사의 대표와 기술개발 담당자가 찾아왔고, 그 대표는 덕산에서 자신의 기술을 사달라고 했다.

"도전볼에 대한 기술을 개발했습니다. 하지만 이것을 상품화하기에는 저희로서는 역부족입니다. 자금도 부족하고 무엇보다도 많이 지쳤습니다. 이 기술은 발전 가능성이 아주 큽니다. 덕산에서 이 기술을 사서 제품화한다면 많은 이익을 볼 것으로 생각합니다."

도전볼(conductive ball)이라고 하는데 이야기를 들어보니 괜찮은 아이템 같아서 그 기술을 거금을 주고 샀다. 당시 대표와 함께 온 그 회사의 기술개발 담당자도 채용했는데, 그는 지금도 덕산에서 일을 잘하고 있다.

텔레비전이나 핸드폰의 액정화면에는 ACF라는 필름 소재가 사용되는데 그 필름은 두께가 아주 미세하다. 그 속에 마이크론 단위의 미세한 입자가 들어가는데 이것이 도전볼이다. 도전볼은 전도성을 띄는 입자로 폴리머 입자(Polymer bead)에 전기가 통하는 금속 재료인 Au(금), Ni(니켈), Pd(팔라듐) 등을 코팅하는 방식으로 만든다. 이러한 미세한 입자를 만드는 도전볼 기술은 액정화면의 핵심 기술이다. 이 기술이 없으면 스마트폰, 컴퓨터 모니터, 텔레비전 화면이 구현되지 않을 만큼 중요한 기술이다. 2019년 7월, 일본 아베 총리가 반도체, 디스플레이 생산에 특별히 중요한 필수 재료 세 가지(포토레지스트, 기체불화수소, 플루오린 폴리아미드)의 수출을

ACF(Anisotropic Conductive Film 이방성 도전 필름)

• 고분자 비드(Polymer Bead) 외곽에 금속이 무전해 도금되어 있는 볼

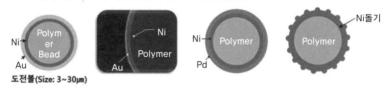

도전볼(Conductive Ball)

규제했는데, 만약 추가로 수출 규제를 했다면 아마 도전볼이 들어가지 않았을까 하는 생각이 들 만큼 중요한 기술이다.

🖎 ACF

ACF(Anisotropic Conductive Film 이방성 도전 필름)는 특정한 방향으로만 전기를 통하도록 만든 필름으로서, 전기가 흐르지 않는 접착제와 전기가 흐를 수 있는 미세한 입자를 혼합시켜 얇은 필름 형태로 만든 것이다. 연결하고자 하는 부품 사이에 위치시킨 후 압착하면 ACF로 연결된 부품들이 상호 전기가 통하도록 해주는 기능을 한다.

그런데 그 기술을 상용화하면서 무던히 애를 먹었다. 우리 기술로 개발한 제품을 납품하기 위해 일본의 히타치(Hitachi)나 덱세리

얼즈(Dexerials)에 견적을 넣어도 자신들이 공급받고 있는 세키스이(Sekisui)란 업체의 견적 대비용으로만 사용할 뿐, 채택해주지는 않았다. 우리 제품의 성능에는 아무런 문제가 없으나, 우리 제품을 사용하지 않은 것이다. 이 분야는 국제적으로 국수적인 성격이 짙은 분야로, 일본 업체뿐만 아니라 국내 업체인 삼성도 외국 기업의 제품을 사용하지 않는 것은 마찬가지다. 우여곡절 끝에 결국 삼성과 중국에서 우리 제품을 사용하기 시작했다.

그 기술을 사서 제품화하는 데만 꼭 8년이 걸렸다. 그때 평사원으로 입사했던 기술개발 담당자는 현재 차장으로 승진해 있다. 우리 기술을 완성해 제품개발에 성공했으나, 일본의 세키스이나 일본의 NCI라는 경쟁사가 특허 소송을 걸어올 것에 대비해 수십 건의 특허를 취득해놓고 있다. 그리고 헝가리, 베트남 등에서도 특허를 취득했는데 특허 분쟁이 발생하면 우리가 되받아치기 위한 대비를 해 둔 것이다.

12년이 흐른 지금 이 기술은 큰 시장이 되려는 조짐이 보이는데, 이것에서 나는 영과후진(盈科後進)의 의미를 깨달았다. '물은 웅덩이를 메꾸고 난 뒤에 흘러간다'라는 뜻이다. 도전볼의 현재 매출은 약 4억 정도밖에 되지 않는데, 매출이 적은 이유는 국산 필름업체가 발달하지 않았기 때문이다. 도전볼은 스마트폰 액정의 ACF 필름에 들어가는 소재이므로 국내에 필름 메이커가 있어야 소재 판매도 가능하다. 한 마디로 필름업체와 도전볼 제조업체는 러닝메이트 관계이다. 현재 국내에는 두 개의 필름업체가 있는데, 필름의 수요자인 디스플레이 메이커에서도 안정적인 소재 공급이라는 차원에서 외국 제품에 의존하기보다 국산 업체가 개발해주기를 원하므로 제품을 함께 개발하고 있다. 국산 필름이 개발되어 본격적인 생산이 이루어지게 되면 국산 ACF 필름의 생산 규모는 점점 커질 것으로 예상되며 나아가 중국에 대한 수출까지도 예상된다. 이때가 되면 도전볼의 수요도 확실히 증가할 것으로 예상된다. 이제 도전볼이 판매될 수 있는 여건이 무르익었으니 드디어 도전볼 매출이 증가할 것이다. 웅덩이가 어느 정도 채워지면 물은 흘러가기 마련이다.

👉 Niche market(틈새 시장)

기업을 경영할 때 미래 발전 인자를 찾으려는 마인드가 항상 열려있어야 한다고 했는데, 혁신할 때는 오픈 마인드가 아주 중요하다. 오픈 마인드를 가지고 있어야 미래 발전 인자가 보이고, 인재가 보이고, 기술이 눈에 들어온다.

또, 중소기업의 입장에서는 Niche market(틈새 시장)을 찾는 것이 중요하다. 중소기업이 대기업과 경쟁해 이길 가능성은 아주 희박하다. 그러므로 대기업이 외면하는 아이템 중 발전 가능성이 큰 기술을 찾아야 하는데 이것이 틈새 기술 공략이다. 대기업으로까지 발전할 수 있는 규모가 큰 시장의 사업이면 대기업이 손을 안 댈 리가 없기 때문이다. 틈새시장을 찾아내면 중소기업이 중견기업으로 발전하는 계기가 될 수도 있다. 덕산에서 도전볼은 오픈 마인드로 틈새시장을 발견한 케이스다.

반도체 수요는 4차 산업혁명 시대에 진입하면서 폭발적으로 증가했다. AI, 자율주행차, 자동차, 드론, 로봇, 항공우주 산업 등 많은 분야에 사용되며, 반도체를 빼고는 4차 산업을 이야기할 수 없을 정도다. 반도체의 수요 증가와 동시에 회로 연결용 소재의 수요도 기하급수적으로 늘어났으며, 동시에 우리 회사의 솔더볼 생산도 많이 증가했다.

솔더볼 생산량 증가와 함께 솔더볼의 주 소재인 주석의 사용량도 지속해서 증가했다. 과거 월 40t 규모에서 현재는 월 80t에 이를 정도로 주석 사용량이 증가했다. 그간 덕산은 주석괴를 인도네시아와 태국에서 수입했는데 외국에서 수입하다 보니 항상 공급 불안정과 품질 불안정이 문제가 되었다. 주석괴를 자체 생산할 수 있다면 이러한 문제를 해결할 수 있을 뿐만 아니라 원가 측면에서도 유리할 것으로 판단되었다. 무엇보다도 주석의 사용량이 지속해서 증가할 것이 예상되었으므로 자체 서플라이체인을 확보하는 것이 시급히 필요했다. 사업성 검토 결과 주석제련소를 설립해 운영하는 방안이 제시되었다.

마침 처남이 국내에서 주석 제련기술을 보유하고 있는 고려아연의 임원 출신이라 주석제련과 관련된 지식과 경험이 있어 처남에게 주석제련소 설립에 대한 조언을 구했다. 처남의 조언에 따라 고려아연의 퇴직 임원을 고문으로 영입하고 고려아연의 퇴직 기술자들을 중심으로 제련소 설립을 위한 TFT를 조직했다. TFT에서 검토한 결과 원광석의 확보와 기타 여러 가지 여건을 고려해 제련소를 미얀마에 설립하기로 하였다. 마침 미얀마의 과거 수도인 양곤 인근의 틸라와(Thilawa) 지역에 미얀마 정부와 일본 업체가 50대 50의 비율로 투자해서 설립한 산업단지(Thilawa Industrial Zone)인 경제특구가 있었다. 경제특구는 일반적으로 무관세 지역이면서 내국법의 영향을 덜 받는 곳이므로 정세가 불안한 미얀마에서 정부가 바뀌더라도 그 영향을 덜 받을 것으로 판단되었다. 이 산업단지 내에 8천 평의 부지를 확보하고 미화 1,200만 달러를 투자하여 현지법인 DS미얀마(DS Myanmar)를 설립하고 주석제련소를 건설했다. 제련소 건설 및 운영과 관련된 기술은 모두 고려아연 퇴직 기술자를 중심으로 한 국내 기술진들이 해결했다.

DS미얀마의 제련소에는 시설용량이 각각 150t인 생산라인 2개를 계획하고 있으며 현재에는 1개의 생산라인만 운영되고 있다. 현재 월 생산량은 80t 규모에서 점점 증가하고 있고, 여기서 생산된 주석괴는 일부는 덕산하이메탈의 솔더볼 소재로 사용되며 나머지는 외부에 판매할 예정이다. 현재 주석은 시장에서 품귀현상이 발생할 정도로 없어서 못 파는 실정이다. 이렇게 설립된 DS미얀마의 주석제련소로 덕산에서 필요한 소재의 자체 서플라이체인을 완성했으며 그것은 덕산이 향후 성장하는 데 크게 기여할 것으로 예상된다.

DS미얀마 공장 전경

솔더페이스트(solder paste) 개발

1999년 덕산하이메탈 설립 당시 J 교수는 처음 솔더볼 제조기술과 솔더페이스트 제조기술 두 가지를 모두 15억 원에 매입할 것을 제안했다. 그런데 당시 솔더페이스트 제조기술은 아직 완성되지 못한 기술이라고 판단해서 솔더볼 제조기술만 10억 원에 계약했다. 당시 솔더페이스트가 필요한 우리나라 기업들은 일본 센주에서 수입하거나, 국내 소재 미국 기업인 알파메탈이라는 업체에서 공급받았다.

반도체 칩을 중심으로 회로를 연결하는 소재들로는 SB(솔더볼), MSB(미세솔더볼), ACF(Anisotropic Conductive Film, 이방성 도전필름), 솔더페이스트 등이 있다. 솔더볼은 볼 형태(구형)이며, 솔더페이스트는 치약과 같은 형태이다. 솔더페이스트는 곱게 갈린

파우더 입자로 된 주석 합금을 플럭스라는 화학약품과 함께 블렌딩하고 믹스해서 치약처럼 만든 것이다. 외부에서 우리 회사를 종합 솔더 메이커라고 하는데 막상 SB, MSB, ACF의 소재인 도전볼 등은 생산하지만 솔더페이스트는 생산하지 않고 있었다. 이것은 무언가 구색이 맞지 않을 뿐만 아니라 회로 연결 소재 중 중요한 것이 빠져 있다고 생각되었다. 그래서 솔더페이스트를 개발하기 위해 자체 R&D 팀을 구성해 수년간 솔더페이스트를 연구했다. 우리는 솔더페이스트에 대해 꾸준히 R&D를 해서 관련된 기술을 개발했고 언젠가 여건이 조성되면 사업을 시작하겠다고 계획했다.

그러다 시장에 진입할 기회가 생겼다. 코로나 상황과 우크라이나 전쟁이 겹치면서 원자재 가격이 폭등했고 삼성에 솔더페이스트를 공급하던 기존 업체들에서 가격 인상을 요구하며 공급을 중단하고 있었다. 그때를 이용했다. 2021년부터 솔더페이스트를 생산하기 시작했고, 2022년 초부터 양산에 들어가 본격적으로 공급하기 시작했다. 1999년 덕산하이메탈 설립 당시 솔더볼 제조기술 구매계약을 맺으면서 이 기술은 불완전하다고 판단되어 포기했던 것을 22년이 지나고 나서야 비로소 자체 R&D로 기술을 개발하고 생산을 시작한 것이다. 그만큼 감회가 새로웠다.

솔더페이스트는 사용량이 많으므로 볼륨이 큰 제품이다. 마진은 솔더볼보다 낮으나 매출 규모가 엄청나므로 회사의 매출 규모를 키운다는 의미가 있다. 우리는 일단 시장에 진입하고 점차 시장 점유율을 증가시킬 필요가 있었다. 시장에 진입하기 위해서는 가격을 낮게 유지해야 하는데, 저가격을 유지하기 위해 다른 업체에서는 감당하지 못하는 원가를 우리는 어떻게 해결할 것인가? 나는 원칙을 정했다. 솔더페이스트 사업에서는 이익을 생각하지 말고, 손해가 나더라도 솔더볼에서 남는 이익으로 보완하자는 생각이었다. 그래서 우선 시장에 진입하고 점차 시장 점유율을 높이는 전략을 택했는데, 타 업체의 공급 중단 사태는 우리에게 좋은 기회가 된 것이다. 우리도 솔더페이스트라는 신규 제품을 삼성에 공급할 수 있게 되었고, 원자재 가격이 인상되기 전의 가격으로 공급해 주니 삼성도 우리에게 고마워했다. 하지만 삼성에서도 원자재 가격이 인상되었다는 사실을 알고 있고 따라서 솔더페이스트의 가격 인상 요인이 있다는 것을 인식하고 있다. 그렇기에 언젠가는 납품가격이 인상될 것이라고 기대하고 있으며, 그렇게 된다면 우리의 시장진입 후 납품가격 인상 전략이 성공할 것이다.

덕산에서는 솔더페이스트를 우리나라뿐만 아니라 삼성전자의 현지 협력업체인 멕시코, 헝가리, 베트남, 중국 공장 등에도 공급하기 시작했다. 현재 월 15t 정도를 공급하고 있는데 내년이 되면 몇 배로 늘어날 것으로 예상한다.

솔더페이스트는 입자의 크기에 따라서 4, 5, 5.5, 6, 7타입 등으로 구분된다. 덕산은 지금은 5.5타입에 도전하고 있으며, 6, 7타입의 개발도 서두르고 있다. 앞으로 매출액이 솔더볼 매출액과 비슷하거나 오히려 더 클 가능성이 있다.

　미얀마에 주석제련소를 건립한 것은 솔더볼뿐만 아니라 솔더페이스트의 원자재 수급까지 고려한 포석이었다. 현재 DS미얀마의 생산량은 월 80t이지만 내년이 되면 월 150~200t을 생산할 것으로 예상한다. 솔더 생산업체 중 제련소를 보유한 업체는 우리밖에 없다. 우리와 사업 내용이 유사한 일본의 센주(Senju Metal)는 세계 1등 제품을 많이 보유하고 있으나 우리가 점점 추격하니 센주는 우리를 많이 경계하고 있다. 우리가 센주를 따라가지 못할 이유가 없다.

오늘 혁신하면, 기업의 미래가 달라진다

　기업이 미래 발전지향적으로 되기 위해서는 기술 혁신, 관리혁신, 영업 혁신을 해야 한다. 과거의 답습이 아닌 새로운 방식으로 하는 것이 혁신이다. 답습은 의미가 없다. 남이 하지 않는 차별성을 가져야 한다. 무엇이 달라도 달라져야 한다.

　혁신은 자전거와 같다. 달리지 않으면 쓰러진다. 혁신하지 않고 멈춘다는 것은 자전거를 멈춘다는 말과 같고 그것은 곧 쓰러짐을 의미한다. '얼마나 성공하는 기업이 되었는가'라는 말은 '얼마나 지속적인 혁신을 했는가'의 다른 말이라고 할 수 있다. 덕산하이메탈이 오늘의 성장을 이룬 것은 끊임없이 혁신한 결과다. 그리고 이러한 혁신은 앞으로도 지속될 것이다.

답습은 의미가 없다, 오늘 혁신하면 기업의 미래가 달라진다, 경상일보 2010. 7. 6 자 기사

답습은 의미가 없다

한비자(韓非子)의 오두편(五蠹編)에 다음과 같은 이야기가 나온다.

"송나라 사람 중에 밭을 가는 사람이 있었다. 그의 밭 가운데 나무의 그루터기가 있었는데, 어느 날 토끼가 뛰어가다가 그 그루터기에 부딪혀 목이 꺾여 죽었다. 생각지도 않던 토끼를 손쉽게 얻자 그 농부는 그날부터 쟁기를 버려두고 나무 그루터기를 지키며 다시 토끼가 나타나서 그루터기에 부딪혀 죽기를 기다렸다. 그러나 두 번 다시 그런 행운은 일어나지 않았고 그 농부는 사람들의 비웃음을 샀다."

한비자는 이 이야기를 통해 낡은 구습에 매여 시대의 변화에 대응하지 못하는 사람들을 비유하고 있다. 시대가 변했는데도 불구하고 옛것을 버리지 못하고 답습하는 사람들의 어리석음을 비유로 말하는 것이다.

실패 또 실패

B&A 캄보디아의 실패

덕산산업과 덕산갈바텍, 그리고 덕산하이메탈을 차례로 창업하여 성공시켰기에 창업에 대해서는 나름 노하우가 생겼다고 생각했고 창업에 대한 자신감도 가지게 되었다. 덕산하이메탈이 안정되면서 회사 재정에도 어느 정도 여유가 생겼기에 새로운 투자처를 찾아 나섰다. 그런데 그다음에 창업한 사업은 나에게 뼈아픈 실패를 안겨주었다.

약 15년 전에 캄보디아의 훈센 정부 시절 고무나무 재배농장을 운영하기 위한 농업회사인 B&A 캄보디아라는 현지법인을 설립했다. 캄보디아의 캄퐁툼이라는 지역인데 캄보디아의 수도인 프놈펜과 앙코르와트로 유명한 시엠립의 중간 정도에 있는 곳이었다. 이곳에 면적이 7천ha 정도 되는 농장을 조성하고 고무나무를 심었다. 고무나

B&A 캄보디아 농장 전경

무 농장을 하게 된 이유는 당시 고무나무에서 채취되는 천연고무인 라텍스 원액의 수요가 많아 사업성이 있다고 판단되었기 때문이다. 자동차 타이어를 제조할 때 인공원료인 합성고무 소재와 함께 일정한 비율로 라텍스를 첨가해야 하는데, 타이어 없는 자동차가 없는 만큼 천연고무 사업은 비전이 있다고 판단했기 때문이다.

중장비 15대를 투입하여 농장이 들어설 지역을 개간하고, 조성된 농장 내에 직원 숙소와 사무실동, 창고동 등 3~4동의 건물도 지었다. 현지 방문 때 인근 농장에 우거진 고무나무 숲을 보고 우리 농장의 미래를 생각하며 가슴이 설레었다. 농장의 운영을 책임질 CEO도 한 사람 채용했는데 그는 국내 유명 대학 출신의 현지 교민으로서 캄보디아 사회를 잘 알고 있다고 했다.

덕산이 100% 단독 출자한 현지법인이지만 동기를 부여하기 위해 그에게 30%의 지분을 인정해 주며 주인의식을 가지고 일하기를 기대했다. CEO가 농장 운영을 책임지며 필요한 운영자금도 법인의 명의로 현지에서 조달하는 것이 일반적이겠지만 그는 자금 동원 능력이 없었다. 그래서 농장에서 수익이 발생하기 전까지는 내가 차용금 형식으로 회사의 운영자금을 지원하고 수익이 발생하면 정산해서 상환받기로 했다.

라텍스 수확 철이 되자 많은 인부가 필요했고 인근의 마을에서 인부를 모집하여 트럭으로 출, 퇴근을 시켰다. 인근의 주민들이 대부분 우리 회사와 직간접적으로 관계를 맺고 있었기에 주민들하고도 잘 지내야겠다고 생각하고 주민들이 필요로 하는 숙원사업을 해결해 주기로 했다.

농장 인근에 개울이 하나 있는데, 개울을 건너기 위한 목재 다리가 하나 있기는 했지만, 우기(4월에서 11월까지)만 되면 다리가 떠내려가 주민들이 큰 불편을 겪는다고 했다. 당시 사업 초기라 농장에서 큰 이익은 나지 않았지만, 기업은 지역 사회를 위해 일정 부분 역할을 해야 한다는 평소 생각과 주민들과 잘 지내보자는 생각으로 8천만 원을 투입하여 폭 20m, 길이 40m의 다리를 개울에 설치해 주었다. 주민들은 감사의 표시로 동판에 내 이름을 영문으로 새겨 다리에 부착해 주었다.

다리 개통식에 초청되어 가보니, 마른 논에 2천여 명이나 되는 주민들이 모여 있었다. 행사 중 단상에 앉아 있는데 이상한 생각이 들었다. '다리 놓아 준 것에 대해 고맙게 생각하는 것까지는 이해가 되는데, 그것이 이렇게 많은 사람이 모여 대규모 행사까지 할 일인가?'

초청된 인사들이 인사말을 하는데, 옆에 앉은 통역관이 나를 영웅으로 이야기한다고 통역해주었다. 그런데 나중에 알고 보니 그것은 정치놀음이었다. 다리 개통식을 빌미로 사람들을 모아 캄보디아 중앙은행 총재가 캄퐁톰 지역 국회의원 출마 연설을 했고, 한 마디로 나를 이용하여 선거운동을 한 것이었다.

고무나무 농장은 시간이 갈수록 애초에 계획한 것과는 엉뚱한 방향으로 상황이 전개되었다. 내가 기대했던 현지 CEO도 능력이나 노력 모두가 기대 이하였고 심지어 나를 실망하게까지 했다. 그러던 중 CEO가 주민위로잔치를 하겠다고 했다. 지역주민이 거주하고 있는 마을 사이를 개간하여 농장을 조성했을 뿐만 아니라, 인력 수급도 농장 주변의 주민들에게 의존해야 했기 때문에, 지역주민의 협조를 얻는 차원에서 필요하다고 생각되어 주민위로잔치를 허락해 주었다.

주민위로잔치가 있는 날 나도 참석했다. 수백여 명의 사람들이 모여 야외에서 뷔페식 파티를 즐겼는데 잔치에 차린 음식이 닭고기, 돼지고기에 술 등 푸짐했다. 그런데 참석자 대부분이 현지 주민보다는 우리 교민이었다. CEO가 자신과 친분 있는 현지 교민에게 생색을 내기 위해 회사를 이용한다는 생각이 들었다. 또한, 옆 테이블에 앉은 사람들이 하는 이야기를 우연히 듣게 되었는데, 그들은 내가 누군지 모르는 것 같았다.

"김 사장이 한국에서 물주 하나는 잘 물었는가 보네."

그렇지 않아도 CEO의 생색내기 잔치에 실망했는데, 그런 말까지 들으니 기분이 몹시 언짢았다. 그리고 '이건 아니다. 정말 정신 바짝 차려야겠다'라는 생각이 들었다. 그 후 CEO에게

"앞으로 더는 자금지원을 하지 않을 테니 지금부터는 당신이 책임지고 운영자금을 조달하여 회사를 운영해라."

라고 말하며 그동안 지원하던 운영자금을 중단했다.

운영자금 지원을 중단하자 농장 운영은 제대로 되지 않았다. 그동안 CEO를 너무 믿은 탓에 밑 빠진 독에 물을 부었다는 생각마저 들었다.

농장 운영이 제대로 되지 않은 것은 농장 자체의 문제도 있었지만 외부 요인도 많았다. 훈센 정부가 농장 운영을 적극적으로 지원하겠다는 애초의 약속을 지키지 않은 것이다. 우리 눈에 비친 훈센 정부의 국가 경영방식은 한 마디로 엉망진창이었다. 어떤 허가를 받기 위해서 관청에 가면 담당자, 계장, 과장, 급기야는 장관까지 모든 단계마다 금품을 요구했다. 그야말로 부정부패가 극심했다. 뇌물을 요구하는 데 그치지 않고, 일을 처리하는 데 시간도 너무 걸렸고 일

처리도 제대로 되지 않았다.

또한, 우리가 개간한 땅에 마을 주민들이 고무나무 사이에 채소를 심으며 야금야금 잠식했다. 그렇다고 이런 일로 주민들과 직접 싸울 수도 없었는데, 주민들의 원성을 사면 사업이 더욱 어려워질 것으로 생각했기 때문이다. 공권력마저 외국인보다는 모두 주민들 편에서 일했기에 공권력에 의존하여 일을 처리하는 것도 되지 않았다. 이런 일은 우리뿐만 아니라 외국인 투자자 대부분이 겪는 일이었다. 주류 회사인 J사도 술의 원료인 주정을 생산하기 위해 캄보디아에 진출했다가 우리와 똑같은 일을 겪었다고 한다.

캄보디아 정부에서도 그런 현실을 알고 있었고, 외국인 투자자들의 원성이 높으니 대학생들에게 전국적으로 실태조사를 시켰다. 조사 후에 실상을 파악하고도 정부는 주민이 잠식한 땅을 외국인 투자자에게 되돌려주지 않고 오히려 주민들에게 나누어주었다. 그 결과 우리의 농장 면적은 처음 7천ha에서 5천ha로 줄어들었다. 이러한 상황에서 더는 사업할 엄두가 나지 않았다. 마침 스리랑카에 있는 한 영농법인이 우리 농장을 인수하겠다는 의사를 밝혔는데 문제는 토지의 등기 여부였다. 등기가 되어 있어야 토지를 사고팔고 할 수가 있는데 우리 농장은 등기가 되어 있지 않은 상태였다. 등기하려고 하니 현지 관청의 관리들이 단계마다 돈을 요구하며 시간을 끌었다. 중앙정부의 등기를 해결하는 데 몇 년이 걸렸는데, 중앙정부의 등기를 하고 나니 또 지방정부의 등기가 필요했다. 등기를

B&A 캄보디아 교량 개통식 행사

기다리다 지친 스리랑카 영농법인마저 철수해버렸고, 그러는 과정
에서 농장의 CEO도 손을 뗐다. 차선책으로 우리 직원을 파견했지
만, 문제를 해결할 수 있는 답이 없었다. 돈을 좀 더 들여서 지방정
부의 등기가 나면 다른 곳에 매각도 가능했지만, 더는 농장 문제에
신경을 쓰는 것은 오히려 손해라고 생각해 다크로 도금처럼 그 농
장경영을 포기하기로 했다. 그때까지 투자된 총액이 150억 원 정
도였으나 더 이상의 투자 없이 현재 현지 법무법인에 매각을 맡겨
놓은 상태다. 그 간 5천ha이던 경작지가 더 줄어들어 현재는 3천
ha만 남았다. 농장에 고무나무도 많이 자랐지만, 현재는 합성고무
만으로도 타이어 제조가 가능해 천연고무의 인기가 많이 하락한 상
태라 농장에서 수익이 날 것 같지도 않다. 지금도 그때를 생각하면
귀신에 홀린 듯하다.

우리나라와 외국은 경영환경이 너무 달랐다. 현지 사정을 잘 이해하지 못했고, 믿었던 CEO도 나의 기대를 충족시켜 주지 못했다. 그리고 그 나라의 후진성을 사전에 제대로 몰랐던 것이 실패의 가장 큰 원인이었다. 실패하더라도 성공적인 실패를 해야 한다고 앞에서 언급한 바가 있는데, 캄보디아 고무 농장의 실패는 최악의 실패였고 나에게는 정말 뼈아픈 경험이었다.

◇◇

휴대폰 모듈 사업의 실패

사업을 하면서 여러 번 실패했다. 다크로 도금은 소송에서 이겨 성공했다고는 하지만 시장성이 없어 던져버렸다. B&A 캄보디아는 최악의 실패였다. 그리고 한 번 더 뼈아픈 실패를 경험했다. 오늘의 덕산그룹을 이루기까지는 성공과 실패의 연속이라고 말해도 과언이 아니다. 하지만 실패했다고 좌절했다면 실패는 그것으로 끝이 났겠지만, 그 실패에서 교훈을 얻었기 때문에 실패는 새로운 시작의 첫걸음이 되었다.

휴대폰에 들어가는 부품 중에 독립적인 모듈이 여럿 있는데 카메라 모듈도 그중 하나이다. 카메라 모듈은 캄보디아 사례처럼 우리가 잘 모르는 처음으로 접하는 아이템이었다. 그렇지만 휴대폰에 사용되는 부품이기에 납품에 채택되기만 하면 시장성이 아주 좋다고 판단해 사업을 시작했다. 하지만 우리가 개발한 부품은 기존 다른 회사 부품의 품질을 도저히 따라갈 수가 없었다. 전문가를 영입하고, 라인을 깔고, 장비를 사들이고, 연구실도 만들어 이 시험, 저 시험 다 해보았지만 성공하지 못했고, 결국 시작한 지 1년 만에 사업을 포기했다. 사업을 접고 보니 100억 원 가까운 돈이 날아갔다.

여기서 얻은 교훈은 가보지 않은 길은 가지 말고 가본 길을 가자는 것이었다. 우리가 기존에 하던 소재 부품이었다면 어떻게라도 융통성을 발휘해볼 여지가 있었는데, 전혀 해보지 않은 생소한 부분이니 어떻게 해볼 도리가 없었다. 소재의 영역과 부품의 영역은 아주 다르다는 걸 느끼면서, 걸어왔던 길을 가는 것이 안전하다는 걸 실감했다. 해보지 않은 것을 시작할 때는 완전한 준비를 한 후 확신이 설 때 시작해야 하는데, 그렇게 하지 못한 것이 실패의 원인이었다.

그 사업을 시작하며 영입한 직원을 퇴사시킬 수는 없었기에 다른 사업장에 배치했다. 그렇게 하는 것이 쉬운 일은 아니었지만, 필요할 때 오라고 해놓고 필요 없다고 나가라고 할 수는 없었다. 그 직원 중에는 우리 회사 임원까지 승진한 사람도 있다. 정말 뼈아픈 경험이었다. 이 사업에서 그래도 한 가지 다행인 점은 빠져나온 시점이 적절했다는 것이다. B&A 캄보디아는 빠져나올 시기를 놓쳐 막대한 손해를 입었지만, 이 사업은 실패는 했지만, 적기에 그만두었기에 더 큰 적자를 막을 수 있었다. 100을 잃을 것을 50만 잃은 사례라 할 수 있다. 그 사업에서 더 이상의 비전이 보이지 않았으며,

계속 진행하면 당시 경영하고 있던 소재사업에까지 영향을 미칠 수 있다고 판단했기 때문에 과감히 포기했다. 그 후 막 시작한 덕산네오룩스에 주력했고, 그 덕분에 덕산네오룩스는 OLED 분야에서 세계 제1의 업체가 되었다.

👆 실패했지만, 사업 방향을 바꾸는 전환점이 되었다 ∞

실패한 앞의 두 사업을 시작할 때 희망의 그림만 그렸다. 그동안 어려운 일을 많이 겪었지만, 혁신과 도전으로 극복해 성공한 경험이 있었기에 자신감도 있었다. 예기치 못한 어려움이 닥치더라도 그동안 해왔던 스타일로 극복하면 된다고 생각한 것이다. 하지만 전혀 가보지 않은 길에서는 융통성을 발휘할 수 없었다. 가보지 않은 길은 역시 쉽지 않다는 걸 깨달았다.

그 이후에는 새로운 사업을 처음부터 하기보다는 M&A를 택했다. 나에게는 새로 시작하는 것보다는 M&A 방법이 성공확률이 더 높았다. 사업 실패는 분명 나에게 뼈아픈 경험이었지만, 그 실패를 통해 다음 사업을 추진하는데 M&A라는 새로운 방법에 눈을 뜨게 되었다.

유미코아와의 만남과 결별

덕산하이메탈이 안정되고 계속해서 성장하던 2006년경 유미코아란 회사에서 대리점 계약 제의가 들어왔다. 그 회사는 소재 분야에서 14,000여 명의 종업원을 거느리고 글로벌 서플라이체인을 갖추어 연간 수십조 원의 매출을 올리는 다국적 기업이었다.

솔더볼은 그 회사 여러 가지 비즈니스 아이템 중의 하나였으나, 자신들이 생산하는 솔더볼이 경쟁력에서 덕산을 이길 수 없다고 판단해 자신들이 생산하는 솔더볼 사업은 접고, 대신 우리 제품으로 자신들의 영업망을 활용해 사업을 하겠다고 했다. 그런데 우리 회사의 비전을 보니 성장 전망이 좋아 대리점 계약뿐만 아니라 투자까지 하겠다는 것이었다.

우리 회사의 파이를 키우는 일이기에 마다할 이유가 없었다. 그래서 에이전시 계약과 투자 계약(Sales Agency & Share Subscription Agreement) 두 가지 모두를 체결했다. 이제껏 그런 종류의 계약을 해본 적이 없어 계약 사무를 법무법인에 의뢰했는데, 그 회사는 태평양 법무법인을, 우리는 세종이란 법무법인을 대리인으로 내세워 법정 대리인끼리 서로 협상하게 해 두 가지의 계약을 맺었다. 그 계약으로 유미코아는 우리 회사 주식의 15%를 가지게 되었는데, 그들은 유가증권 시장에서 2%의 주식을 더 매입해서 우리 회사의 지분 17%를 가지는 제2대 주주가 되었다.

그들은 다국적 기업으로 국제적으로 활동하고 있었으므로 그들과 에이전시 계약을 맺는 것은 우리도 글로벌 공급망을 가지는 의미가 있었다. 또한, 세계적인 기업이 우리에 대한 소문을 듣고 투자를 제의한다는 것은, 나름 우리 회사의 대외인지도가 향상되어가고 있음을 의미하기도 했다. 그 계약을 맺고 나니 한결 높은 국제 감각이 생겼다. 그리고 이 제휴를 통해 미국, 유럽, 동남아시아 등 유미코아의 기존 시장을 공략해 솔더볼 분야 세계 1위 업체로 도약한다는 목표를 세웠다.

그 당시에 있었던 일 중 생각나는 추억거리가 하나 있다. 유미코아의 본사는 벨기에의 수도 브뤼셀에 있었고 독일 프랑크푸르트 인근 하나우(Hanau)에 유미코아의 공장이 있었다. 브뤼셀에 있는 유미코아 본사에 출장을 갈 일이 생겼는데, 그곳에 가기 전에 유미코아 하나우 공장도 방문할 겸 기획실장과 함께 독일부터 들렀다. 공장 방문 후 우리는 라인강을 따라 내려가며 자동차로 관광을 했는데

유미코아와의 합작투자 조인식 유미코아와의 합작투자 조인식을 하고 나서

그때 본 그 광경이 아직도 눈에 선하다.

라인강을 따라 관광하며 독일의 시인 하이네가 작사한 로렐라이 언덕이라는 노래에 나오는, 말로만 듣던 로렐라이 언덕을 보기도 했다. 라인강은 유럽 내륙을 가로지르는 운송 수단으로 활용되고 있었는데 대형 화물선들이 강을 따라 이동해야 하므로 라인강에는 다리가 없었다. 따라서 사람들이 강을 건너려면 페리를 이용해야 했다. 강을 따라가다 보니 강의 양쪽 언덕 곳곳에 고성(古城)들이 보였는데 주변의 풍경과 잘 어울렸다. 고성중에는 폐허로 남아있는 것도 있었지만, 대부분 잘 개발하여 레스토랑, 호텔 등으로 활용한다고 했다. 라인강 인근의 여러 도시를 돌면서 자유여행 식으로 관광을 했는데 여러 가지가 아주 인상 깊었다. 라인강 관광을 마친 후에 고속열차를 타고 프랑스를 거쳐, 벨기에로 가서 유미코아 회장을 만나고 귀국했다.

몇 년 동안은 유미코아와 밀월 관계가 이어졌으나 2009년 하나의 사건으로 유미코아와 결별하게 되었다. 후에 덕산네오룩스가 된

OLED 재료 사업에 우리 회사가 진출하려고 하자, 유미코아에서 반대해 갈등이 생긴 것이다. 유미코아와의 관계에서 하나를 얻으면 하나를 잃는 형국이 되었다. 유미코아와의 대리점 및 투자 계약에서 양자 중 어느 일방이 사업상의 중대한 변화가 있을 때는 서로 협의하기로 되어있었기에, OLED 업체를 인수하고자 했을 때 유미코아에게 통보했다. 그런데 유미코아는 부정적인 반응을 보였다. OLED 사업은 우리 회사가 잘하는 부분이 아니며, 전혀 새로운 분야에 투자하는 것은 위험 부담이 너무 크다는 것이 그 이유였다. 나는 OLED 사업에 대한 비전을 설명하며 그 사업에서 미래의 발전 인자를 보았기에 꼭 해야겠다고 주장했다. 유미코아는 반대를 계속하다가 내가 고집을 꺾지 않으니 결국 결별을 선언했고 나는 그것을 감수했다. 사실 내가 유미코아와 결별을 결심한 것은 그동안 쌓였던 우리의 불만도 하나의 중요한 요인으로 작용했다.

그 불만은 해외 영업과 관련된 것이었다. 유미코아와 대리점 계약을 할 당시 해외 영업은 유미코아에서 하되 우리는 에이전트 금액을 지불하기로 했다. 그런데 유미코아는 약속과 달리 적극적인 영업을 하지 않았고, 상당수의 해외 영업 계약은 우리 회사 직원들이 직접 해외로 출장을 나가서 성사시킨 것이었다. 해외 영업 업무를 실제로 한 것은 우리 직원들이었는데도 그들은 계약된 에이전트 금액만큼은 꼬박꼬박 챙겨갔다. 그러한 일들이 반복되자 불만이 쌓인 것이었다.

양사가 체결한 투자 계약에는 두 회사가 계약관계를 종료할 때 상대방의 주식매수 우선권이 있었다. 따라서 유미코아가 보유한 지분은 우리가 매수할 수 있는 우선권이 있었기에 유미코아가 보유한 17%의 지분 전부를 덕산산업에서 매수했다.

성과를 내면 +α가 따라온다

무엇이든 열심히 하여 어느 정도의 성과를 내면 그 이상의 +α가 따라온다. 덕산하이메탈 설립 초기, 양산과 품질개선에 사활을 걸고 매진하고 있을 때, 울산 무거동의 한 부동산 업자가 투자해주어 자금 문제의 숨통을 터주었고, 솔더볼 사업이 어느 정도 궤도에 오르자 유미코아가 투자해주어 기업의 국제적 위상을 높여주었다.

그러한 경험을 하면서, 혁신을 하게 되면 예기치 않았던 투자가 뒤따라오고, 성과를 내면 그 이상의 유형, 무형의 자산이 +α로 따라온다는 것을 깨닫게 되었다.

유미코아로부터 얻은 것

유미코아로부터는 잃은 것보다는 얻은 것이 더 많았다. 먼저 유미코아와 에이전시 계약과 투자 계약을 체결하면서 처음으로 국제계약을 경험했고, 자연히 국제계약에 대한 지식과 경험을 터득할 수 있었다. 두 번째는 금전적 이득과 2세 승계의 계기를 마련했다는 점이다. 유미코아와 체결한 투자 계약에는 양사가 계약관계를 종료할 때 상대방의 주식매수 우선권이 있었기에 유미코아가 보유한 지분 전부를 덕산산업에서 매수할 수 있었고 인수한 지분은 주가 상승으로 상당한 금전적 이득을 가져왔다. 또 당시 두 아들에게 덕산산업의 지분을 증여해 소유권을 이전해 둔 상태에서 덕산산업이 덕산하이메탈의 지분을 인수하니 두 아들이 덕산하이메탈의 지분을 소유하게 되어 2세 승계에 도움이 되었다.

내 개인적으로는 새로운 각도에서 유럽을 여행했던 소중한 경험이다. 유미코아 공장이 있는 독일 프랑크푸르트 인근의 하나우(Hanau)라는 도시에 가기 위해 라인강을 따라 여행하면서 독일의 고성들을 둘러보는 색다른 경험을 할 수 있었고, 동시에 독일 와인에 흠뻑 취할 수 있었다. 유미코아의 본사가 있는 벨기에의 수도 브뤼셀에 가기 위해 프랑스를 거쳐 브뤼셀로 가는 고속열차도 경험했을 뿐 아니라 브뤼셀 인근의 고적 도시 브뤼허(Brugge)를 관광하는 호사도 누렸다. 모두가 나에게는 인상 깊은 경험이었다.

4장

M&A로
덕산 그룹을 만들다

M&A로 덕산네오룩스 설립

B&A 캄보디아와 휴대폰 모듈 사업을 시작했다가 뼈저린 실패를 경험한 후 창업보다는 M&A로 방향을 틀었다. 그리고 시작한 사업이 OLED(Organic Light Emitting Diodes, 유기발광체) 사업이다. OLED는 기존 LCD(Liquid Crystal Display, 액정 표시 장치)보다 진보된 개념의 기술이다.

LCD는 텔레비전이나 휴대폰 액정에 화면을 구현하는 것으로, 광원과 화면의 이중구조로 되어 있다. 뒤쪽에 위치한 광원을 BLU(Back Light Unit)라 한다. LCD 액정화면은 자체로 빛을 내지 못하기 때문에 두 장의 얇은 유리 기판 사이의 좁은 틈새에 액정을 담고 투명한 전극을 통해 전압을 가하여 분자의 배열 방향을 바꾸어 빛을 통과시키거나 반사한다. 그러면 우리가 보는 화면이 구현되는 것이다. 하지만 OLED는 광원 없이 기판 한 장에 재료를 발라 자체 발광하게 하는 시스템이다. 그러면 휴대폰이나 텔레비전 화면이 구현된다. LCD는 두 개의 기판을 사용하기에 변형할 수 없지만, OLED는 기판이 하나이기에 두루마리식이나 접는 화면도 가능하다.

1차 M&A 시도, 그러나 실패

삼성이 미래 영상표시장치 메커니즘으로 OLED를 본격적으로 개발하기 시작할 무렵, 삼성 측에서 M&A 시장에 나와 있는 한 OLED 재료 업체를 인수할 의향이 있는지를 타진해왔다. 삼성에서는 그 재료를 안정적으로 공급 받아야 할 필요가 있었고 따라서 믿을만한 업체가 그 업체를 인수하기를 원했다. 나는 무조건 인수하겠다고 했다. 그런데 미국의 롬앤하스(Rohm & Haas)란 업체가 1년 전부터 그 업체를 인수하기 위한 작업을 해서 계약서에 날인만 하면 계약이 성사되는 단계에 와있었다. 실사까지 이미 끝을 낸 상태였기에 우리가 인수하고 싶어도 할 수 없는 상황이었고, 결국 그 업체는 롬앤하스 쪽으로 넘어갔다.

삼성에서는 국내 업체가 인수하기를 원했지만, 외국 업체에 넘어가고 만 것이었다. 콧대 높은 외국 다국적 기업이 인수했으니, 삼성은 자신들이 그 재료 업체를 통제하는 것이 힘들어질 것으로 판단했다. 국내 업체처럼 신속한 대응을 바랄 수도 없고, 국제상황이 시시각각 돌변하는 상황에서 재료를 안정적으로 공급받을 수 있을지 확신할 수도 없었다. 삼성은 재료를 안정적으로 공급해 줄 수 있는 국내 업체가 절실히 필요했다.

2차 M&A 시도 성공, 덕산네오룩스 설립

꿩 대신 닭이라고 롬앤하스에 넘어간 업체만큼 규모는 크지 않았지만, 액정 재료 기술을 가지고 있는 L기업이라는 영세업체 하나가 시장에 매물로 나와 있었다. 삼성에서 그 업체라도 인수하면 어떻겠냐는 제안을 해왔고, 나도 인수하고 싶은 생각이 있어 삼성에게 인수할 수 있게 협력해달라는 요청과 함께 인수하게 되면 회사를 키울 수 있게 도와달라고 했다. 국내 업체를 키워서 재료를 안정되게 공급받아야 하는 삼성이 원하는 것과 비전 있는 새로운 사업을 시작하고 싶었던 내가 원하는 것이 맞아떨어졌다.

그 업체에 대한 공개 입찰이 진행되었고 YJ디스플레이 등 굵직한 기업들과 경합이 붙었다. 그러던 중 220억 원 정도면 우선 협상권자 자격을 얻을 수 있다는 정보를 입수하고 220억 원을 써넣었는데 다행히 우리에게 낙찰되었다. 다른 업체는 200억 정도 써넣었다는 뒷얘기를 나중에 들었다. 우리는 인수자로 확정되자 그 회사에 대한 실사에 착수했는데 실사 중 중대한 하자를 발견하여 매수대금 중 10억 원을 깎아 최종적으로 210억 원에 회사를 인수했다. 당시 YJ디스플레이라는 회사에서 그 업체를 인수하고 싶었는데, 우리 회사로 낙찰이 되자 난리가 났다. YJ디스플레이는 그 업체에게,

"덕산이라는 듣도 보도 못한 업체가 인수한다는 것이 말이 됩니까? 잔금 지불 능력이나 있는 회사인지 모르겠네요."

하며 따졌다고 한다. 그 말을 듣고 더는 잡음이 생기면 안 되겠다고 생각되어 만기일이 되기도 전에 잔금을 치르고 회사를 인수했다.

네오룩스 출범과 직원 동기부여

그 회사는 경기도 분당에 있었다. 그간의 회사 경영 상태를 확인해보니 임직원 27명에 연간 매출이 30억 원 정도였는데, 4년 연속 적자 상태였다. 장비와 설비 등 총자산 가치를 평가해도 17억 원 정도밖에 되지 않는 부실 회사였다. 그런데 더 큰 문제는 4년 동안이나 적자가 나니 임직원들의 의욕이 떨어져 회사 분위기가 많이 침체해 있는 것이었다. 회사를 정상화하기 위해서 해야 할 급선무가 임직원들에게 일할 의욕을 불어넣는 일이었다. 전 임직원을 모아 놓고 당부했다.

"이제 여러분은 덕산의 임직원이다. 곧 회사를 정상화할 테니 회사를 믿고 열심히 일해주면 좋겠다. 나도 여러분을 믿겠다."

분위기 쇄신을 해서 임직원들이 열심히 일할 수 있게 하는 방책으로 우리사주 조합을 만들어 직급별로 회사의 주식을 나누어주었다. 우리사주 제도는 상법상 보장된 제도로서 임직원들이 주인의식을 가지고 일을 할 수 있게 하는 제도이다. 대리에게는 300주, 과장급은 400주, 부장 등 간부들에게는 스톡옵션 형식으로 지급했다. 그런데, 주식을 나누어주었다고 해서 그 주식이 상장되어 있지 않으면 큰 효과가 없다. 코스피나 코스닥 등 증권시장에 상장이 되어야 객관적인 가치가 평가되고 주식거래가 자유로워지므로 임직원들에게 더욱 의미가 있는 것이다. 그러나 주식을 상장하기 위해서는 자산 규모, 매출액 규모, 재무 상태, 손익 등의 까다로운 기준을 통과해야 한다. 상장되지 않으면 주식을 나누어 주는 것이 생색내기에 불과하고 임직원들의 동기부여에 효과가 없겠다고 생각해 인수된 회사를 이미 상장되어 있던 덕산하이메탈과 합병했다. 합병된 회사의 주식이 일정 비율로 평가되어 덕산하이메탈의 주식으로 교환되니 임직원들은 분배받은 주식으로 재산 가치가 많이 늘어나게 되었다. 이렇게 임직원들에게 믿음을 주고 나니 침체해있던 회사의 분위기가 밝아지고 임직원들의 의욕이 크게 왕성해지는 것을 느꼈다.

새로 인수한 회사가 덕산하이메탈이 되니 미래 비전이 확실해졌다. 그리고 뛰어난 인재들을 대거 영입했다. 동기부여와 인재를 영입하며 회사의 초석을 다진 2년간의 성남 분당 시절은 굉장히 의미 깊은 시간이었다. 그 후 천안에 새로운 공장을 지어 회사를 옮겼다.

시간이 흘러 OLED 사업이 안정화 단계에 이르렀을 때 합병된 회사를 인적 분할을 해서 독립시키니 자동으로 상장회사가 되었고 이로써 상장회사가 2개가 되었다. 새로이 독립된 회사의 명칭은 덕산네오룩스라고 지었다. 이 회사명은 장남인 이수훈 부회장이 지은 것으로, 네오는 '새로운'이란 뜻이고 룩스는 '빛'이란 뜻이다. 스스로 발광하는 재료사업이니 회사의 사업 내용을 알려주는 의미가 있을 뿐 아니라 듣기에도 그럴듯한 멋진 이름으로 생각되었다. 그렇게 해서 상장회사를 하나 더 가지게 되었다.

✍ 합병한 회사를 상장하는 방법 〰〰〰〰〰〰〰〰〰〰

회사를 M&A로 인수한 초기에는 그 자체로 상장하기가 쉽지 않다. 하지만 이미 상장된 회사가 있는 경우 기존 회사와 합병하게 되면 인수한 기업을 상장시키는 효과를 가지게 되며, 이 방법이 인수한 기업 자체를 상장하는 것보다 훨씬 용이하다. M&A 후 인수한 기업을 상장하는 방법으로 이 방법이 유용한 것으로 생각된다.

전세살이 2년의 의미

덕산네오룩스는 인수되기 전의 회사인 L기업이 입주해있던 경기도 분당에 있는 L기업 모회사의 빌딩에서 약 2년간 전세살이를 했다. 비록 남의 빌딩에서 전세살이했지만, 그 2년간은 덕산네오룩스에 큰 의미가 있다. 임직원들에게 동기부여를 했고, 소재산업의 중요성을 인식시켜 자긍심과 자부심을 고취했을 뿐만 아니라 임직원 모두를 하나의 목표 아래 의기투합시킨 기간이었다. 이들은 모두 기업 경영에서 가장 중요한 근본을 다졌다는 의미를 지닌다. 그것은 또한 미래 도약을 위한 발판을 탄탄하게 만드는 일이기도 했다. 그 결과 많은 능력이 있는 인재들을 영입할 수도 있었다.

미래 가치에 대한 엇갈린 판단의 명암

그런데 아이러니한 일이 벌어졌다. 그 회사를 인수한 우리와 매각을 한 기존 회사의 명암이 엇갈린 것이다.

반도체는 먼지가 거의 없는 클린룸에서 생산해야 한다. 제품이나 기술이 고도화되면 제품을 생산하는 공장의 미세한 환경도 품질에 큰 영향을 미친다. 그 환경조건 중 하나가 먼지인데, 눈에 보이지 않을 정도의 미세한 먼지도 허용하지 않는다. 예컨대 $1m^3$ 내에 먼지가 천 개 이하여야 한다. 따라서 외부에서 먼지가 들어오지 않도록 생산라인에 들어오는 작업자에게 부착된 먼지를 밖에서 털어내도록 에어샤워를 하도록 하거나, 공장 내의 작업자에게는 먼지가 나지 않는 특수복을 착용하도록 하며, 공장 내의 먼지를 강제적으로 제거하는 설비를 한다. 우리에게 L기업을 매각한 기존 회사는 그러한 클린룸 설비 기술을 가진 업체였다. L기업의 사주는 당시 떠오르는 사업이었던 태양광 패널 사업에 진출하기 위한 자금을 마련하기 위해 이 회사를 M&A 시장에 내놓은 것이었다. 즉 태양광사업이라는 더 매력적인 사업에 투자하기 위해 L기업을 매각한 것이었다. 그런데 더 유망한 사업이라고 생각했던 태양광 패널 사업은 현재 중국의 대량 염가 판매 전략 때문에 고전을 면치 못하고 있고 그 회사도 예외는 아니다. 반면 우리는 인수한 회사로 발전에 발전을 거듭했다. 결론적으로 그 회사는 미래 발전 인자가 있는 좋은 회사를 우리에게 팔아넘긴 우를 범한 것이었다. M&A 이후 두 회사의 명암이 엇갈린 것이다.

🖐 미래 발전 인자의 예측에는 국제시장 상황에 대한 분석도 필요 ◇◇◇◇◇◇◇◇◇◇◇◇◇◇◇◇◇◇◇◇◇◇◇◇◇◇◇◇◇◇◇◇◇◇◇

덕산은 M&A한 회사로 일취월장한 반면 L기업을 매각한 업체는 고전을 면치 못했다. 그것은 L기업을 매각한 업체가 미래 발전 인자를 잘못 판단한 결과였다. 여기서 한 가지 더 교훈을 얻었다. 미래 발전 인자를 예측할 때 우리나라뿐만 아니라 국제시장의 상황도 면밀하게 분석해야 한다는 것이다. 특히 중국 업체와 직접적으로 경쟁하는 사업은 '가능하면 피하는 것이 좋다'는 것이 나의 생각이다. 중국 업체들의 사업에서의 인해전술(대량생산, 대량판매) 때문에 사업 초기에 어려움을 겪을 가능성이 크기 때문이다.

◇◇

천안에 덕산네오룩스 공장을 짓다

인수한 회사가 안정될 때까지 경기도 분당에 있는 공장에서 거의 살다시피 하며, 임직원을 독려했다. 회사가 어느 정도 안정이 되고 규모도 점점 커지자, 납품회사인 삼성 디스플레이가 있는 천안, 아산 근처로 공장을 이전할 필요성을 느꼈다. 여러 조건을 검토한 결과 천안이 최적지로 생각되어 천안에서 공장을 지을 부지를 물색하던 중 괜찮은 부지가 보여 계약금 3천만 원을 주고 매매계약을 맺었다. 그런데 이후 내 눈을 번쩍 뜨이게 하는 다른 부지를 발견했는데, 천안시 서북구 입장면 유리에 있는 부지였다. 터가 너무 좋아 보였고, 전에 계약한 부지는 이 땅에 비하면 터도 아니라는 생각이 들어 계약금 3천만 원을 포기하고 이 부지 12,000평을 매입했다.

이 부지는 산을 둘러싸고 있는 초승달 모양의 터였는데, 산을 깎아서 평탄 작업을 하면 산 너머에 있는 도로와 접하게 되어 있었다.

산의 절반은 우리 소유이고 나머지 절반은 도로공사 소유이기에 나머지 땅은 더는 개발이 되지 않을 것이므로 우리 회사가 단독으로 터를 잡을 수 있었다. 또 이 부지는 인근의 산업도로와 직접 연결되어 있어 산업도로를 빠져나와 회사 진입로로 진입하게 되면 바로 우리 회사 정문이 나오는 구조여서 교통도 아주 편리했다.

공장과 본사 건물의 공사를 시작한 때가 늦가을이었는데 깜짝 놀랄 일이 벌어졌다. 본사가 들어설 터 주변으로 수많은 뱀이 모여든 것이다. 뱀은 성경에서 아담과 이브가 에덴동산에서 쫓겨나게 한 원인을 제공한 동물로 일반적으로 부정적으로 인식되는 동물이다. 새롭게 공장을 짓는데 뱀이 나온다는 것은 생각하기에 따라서는 나쁜 징조로 여길 수도 있었으나, 나는 굳이 그렇게 생각하지 않기로 했다. 이미 공사를 시작한 상태에서 부정적으로 생각하기보다는 긍정적으로 생각하여 좋은 현상이라고 해석했다. 살아오면서 부정적인 생각보다는 긍정적인 사고방식이 바람직하다는 것을 체득한 결과였다. 총무부장에게 뱀을 산채로 포획하여 페인트 통에 담게 했는데 큰 페인트 통 2개에 뱀이 가득했다. 포획된 뱀들은 인근 야산에 방생했다.

우리 회사의 터는 산 중턱에 있었고 그 아래에 마을이 있었다. 그런데 마을 한가운데 축사가 하나 있어 가축분뇨의 악취가 극심했다. 이로 인해 우리뿐만이 아니라 마을 주민들도 고통스러워했다. 나는 평소에 기업은 지역 사회와 좋은 관계를 유지하는 것이 기업 운영에 도움이 된다고 생각하고 있었기 때문에 주민들의 고충을 해결해 주고 싶었다. 그래서 축사의 주인과 협의해, 인근에 다시 축사를 짓지 않는다는 조건을 붙여 그 터를 매입해서 직원들의 텃밭으로 활용하게 했다. 축사가 없어졌으니 주민들뿐만 아니라 우리 회사 직원들도 악취에서 해방될 수 있었다. 그 후 마을 주민들과의 친숙한 관계를 위해 마을에 얼마간의 발전기금을 냈고, 또 마을의 상수도 공사를 할 때에도 얼마간의 금액을 기부했다. 마을 주민들을 만나던 날,

"나라의 경제 발전에 기여할 좋은 회사니까 좋은 시각으로 봐주십시오. 나중에 보면 알게 될 것입니다."

라고 말하면서, 어른들에게 뱀에 관해서도 물어보았더니,

"동면하러 온 뱀입니다. 터가 양지바르고 따뜻하니 뱀이 겨울을 나기 위해 오는 것이지요. 그만큼 터가 좋습니다. 한국전쟁 때 우리 마을 청년 수십 명이 참전했는데, 한 명도 다치거나 죽지 않고 다 살아왔습니다. 그만큼 여기는 명당입니다."

라고 말하는 것이었다. 그 말을 들으니 우리 회사가 들어서는 이 부지가 애초의 내 느낌대로 정말 명당이라는 생각이 굳어졌고, 뱀들을 방생하기를 잘했다는 생각이 들었다.

어느덧 봄이 되었다. 어느 날 천연기념물인 수리부엉이 한 쌍이 우리 공장으로 날아왔는데 나는 이것도 좋은 징조라고 생각했다. 공장을 산 중턱에 지었기에 흙이 무너져 내리지 않도록 뒤편에 옹벽을 쌓았는데, 수리부엉이는 옹벽 위에 둥지를 틀고 알 두 개를 낳아 부

덕산네오룩스 공장 전경, 공장 뒤편 병풍처럼 둘러싼 야산과 산 중턱에서 내려다보이는 전망
이 일품이다

화시켰다. 부엉이 부부는 작은 새, 쥐, 족제비 등을 부지런히 잡아다 어린 새끼들에게 먹이로 주고 있었다. 어느 날 공장 인근에서 강아지 우는 소리가 났는데 알고 보니 수리부엉이가 마을에서 강아지를 낚아채어서 둥지로 돌아오다가 공장 마당에 떨어뜨린 것이었다. 수리부엉이가 2m나 되는 날개를 펴고 저공비행을 하며 강아지를 쫓았으나 결국 강아지는 도망치는 데 성공했다. 수리부엉이는 새끼가 털이 나기 시작하자 둥지 밖으로 새끼를 밀어내며 비행 연습을 시켰는데, 새끼가 반쯤 추락하다가 다시 날아오르는 모습도 볼 수 있었다. 새끼가 어느 정도 날 수 있게 되자 수리부엉이는 새끼와 함께 둥지를 떠나 날아가 버렸는데, 이듬해 봄에 다시 찾아왔다.

그때부터 십수 년이 지난 지금도 매년 봄이 되면 수리부엉이는 천안의 네오룩스 공장을 찾아오고, 어김없이 알 2개를 낳고 부화하여 새끼가 자라면 새끼를 데리고 날아간다. 나는 봄이 되면 수리부엉이가 궁금해 천안에 전화를 건다. 그러면 공장의 직원이 수리부엉이의 사진이나 동영상을 찍어 보내 주고, 나는 그렇게 수리부엉이의 안부를 확인하고 있다. 나는 내가 잡은 터가 뱀이 동면을 하러 올 만큼, 또 수리부엉이가 새끼를 부화하기 위해 매년 찾아올 만큼 길한 땅이라는 생각이 지금도 변함이 없다. 그간 세월이 흘러 천안공장은 회사 입구의 정문 부근에 조성한 공원과 공장 뒤편 산에 병풍처럼 둘러서 있는 은행나무, 잣나무 등과 어우러져 멋진 풍경을 자아내고 있다. 앞쪽으로는 산 중턱에서 내려 보는 전망이 탁 트여 심신이 맑아지는 것 같아 그곳에 가면 울산에 돌아오기 싫을 정도이다.

일체유심조(一切唯心造)

　일체유심조의 뜻은 '모든 것은 마음이 만들어 낸다.'라는 의미이다. 원효대사가 당나라로 유학을 갈 때 밤길을 헤매다가 동굴에 들어가 잠을 자게 되었다. 한참을 자다 목이 말라 어둠 속에서 더듬어 물을 찾던 중 바가지가 손에 닿았고 그 속에 든 물을 마셨다. 그 물은 비할 바 없이 시원하게 갈증을 해소해 주었다. 한마디로 꿀맛이었다. 그런데 다음 날 아침, 잠에서 깨어보니 옆에 해골바가지가 하나 있었다. 어제 자신이 마신 그 물이 해골바가지에 담긴 물이라는 걸 알게 되었다. 그러자 갑자기 속이 뒤틀렸다. 같은 물이라도 생각하기에 따라 꿀맛이 되기도 하고 속을 뒤틀리게 만들기도 하는 것이다.

　내가 낙점한 공장부지가 뱀이 몰려오는 땅이라는 부정적인 생각을 할 수도 있었지만, 나는 그것을 긍정적으로 생각했다. 모든 것은 생각하기 나름이다. 긍정적인 사고는 긍정적인 결과를 가져온다. 기업을 하다 보면 많은 문제에 부닥치기 마련인데, 그때는 사물을 보는 관점이 중요하다. 어떤 관점에서 바라보느냐에 따라 결과가 달라진다. 부정적인 상황도 긍정적으로 생각하면 국면이 바뀔 수 있다. 그렇기에 평소 긍정적인 생각을 하는 것이 중요하며, 필요하다면 긍정적인 생각을 하는 훈련을 해야 한다. 그러한 자세가 문제를 극복할 수 있게 하는 생각의 근육이 되는 것이다. 누군가 돌부리에 걸려 넘어졌을 때 "재수 없이 돌부리에 걸려 넘어졌다."라고 하는 사람은 실패할 사람이요, 자신을 넘어지게 한 돌을 보고, "내가 딛고 일어설 디딤돌이 생겼다."라고 말하는 사람은 성공할 사람이다.

덕산네오룩스의 발전

내가 직접 창업하지 않고 인수한 회사였지만, 덕산네오룩스는 이후 R&D 및 제조 부문에 지속해서 투자한 결과 디스플레이(Display)용 OLED 재료를 자체적으로 개발하고 생산하는 덕산그룹의 핵심 계열사가 되었다. 그뿐만 아니라, 사업을 본격적으로 추진한 2008년 이후 OLED 디스플레이 시장의 성장과 함께 글로벌 OLED 재료 전문기업으로 성장했다.

우수한 연구 개발 인프라와 공정 노하우, 제조 경쟁력을 기반으로 현재 전 세계 OLED 디스플레이(Display) 분야를 선도하고 있다. 고객의 요구에 최적화된 HTL(Hole Transport Layer, 정공수송층) 등의 재료를 경쟁사에 비해 가장 경쟁력 있게 공급하고 있을 뿐 아니라 적색 인광 소재와 조명용 재료 개발 추진 등 품목의 다변화도 추진하고 있다.

회사 인수 당시만 하더라도 임직원 27명에 연간 매출액 약 30억 원의 소규모 회사였으나 그간 회사를 발전시키겠다는 굳은 의지로 임직원들에게 동기를 부여하고 혁신했다. 그 결과 기업 인수 후 약 10년만인 2017년, 덕산네오룩스는 매출액 1,000억 원을 달성하는 중견기업으로 성장했다. 특히, 2017년은 정치, 사회적으로 대변혁의 해였고, 경제적 측면에서도 우리나라가 불황의 늪에서 허덕이던 때였다. 그러한 대내외적인 어려운 상황에도 불구하고 1,000억 원의 매출을 달성한 것은 획기적인 성과였고, 그것은 오로지 경영 혁신과 함께 수고를 아끼지 않은 임직원들의 노력 덕분이었다. 이것으로 덕산의 위상이 국내외에서 한층 높아지게 되었다. 나는 이에 만족하지 않았고 더 큰 발전을 이루고 싶었다. 그러기 위해서는 구성원들이 공통된 목표를 가져야 하며, 조직력도 더 강화되어야 한다고 생각했다. 그러기 위해서는 무엇보다도 그간의 성과에 취해 임직원들이 자칫 나태해지지 않도록 경계해야 했다. 이를 위해 필요한 것이 임직원들의 겸손한 마음과 겸허한 자세였다. 겸손한 마음과 겸허한 자세가 없으면 성공한 것도 오래가지 못한다. 혹독한 역경을 딛고 성공한 조직들은 모두 구성원들이 겸손한 마음과 겸허한 자세를 지녔고 헝그리 정신으로 충만했다. 임직원들에게 겸손한 마음과 겸허한 자세를 가지게 하려는 의도로, 2018년 신년사에서 노자의 도덕경 일부를 인용해 순리와 겸손을 강조했다.

"생이불유(生而不有), 위이불시(爲而不恃), 장이부재(長而不宰),

낳았으되 소유하지 아니하고, 행하였으되 기대하지 아니하며, 길렀으되 마음대로 부리지 아니한다.” 이를 의역하면 ‘자기 소유라고 여겨서 가지려 하지 말며, 자기가 이룬 것이라고 해서 대가를 바라지 말고, 자기가 키웠다고 해서 함부로 할 수 있다고 여기지 않는다.’라는 것이다. 인간이 놓지 못하는 과욕을 스스로 깨우치고 겸양의 미덕을 쌓으라는 뜻으로 해석할 수 있다. 덕산네오룩스는 단기간에 빠른 성장을 했다. 내가 노자의 말을 인용한 것은 잘될 때 일하는 자세가 어떠해야 하는지에 대해 말해주고 싶었기 때문이다.

M&A 그 이후가 중요하다

M&A를 잘하는 것도 중요하지만, 그 이후의 관리는 더욱 중요하다. 기업이 매물로 나오게 된 데에는 틀림없이 무언가 이유가 있을 것이기 때문이다. 경영, 생산, 노사, 자본, 기술 등 여러 관점에서 파악하여 문제를 발견하고 그것을 해결해야 한다. 그래야만 안정적인 회사로 재탄생하며, 발전을 도모할 수 있다. 덕산네오룩스도 인수할 당시는 많은 문제를 안고 있었다. 그 회사가 가진 이점은 당시 생산하던 OLED 재료에 대한 기술을 가지고 있었다는 것과 삼성과 거래한다는 사실 뿐이었다. 그 외는 17억 원의 자산 가치밖에 되지 않은 영세기업이고 이익을 내지 못하는 부실기업이었다. 그런 회사를 인수하여 임직원에게 동기를 부여하고 R&D 투자와 설비 투자에 노력해 경쟁력 있는 회사로 성장하게 했다.

덕산네오룩스의 OLED 사업의 성장

삼성에서 개발하고 판매하는 스마트폰은 매년 업그레이드가 되는데 그때마다 새로운 재료가 개발되어 적용된다. 예컨대 갤럭시 19에서 갤럭시 20으로 업그레이드되면 스마트폰의 성능이 개선되고, 그러한 개선된 기능을 뒷받침하는 새로운 재료 7~8종이 추가되는 것이다. 추가되는 7~8종의 재료 중에서 하나만 선택받아도 대단한 일인데 덕산네오룩스는 해마다 적게는 2종에서 많을 때는 3~4종까지의 재료를 선택받아왔다. 덕산네오룩스의 경쟁업체는 LG화학, 삼성SDI, 독일의 머크, 미국의 다우케미칼, 일본의 이데미쯔, 스미토모 등 세계 굴지의 다국적 기업들인데 이들 다국적 기업과 경쟁해서 이길 수 있었던 것은 기술 개발이 뒤따랐기에 가능했다. 그 기술은 우리가 자체 개발한 것이다. 삼성에 재료를 공급하는 협력업체는 신제품이나 업그레이드된 제품의 개발 단계부터 참여하는데, 덕산네오룩스는 갤럭시 시리즈의 3~4 버전의 업그레이드 제품부터 개발에 참여해 왔다.

또 새로이 업그레이드된 제품, 예컨대 갤럭시 18에 하나의 재료가 채택되어 사용되었다고 가정하면 그 재료는 신제품인 프레미엄 폰에 먼저 비싸게 납품되고, 나중에 갤럭시 19, 20 등으로 업그레이드되더라도 재료 납품이 중단되지 않고 지속된다. 왜냐하면 갤럭시 18은 저가 폰으로 중국, 이집트, 동남아 등에 싼 가격으로 대량 판매되기 때문에 재료의 수요는 여전하기 때문이다. 그러므로 일단 재료가 채택되게 되면 신제품뿐만이 아니라 저가 폰에도 여전히 사용되므로 누적 납품 수량이 늘어나고 매출은 비례해서 증가하게 되는 것이다.

삼성은 2005년부터 OLED 사업을 시작했고 덕산은 2008년부터 삼성과 거래하기 시작했다. 여기서 특기할 사항이 하나 있다. OLED 기술은 삼성보다 10년 전에 일본에서 먼저 개발하기 시작했다는 것이다. 일본에서 개발이 시작되었지만 계속해서 발전하지 못한 이유는 일본 업체들은 기판 한 장 위에 재료를 입혀, 전기를 통해 다양하고 선명한 색깔을 구현하는 것이 불가능하다고 판단한 것이다.

OLED 텔레비전은 LCD나 다른 텔레비전과 비교하면 확연하게 구분되는 점이 있다. 색상 선명도나 눈의 편안함에서 확연한 차이가 난다. 자연 색깔에 가장 가깝게 구현할 수 있는 것이 OLED라는 의미다. LCD로 적색 장미를 구현할 경우, 아주 짙은 색상은 구현할 수가 없다. 하지만 OLED는 딥 블루와 짙은 레드의 구현이 가능하다. 일본은 먼저 개발하고도 이론상으로는 좋지만, 제품화하는 것은 환상에 불과하며 좋은 건 알지만, 디스플레이로 구현은 할 수 없다고 생각하고 이후의 세부 기술 개발을 포기했다. 하지만 삼성이 이를 다시 시작해 기술을 완성했다. 삼성이든 LG든 우리나라 기업들은 원천기술 개발 측면에서는 취약하지만, 외국에서 개발된 기술을 개선하고 적용해 생산하는 것은 일등이다.

하지만 원천기술은 외국 회사가 가지고 있다. 이러한 이유로 덕산네오룩스가 새로운 제품을 개발할 때 외국 기업의 특허 중 일부에 걸리는 경우가 가끔 있었고 이를 피하려고 기존 특허의 사이사이 빈칸, 빈틈을 노려 자체 특허를 만들어 냈다. 원천기술을 만들어 내는 기초과학이 그래서 중요하다.

독일, 일본은 기초과학이 우리나라보다 발전되어 있으니 원천기술이 많고 따라서 기술 특허가 선점되어 있다. 우리는 그들이 선점하지 않은 부분에 대해 특허를 내고 입지를 마련해야 했으므로 그만큼 힘이 들었다. 매년 업그레이드되는 제품의 재료를 개발하기 위해서 학계와 연계해 교수를 영입하고, 정부 정책 자금도 활용하면서 기술 개발에 온 힘을 기울였다. 그렇게 노력하다 보니 기술과 실력이 엄청나게 발전하게 된 것이다.

그런데도 하나의 재료를 개발해서 특허를 내면 기존의 일본이나 독일 특허의 큰 영역 중에서 일부 영역이 조금 걸쳐지는 부분이 발생하기도 하는데 그때는 로열티를 지불하기로 협상을 한다. 독일이나 일본 기업에 로열티를 지불하기도 하지만, 네오룩스에 축적된 특허를 그들이 사용하는 경우는 오히려 우리가 권리행사를 할 수 있다. 덕산네오룩스는 그만큼 경쟁력이 큰 회사이며 사실 이만큼 발전하기까지는 엄청난 노력과 고난이 뒤따랐다.

중국 업체에 대한 OLED 재료 판매

OLED 기술은 중국이 우리나라를 못 따라온다. 삼성, LG에 디스플레이 패널을 납품하는 메이커 중에 중국의 A사가 있다. 중국의 통신장비와 스마트폰 제조업체인 화웨이에 텔레비전 디스플레이 패널을 납품하는 회사이기도 하다. 그 회사가 우리에게 디스플레이 관련 재료를 공급해 주기를 원했다. 삼성과 거래하면서 기술축적이 되어 있었기에 얼마든지 공급할 수가 있었지만, 삼성이 불편해 했다. 중국의 시장이 워낙 크기에 다국적 기업인 독일의 머크, 다우케미컬, 일본의 이데미츠뿐만 아니라 LG화학, 삼성 SDI도 중국과 거래하고 있는데 우리만 중국 업체와 거래하지 못하도록 하는 것은 말이 되지 않는다고 생각하여 삼성의 양해를 구했다. 그러자 삼성은 2~3년이 지난 후 신제품의 효용가치가 떨어지면 그때 중국 업체에 납품하라고 한 걸음 물러났다. 그래서 지금 그렇게 하고 있지만, 중국에 공급하는 단가가 국내 공급가격보다 훨씬 높아 많은 이익이 남는다.

우리에게 납품을 받는 A사는 기술 카피를 잘한다. 우리 제품을 받아서 일부는 사용하고 일부는 자신의 협력업체인 중국 업체에 샘플로 주어 카피하게 한다. 중국 업체가 카피한 기술로 제품을 생산하기 시작하면 우리는 중국에 더는 제품을 판매할 수 없게 된다. 특허 소송을 하려고 해도 중국 정부가 움직이지 않으니 특허 소송이 될 리 만무하다. 그러나 A사의 협력업체가 우리 기술을 카피해서 제작한 재료를 사용한 디스플레이 패널을 애플에 공급하려고 했지만 실패했다. 그 이유는 애플은 재료를 납품받을 때 그 재료의 특허 검증을 철저히 하기 때문이다. 중국 업체에 특허 소송을 해봐야 통하지 않지만, 애플에는 통한다. 우리에게서 카피한 기술을 사용한 제품을 애플이 납품받아 사용하면 우리의 소송 대상이 된다. 그런 이유로 애플은 우리 기술을 카피한 재료를 사용한 디스플레이 패널은 납품받지 않는다. 따라서 A사는 우리에게서 카피한 기술로 생산된 재료를, 애플에 공급하는 디스플레이 패널에는 사용하지 못하고 다만 중국 내수용 패널에만 사용하고 있다.

A사나 C사 등 중국 디스플레이 제조업체는 OLED를 5년 이내에 국산화하기를 원하는 중국 정부로부터 천문학적인 자금을 지원받는다. 정부의 지원을 받는 기업으로서는 정부의 방침을 따라야 하니 기술 개발이 되지 않은 상태에서는 협력업체를 통해 기술을 아예 카피하는 것이다. 이러한 움직임에 대응하기 위해서는 삼성이나 우

기술의 산실 덕산네오룩스 R&D 센터, 2021년 6월 현재 470여 건 이상의 특허를 취득했다

리도 모든 분야에서 격차를 만들어 내야 한다. 지금 삼성반도체에서 초격차 이야기가 나온다. 1년 정도의 격차가 아니라 5~6년 정도의 격차를 만들어 내야 한다. 그 정도의 격차를 낸다는 것은 쉬운 일이 아니다. 중국은 천문학적인 자금을 투자해 반도체 산업을 발전시키려고 했으나 번번이 실패했다. 우리나라의 메모리 반도체 부문의 기술 수준은 과히 세계적이며, 현재 중국에서 사용하고 있는 메모리 반도체 중의 많은 양을 삼성 반도체에서 수입하고 있다.

미국도 우리나라 기업이 미국 내 반도체 산업에 투자해 달라고 요구하고 있다. 이 분야의 경쟁은 그만큼 치열하다. 하지만 우리나라와 중국과의 반도체 기술 격차는 점점 더 벌어지고 있다. 중국은 반도체 수입액이 원유 수입액보다 더 크기 때문에 반도체 기술 개발에 사활을 걸 수밖에 없는 처지이다.

우리가 이러한 상황을 극복하는 방법은 단 하나다. 뒤따라오는 업체보다 앞서서 달아나는 것이다. 그러기 위해서는 멈추지 않고 연구해 기술을 개발하고 설비를 구축하는 길밖에 없다.

덕산네오룩스는 중국 업체에 납품하기 위해 A사의 턱 밑인 중국 성도에 진출해 공장을 설립했다. 덕산네오룩스가 삼성의 디스플레이 패널을 제작하는 삼성 SDC에 핵심 부품을 공급하고 있으니, 삼성에서도 덕산네오룩스의 기술을 높이 평가해서 지분 투자를 하겠다고 했다. 이에 덕산네오룩스는 얼마 전에 3자 유상증자 형식(신주를 전량 지정된 제삼자에게 인수하게 하는 방식)으로 신주를 발행해서 삼성이 전량 인수하도록 했다. 덕산네오룩스가 삼성의 경쟁업체인 LG나 A사에 지분을 매각할 경우는 꼭 삼성의 동의를 받아야한다는 조건을 걸고 투자했음은 물론이다.

기술 도둑을 잡다

어느 날 덕산네오룩스 연구소 내의 한 파트 직원 대여섯 명이 동시에 사직 의사를 밝혔다. 이것은 극히 이례적인 일이었고 뭔가 의심스러운 사연이 있을 것 같아 그 경위를 추적하기 시작했다. 애초에 예상했던 대로 중국의 모 업체와 결탁이 되어 있었고 모두 이 회사로 이직하려는 것으로 밝혀졌다.

관계기관에 수사 협조를 요청했다. 국정원의 수사 결과 사직 의사를 밝힌 직원들의 PC에서 기술 자료가 빠져나간 흔적이 포착되었고, 경찰에서 범죄행위를 구체화해 검찰로 넘겼다. OLED 기술이 국가 핵심 기술로 지정되어 보호를 받고 있었기 때문에 이러한 정부의 지원을 받을 수 있었다.

기술자를 빼내 가려 한 업체는 알고 보니 중국의 디스플레이 부품 생산업체인 A사의 협력업체였다. 그리고 그것을 주도한 사람은 조선족이었다. 그가 어떤 인물인지 파악해 검찰에 신고했다. 검찰에서는 그를 주의 인물로 지정해 영장을 발부받고, 그가 우리나라에 입국할 때 공항에서 체포해 구속했다. 그의 노트북을 여니 삼성과 LG의 전문 협력업체 네트워크 정보가 가득했다.

중국 업체들은 우리나라 기술자를 데려가서 1년에 우리의 10년 치 급여를 준다. 하지만 2~3년이 지나 기술을 다 빼먹고 나면 토사구팽시킨다. 중국 업체의 직원뿐 아니라 우리 기술자들도 모두 기소되었다. 나중에 A사에서 다른 사람을 통해 구속된 자사의 직원을 빼달라는 요청이 들어왔지만, 사법부 소관이라 우리 손을 떠났다고 거절했다. 기술을 빼 가려고 주도한 우리 회사의 직원 중 주모자급은 실형이 선고되었고 다른 직원들은 벌금형을 받았다.

🤟 일벌백계 차원에서 그렇게 처리했다 ◇◇◇◇◇◇◇◇◇◇

엄하게 벌하는 것을 보여주어야 재발하지 않는다. 그들은 월급을 많이 준다는 유혹에 빠져 나중에 버림당할 것을 알면서도 이직하려 했다. 하지만 대부분 기술자는 책임감이 있으므로 그렇게 하지 않는다.

또한 그런 일이 생기지 않도록 하려면 경영자는 임직원의 마음부터 얻어야 한다. 사장이든 회장이든 말단 직원이든 한 가지 목표를 바라보도록 해야 한다. 그렇게 하도록 하려면 자부심과 자긍심을 가지고 일을 할 수 있도록 동기를 부여해야 한다. 그런 우여곡절을 겪으며 오늘의 덕산네오룩스를 만들었다.

◇◇

2021년 현재 덕산네오룩스는 시가 총액 1조 6,087억, 코스닥 시총 순위 31위, 매출 약 2,000억, 영업 이익 약 500억 원의 중견기업으로 성장했다. 앞으로 덕산네오룩스는 도전과 혁신의 DNA를 확산해 '소재, 부품 산업의 1st INNO-Creator'가 되기 위해 끊임없이 노력할 것이다.

덕산테코피아 설립과 발전

2006년 반도체 소재를 생산해 납품하고 있던 대전의 한 업체를 인수해 설립한 회사가 덕산테코피아이다. 둘째 아들을 임원으로 발령 내서 경영책임을 맡겼다. 회사 설립 후 당분간은 경영정상화를 하느라 눈코 뜰 새 없이 바빴다. 둘째의 노력으로 회사가 어느 정도 안정되었을 때, 대전에 있는 반도체 소재 회사 하나가 또 매물로 나왔다. 삼성에 납품하고 있는 회사라 비전이 있다고 생각되어 이 회사를 인수하기로 하고 계약금을 치렀다. 이 회사는 삼성전자의 반도체 사업부에 HCDS(Hexachloro Disilane, 헥사클로로 디실란)라는 소재를 공급하고 있었는데 이는 반도체 박막 형성용 증착 소재로서 반도체 전 공정 소재이다. 이 회사는 원천기술을 가지고 있는 미국 회사에서 재료를 공급받아 마지막 공정만 거쳐서 삼성에 공급하는 구조였다. 중도금, 잔금을 치르면서 인수가 완료될 때까지는 회

덕산테코피아 공장 전경

사와 관련된 좋은 이야기만 오고 갔다. 잔금을 치른 후, 회사 경영에 필요한 추가적인 정보를 얻고자 전 오너와 식사하는 자리를 가졌는데 그 자리에서 충격적인 말을 듣게 되었다. 재료를 공급해 주던 미국 회사에 화재가 발생해 더는 재료를 공급받을 수 없다는 것이었다. 청천벽력과 같은 소식이었다. 원재료를 공급하는 미국 회사에서 원재료를 공급받지 못해 우리도 삼성에 납품할 수 없게 되니 인수된 회사는 전혀 쓸모없는 회사가 되었다. 나는 삼성에 납품하는 기득권을 보고 이 회사를 인수했는데 그것을 할 수 없게 되었으니 결과적으로 나는 망한 회사를 인수한 것이었다. 전 오너로부터 그 이야기를 듣자,

"사장님 잔금 받기 전에 이런 사실을 알고 있었지요? 제가 사기를 당한 것 같네요. 저는 그냥 있을 수 없습니다."

"저도 몰랐습니다. 방금 전화가 와서 미국 회사에 불이 난 것을 알게 되었습니다."

전 오너를 상대로 소송을 걸었지만, 그가 재료 공급회사의 화재 사실을 미리 알고 있었다는 사실을 입증하지 못해 소송에는 패소했다. 당시 둘째 아들이 덕산테코피아의 임원을 맡고 있었는데 이 문제를 해결하겠다고 나섰다. 둘째는 미국의 UCLA에서 유학했는데, 미국에서 공부한 덕분인지 현지 상황에 대한 이해가 풍부했고 예리한 판단력까지 겸비하고 있었다. 그는 미국의 공급업체를 상대로 협상을 했다.

"우리는 당신들에게서 재료를 공급받아 그것을 가공해 삼성에 납품해 왔다. 그런데 당신들에게서 재료를 공급받지 못하니 우리는 삼성에 납품할 수가 없고, 삼성으로부터 신뢰를 잃게 생겼다. 삼성과의 신뢰 회복을 위해서는 다른 방법이 없다. 빨리 공장을 짓고 재가동해 우리에게 원료를 공급해 달라."

둘째의 강력한 요구에 그들도 공장을 급하게 짓게 되었다. 공장이 완공된 후 그 회사와는 과거처럼 정상적인 거래가 이루어졌다. 그러는 과정에서 둘째가 그 재료의 특성과 재료의 생산방법에 관해 연구해 그 재료를 생산하는 합성과 정제과정의 메커니즘을 터득하게 되었다. 특히 그 회사가 그 물질에 대한 특허가 없다는 사실도 나중에 알게 되었다. 둘째가 그 재료를 생산해 보려고 자신의 연구 결과를 바탕으로 실험실 수준의 설비를 갖추어 생산해 보니 수율은 낮았지만 일단 제조에는 성공했다. 이 기술을 경제성 있는 기술로 만들기 위해 각고의 노력을 다했고 드디어 양산에 성공해 공장을 짓고 본격적인 생산에 돌입했다. 삼성에 납품해야 하는 수량 중 대부분은 여전히 미국 회사에서 수입된 재료를 사용했으나 일부는 자체 생산된 제품으로 납품할 수 있었다. 이후 덕산테코피아는 지속적으로 기술을 혁신하고 생산성과 수율을 향상시켜 2차 양산설비 증축에 성공했다. 그 후 미국 회사가 국내의 타 업체에게 인수되자 그 회사에서 재료를 수입할 필요성이 없어지게 되어 덕산테코피아가 생산한 제품만으로 삼성에 전량 공급하게 되었다.

사실 그 재료는 삼성 반도체의 재료 중 핵심이라고 할 만큼 굉장히 중요한 재료였다. 그 전의 납품업체가 원재료를 미국에서 수입해 공급하는 것에 대해 삼성 측은 내심 마음에 들어 하지 않았는데 이것을 국산화해서 안정적으로 공급해 주게 되었으니 무척 좋아했다. 그리고 이 사실을 높이 평가해 모범 사례로 선정하고 덕산테코피아를 우수 협력업체로 선정해 상금까지 수여했다. 중요한 재료를 국산화한 이 일로 우리는 삼성으로부터 큰 신뢰를 얻었다.

덕산테코피아의 이 재료는 규모 확장을 위해 제3공장을 준비하고 있으며, 삼성의 국내 전 공장과 중국의 시안공장뿐만 아니라 인텔의 중국공장에까지 납품하고 있다. 이 재료의 공급업체는 덕산테코피아를 포함해 국내에서 단 2 개사뿐이다. 다른 업체는 재료를 외국 회사에서 수입해 가공해서 공급하므로 직접 생산해 공급하는 우리

덕산테코피아 제조 설비

회사와는 경쟁이 안 된다. 따라서 이 제품은 반도체가 존속하는 한 우리에게 안정적인 매출을 발생시킬 것이다.

덕산테코피아의 FC(Fine Chemical) 사업

덕산네오룩스가 생산하는 OLED 소재를 제조하기 위한 소재 중에 OLED 중간체가 있다. 덕산네오룩스는 이 소재를 중국 업체에서 납품받고 있었으나 발주금액이 클 뿐만 아니라, 소재를 안전하게 공급받기 위해서는 납품업체를 이원화해야 할 필요성이 제기되었다. 따라서 이 중간체를 덕산테코피아에서 생산하기로 하고 경부고속도로의 목천 IC 인근에 공단 부지를 매입해 소재 생산 공장을 건립했다. 이 중간체는 이미 덕산네오룩스에서 소규모로 생산하고 있었기 때문에 관련된 기술과 기술인력은 쉽게 해결되었다. 덕산테코피아의 이 사업은 앞에서 언급한 HCDS 사업보다 오히려 규모가 크다. 이 사업은 소재를 안전하게 공급받기 위한 서플라이 체인을 구축했다는 의미가 있다.

M&A에 의한 기업 성장

기업이 일정한 규모를 넘어서면 발전하는 하나의 방법으로 M&A를 선택한다. 기업이 신제품을 연구 개발하는 방식인 R&D로는 성공하기가 무척 어렵다. R&D를 통해 사업화에 성공할 확률은 2~3%가 채 되지 않는다. 그러나 이미 개발된 기술을 인수하거나 M&A를 통해 사업화하면 성공할 확률이 20~30% 정도로 높아지게 된다. 나의 경우 솔더볼이란 실험실 수준의 기술을 가지고 덕산하이메탈을 창업해 사업화를 할 때는 그 양산과정에서 무척 힘이 들었다. 그러나, 덕산네오룩스나 덕산테코피아는 M&A 방법으로 기업을 인수해 사업화에 성공한 것이고, 이 경우 덕산하이메탈보다는 힘이 덜 들었다고 생각된다.

위기와 기회는 동전의 양면이다

흔히 위기와 기회는 같이 온다고 한다. 이 내용은 많은 사람이 알고 있지만, 대부분 사람은 막상 위기에 처하면 안절부절 하며 일을 그르치기 십상이다. 따라서 평소 위기 대응 능력을 길러 둘 필요가 있다.

덕산테코피아 사례는 위기를 기회로 만든 사례이다. 원재료를 공급하는 미국 회사의 공장에 화재가 발생해 원료를 공급받지 못하게 된 것은 회사가 망할 수도 있는 위기였으나, 그런 위기를 오히려 기회로 바꾸어 그 재료를 국산화해 탄탄한 회사로 만들었다. 이러한 위기 대응 능력은 평소 긍정적인 사고와 순발력에서 나온다. 위기를 어떻게 생각하고 대응하는가에 따라 위기는 회사를 한 단계 더 도약시킬 기회가 되기도 한다.

5장

리더다운 리더

기업이나 조직이 성장 발전하려면 리더의 역할이 무엇보다 중요하다. 리더의 역할은 꼭 기업에만 국한되지는 않으며, 사회 각 분야의 조직에도 리더가 있다. 리더가 어떤 역량을 가지고 어떻게 행동해야 하며, 기업이나 조직을 어떻게 이끄느냐에 따라 그 기업이나 조직의 흥망성쇠가 결정된다.

덕산하이메탈 창업과 리더형 관리방식의 필요성

덕산하이메탈을 창업할 당시 내가 그때까지 해오던 회사관리방식으로는 한계를 느끼고 새로운 관리방식이 필요함을 깨달았다. 오전에 덕산산업에서 일을 보고 오후에 덕산하이메탈 쪽으로 넘어오면서 덕산하이메탈 근처에만 와도 발걸음을 조심하면서 마음의 자세를 가다듬었다. 두 사업은 몇 가지 점에서 성격이 아주 달랐기 때문이었다.

첫째, 업종의 성격이 달랐다. 덕산산업은 설비만 해 두면 그 외에는 노동집약형 산업으로서 핵심 기술자만 관리하면 되었고 대부분 공정은 노동력으로 해결되었다. 반면 덕산하이메탈은 전자산업과 관련된 경박단소형의 정밀공업이었다. 기술집약형 산업으로 기술자뿐만 아니라 구성원 개개인의 아이디어와 창의성이 요구되는 산업이었다.

둘째, 규모의 차이였다. 덕산산업은 그 규모가 나 혼자서 충분히 통제할 수 있는 수준이었다. 공장에 들어서면 한눈에 공장 전체를 관찰할 수 있으며 현재 어느 공정에서 어떤 작업이 진행되고 있는지를 손쉽게 파악할 수 있었다. 반면 덕산하이메탈은 그 규모가 나 혼자서 통제할 수 있는 범위를 훨씬 넘어서서 조직과 시스템에 의한 관리가 필요한 규모였다.

셋째, 회사의 성장발전을 위한 역량의 차이였다. 덕산산업은 회사의 성장발전을 위해 기존 시장을 유지하거나 확장하기 위해 영업력이 필요했다. 즉 현재의 기술을 적용할 수 있는 일감을 늘리는 일에 치중하면 되었다. 반면, 덕산하이메탈은 회사의 성장발전을 위해 기존 시장을 보존하고 유지하기 위해서는 끊임없는 기술개발과 기술 혁신이 필요했다. 즉 회사의 성장발전을 위해서 필요한 역량은 기술력이었다.

넷째, 필요한 관리의 유형이 달랐다. 덕산산업의 업종은 내가 오랫동안 해오던 일로서 내가 잘 아는 분야였다. 따라서 임직원들을 내가 직접 몰고 가면서 무엇을 해야 하는지 지시하고 명령하는 보스형의 관리를 해도 가능한 사업이었다. 반면 덕산하이메탈의 업종은 내가 처음으로 해보는 사업으로 우선 내가 잘 모르는 분야였고 오히려 부하 직원인 기술자들이 나보다 훨씬 전문적인 지식이 많았다. 따라서 무슨 일을 어떻게 하라고 내가 직접 지시하거나 명령할 수는 없고, 기술자들이 잘 알아서 열심히 자신의 임무를 다할 수 있도록 동기를 부여하고 격려하는 일밖에 할 수 없었다. 소위 부하 직원들과 생각을 공유하면서 함께 가자고 권유하는 리더형의 관리가 필요한 사업이었다.

보스가 아닌 리더가 되어라

경영은 용인 예술이다. 사람 등용의 기술이라는 말이다. 기업 경영에서 일은 결국 사람이 하므로 경영자는 인재를 귀중히 여겨야 하고 인재를 잘 활용해야 한다. 경영자가 인재를 잘 활용하기 위해서는 보스가 아닌 리더가 되어야 한다. 옛날이 보스의 시대였다면 지금은 리더의 시대다. 뒤에서 채찍질하고 겁을 주어 움직이게 하는 것이 보스라고 하면 리더는 앞에서 희망을 주며 이끌어가는 것이다. 또한 보스는 권력을 중시해 의견을 달리하는 자를 미워하는 데 반해 리더는 권위를 중시하며 의견을 달리 하는 자를 가까이 두려 한다. 한비자는 춘추전국시대에 벌써 실천형 리더에 관해 이야기했다.

한비자의 실천형 리더

한비자는 '리더는 자신과 싸워 이겨야 하며, 어려운 여건이라도 상황을 탓하기보다는 도전으로 극복해야 하고, 열린 마음으로 세상의 지혜를 빌려야 한다. 그리고 부하의 충성에 의존하기보다는 문제를 풀어낼 재능을 가진 사람을 중용하며, 마지막까지 책임을 지는 사람이다.'라고 말한다.

그러면서 한비자는 '보다 쉽게, 보다 큰 개혁을 하려면 나는 용의 등에 올라타야 한다.'라고 말했다. 개혁할 기회를 잘 포착해야 하며, 시류에 편승할 줄 아는 지혜가 필요하다는 의미다. 덕산의 경우에는 삼성과 거래하면서 혁신을 보다 쉽게 했다. 삼성으로부터 경영 방법을 학습해 그때그때 혁신한 것이다. 삼인행필유아사(三人行必有我師)라는 말이 있다. '세 사람이 길을 가면 그 가운데 반드시 나의 스승이 될 만한 사람이 있다.'라는 《논어》에 나오는 말이다. 덕산은 삼성의 변화와 혁신을 많이 벤치마킹하고 학습해 스승으로 삼았다. 그런 관점에서 볼 때, 덕산은 삼성이라는 용의 등에 탄 것이었다. 한마디로 덕산은 시대의 변화에 잘 대응한 덕택으로 오늘날의 발전으로 이어진 것이었다.

그리고 리더는 부하의 충성에 의지하지 않는다. 부하의 충성에 의지하는 대신 부하가 충성하지 않을 수 없도록 만들어야 한다. 부하의 충성을 요구하는 권력자는 부하의 능력을 돌아보지 않으며, 그런 사람은 인재들이 재능을 최대한 발휘할 수 있도록 하게 만드는 리더가 될 수 없다. 리더는 자신에 대한 충성도보다 인재의 재능을 먼저 발견하는 사람이며, 그렇게 함으로써 사람도 얻을 수 있고 재능도 얻을 수 있게 되는 것이다. 훌륭한 리더는 충성을 요구하는 대신 재능을 가진 자가 그 재능을 십분 활용할 수 있도록 지원하고 격려한다. 삼류는 자신의 능력만 활용하고 이류는 타인의 능력을 활용하며 일류는 타인의 능력을 끌어낸다고 한다.

경영자는 이렇게 실천하는 리더가 되어야 한다. 그리고 같은 목표를 향해 함께 가는 임직원에게 항상 자부심과 자긍심을 가질 수 있게 동기를 부여해야 한다. 나는 직원들에게 기회가 있을 때마다 다음과 같은 말을 하며 동기를 부여한다.

"덕산이 손을 대면 돌도 보석이 된다. 우리가 그렇게 실천해왔지 않느냐, 한번 해보자. 그것이 우리가 땀 흘려 일하는 가치이자 의미이다."

일은 사람이 한다. 그렇기에 나는 인재를 귀중히 여긴다. 내가 직원들을 인재라고 생각하고 귀중히 대하니까 직원들은 스스로 자긍심을 가지고 덕산에서 일하는 것에 대해 자부심을 느낀다.

일본의 세 영웅에서 배우는 리더가 갖추어야 할 자질

나는 한자 큰 덕(德)자를 좋아하는데, 내 부친의 아호가 덕암(德岩)이어서 그런지 모르겠다. 덕은 당장은 고통이 있을지라도 길게 내다보는 것, 당장 입에 단맛은 없을지라도 미래에 크게 수확할 수 있는 것을 의미한다. 한 마디로 크다, 길게 본다는 의미다. 크다는 것은 겉모양만을 의미하지는 않는다.

내가 좋아하는 경구인 '天地之大德曰生(천지지대덕왈생)'에도 덕(德)자가 들어 있고 일본 전국시대의 명장인 도쿠가와 이에야스(德川家康)의 이름에도 덕자가 들어 있다. 그래서인지 나는 도쿠가와 이에야스를 인간적으로 좋아한다.

일본의 전국시대 말기에 세 사람의 영웅이 있었는데, 오다 노부나가(織田信長), 도요토미 히데요시(豊臣秀吉), 도쿠가와 이에야스(德川家康)다. 도쿠가와 이에야스는 도요토미 히데요시와는 라이벌 관계였지만, 형식상 밑에 있던 장수였다. 도요토미 히데요시는 겨울에 그의 주군인 노부나가의 차가운 신발을 품속에 넣었다가 따뜻하게 해서 신게 해주었고, 노부나가가 물건을 사 오라고 시키면 자신의 돈을 추가해서 더 좋은 물건으로 사서 바치며 신임을 얻었다고 한다. 그만큼 자신이 맡은 일에 대해 최선을 다했다.

세 영웅의 철학은 각각 달랐다. 아름다운 울음소리로 사람을 즐겁게 해야 하는 새가 울지 않을 때, 세 영웅이 울지 않는 새를 처리하는 방법은 각각 달랐다. 오다 노부나가는 새가 울지 않으면 목을 치라고 했고, 도요토미 히데요시는 갖가지 방법으로 새를 울게 만들라고 했으며, 도쿠가와 이에야스는 새가 울 때까지 기다리라고 했다. 세 사람의 성향이 각각 다름을 알 수 있는 내용이며, 여기서 리더가 갖추어야 할 자질을 엿볼 수 있다. 새의 목을 치는 것은 결단력이라 할 수 있으며, 울게 만드는 것은 적극성이며, 울 때까지 기다리는 것은 인내심과 나중의 큰 것을 바라보는 덕을 의미한다. 현대의 리더는 결단력과 적극성과 인내심(덕), 이 세 가지 모두를 갖추어야 한다고 생각한다. 나는 이 세 사람 중 도쿠가와 이에야스를 가장 좋아하는데 그 이유는 그가 셋 중에 가장 덕이 큰 사람이라고 생각하기 때문이다.

도요토미 히데요시는 공을 세운 부하에게 전답을 주었고, 도쿠가와 이에야스는 권력을 주었다. 히데요시가 부하에게 나누어줄 전답이 떨어지자 조선을 침공했다는 설도 있다. 명나라를 칠 길을 내어달라는 명분으로 조선을 치려고 했을 때, 이에야스는 그것을 막으려고 했다. 그때는 전국시대가 거의 끝나 평화의 시기로 접어들 때였다. 이에야스는 전쟁을 피하고자 히데요시에게 미인계를 쓰는 등 온갖 방법을 다 동원했지만 실패했다. 이에야스는 히데요시를 제압할 힘을 가지고 있었으나 이에야스가 히데요시를 치게 되면 또다시 전란이 일어나 평화가 깨어질 것을 우려하여 참았다고 한다. 그는 그만큼 그릇이 큰 사람이며, 대의를 바라본 것이다. 큰 것을 바라본 도쿠가와 이에야스이다. 가히 이름에 덕(德)자가 들어갈 만한 인물이다.

리더는 인재를 잘 활용해야 한다

내 사업에 관해 이야기할 때마다, 상대 경제과 나온 사람이 반도체, 디스플레이 부품 등과 같은 첨단 정밀소재 사업을 어떻게 이끌어 가냐며 궁금해하는 사람이 많다. 그리고 어느 공대 어떤 과를 졸업했는지 직접 물어보는 사람도 있다. 그런데 내가 생각하기에 대학에서의 전공이 사업의 초기에는 조금 도움이 될지 몰라도 어느 정도 규모를 가진 기업의 사장에게는 큰 도움이 되지 않는다. 사장에게는 관리나 경영적인 측면이 중요하기 때문이다. 기술적인 문제는 전문 기술자를 고용해서 해결하면 된다. 카네기의 묘비에 이렇게 적혀있다고 한다.

"나보다 훌륭한 사람을 부하로 영입해 열심히 일해서 철강 왕이 된 사람 여기 묻혀있다."

중국 한나라를 건국한 유방이 초나라 항우와 싸워 이긴 후 다음과 같은 말을 했다는 유명한 이야기가 있다.

"나에게는 세 부하가 있다. 한 사람은 전쟁에서 병사를 이끌고 싸움에서 이기는 실력이 뛰어난 한신이고, 다른 한 사람은 행정을 잘 살피고 군량을 제때 보급하는 능력이 뛰어난 소하이며, 또 다른 한 사람은 전쟁에서 책략이 뛰어난 장량이다. 그들은 각자 맡은 부분에서 나보다 훨씬 뛰어나지만, 나는 그 사람들을 제대로 기용하는 능력이 있다."

조조의 유재시거(唯才是擧) – 능력제일주의

삼국지연의에 나오는 주인공 중의 한 사람인 조조의 인사 철학의 중요한 요소는 유재시거(唯才是擧)다. 한 마디로 능력 제일주의다. 조조는 흠이 있어도 오직 실력만 있으면 인재로 등용했다. 과거의 결함을 보고 능력 있는 자를 놓치는 것은 말이 되지 않는다는 인재관을 가지고 있었다. 사람을 판단할 때는 보이는 것만이 아닌 이면적인 것을 보아야 한다. 결함이 있는 사람도 그 이면에 잘하는 부분이 있다면 잘하는 부분을 발휘할 수 있는 자리로 옮겨주어 활용하는 것이 좋다. 능력이 있으면 지역을 가리지 않는다. 나는 인재를 중요시하는데, 그 인재 판단의 기준이 되는 것은 능력이다. 조조처럼 능력 제일주의다.

사람은 욕심이 있어야 발전할 수 있다. 내가 생각하는 인재는 그런 욕심을 가진 사람이다. 법 테두리 내에서의 욕심, 건전하고 정상적인 욕심은 목표 의식을 뚜렷하게 해주고 힘이 생기게 하는 근간이 된다. 이 욕심은 자본주의의 근간이기도 하다. 열심히 노력해서 성과를 이루면 자기 것으로 인정해 주는 것이 자본주의다. 경영자나 임직원 구분 없이 모두는 회사를 위한 욕심이 있어야 한다. 그 욕심이 결국 발전의 원천이 된다.

정상적이고 건전한 욕심이 있는 직원은 업무성과가 높다. 건전한 욕심을 가진 리더가 있는 조직과 그렇지 않은 조직은 성과에서 큰 차이를 보인다. 부서를 끌고 가는 적극성, 성과에 대한 욕심, 이런 자세는 영업에서 특히 중요하다. 실천하는 것과 안 하는 것은 결과에서 엄청난 차이가 난다. 일에 대한 욕심을 가진 사람은 그 일을 달성할 수 있는 방법을 찾는 사람이고, 욕심이 없는 사람은 하지 못하는 핑계를 찾는 사람이다. 그러니 성과에서 엄청난 차이가 날 수밖에 없게 된다.

세종대왕의 인재경영

세종대왕은 조선 시대 가장 위대한 임금이라 생각하며, 내가 가장 존경하는 사람 중의 한 분이다. 세종대왕은 국가를 경영하는 능력이 굉장히 탁월했다. 앞에서 조조의 유재시거(唯才是擧: 흠이 있더라도 그 사람의 능력, 재주를 보고 등용한다는 의미)를 언급한 적이 있는데, 이를 실천한 임금이라고 생각한다. 조선조 신분이 가장 낮은 천민이었던 장영실을 등용하여 측우기, 해시계, 물시계 등을 제작하게 했다. 신분제도가 엄격했던 조선 초기, 서얼 출신, 무관 출신, 관노 출신 등을 가리지 않고 능력이 있으면 주요 관직에 임명한 것은 혁신적인 생각이었다. 그런 유재시거는 내가 기업을 경영하는 데에 있어 중요하게 여기는 가치이기도 하다.

👍 인재 중심 경영 ◇◇◇

경영자가 갖추어야 할 자질을 정리하자면 이렇다. 경영자는 한비자처럼 리더의 자질이 있어야 하고, 도쿠가와 이에야스와 같이 큰 것을 바라보는 덕이 있어야 하고, 도요토미 히데요시처럼 자기 일에 철저해야 하며, 오다 노부나가처럼 결단력이 있어야 하고, 세종대왕이나 조조처럼 사람의 능력을 우선시 해야 한다.

나는 인재 중심 경영을 한다. 인재는 일에 대한 욕심이 있다. 나는 인재를 알아보고 선발하며, 인재를 뽑을 때부터 동기를 부여하고 비전을 제시한다. 그러다 보니 많은 인재가 덕산으로 모여들어 덕산을 그룹으로까지 성장시킬 수 있었다. 그리고 도요토미가 공을 세운 장수에게 전답을 나누어주었던 것처럼, 나는 회사를 위해 헌신한 직원들에게 덕산의 주식을 나누어주었다.

◇◇

리더는 큰 그림을 볼 줄 알아야 한다

리더는 나무보다는 숲을 보는 사람이 되어야 한다. 업무의 세세한 부분까지 알고 있다고 하더라도, 부하 직원이 스스로 알아서 일하도록 해야 한다. 상명하달의 방식으로 지시하고 작은 업무까지 일일이 간섭하면, 부하 직원들은 지시받은 일만을 수동적으로 하게 된다. 그렇게 되면 부하 직원들이 가지고 있는 실력을 발휘할 기회가 없어 창의적으로 일하지 못하게 된다. 그뿐만 아니라 지시한 일을 다 하고 나면 다음 지시가 내려올 때까지 일하지 않고 기다리게 된다. 그러다 보면 일을 통해 얻게 되는 보람을 잃어버리고, 일의 효율도 떨어진다. 회사 내에 그런 문화가 만연하면 기업은 점점 퇴보의 길을 걸을 수밖에 없다.

훌륭한 리더는 부하 직원이 자신의 능력을 마음껏 펼칠 수 있도록 해줄 줄 아는 사람이다. 일의 큰 방향만 제시하되, 일일이 관여해서는 안 되며, 일의 세세한 부분까지는 알 필요도 없다.

리더는 각각의 직급에 어울리는 덕목이 있다. 조직의 리더는 각 부서의 리더일 수도 있고, 회사의 CEO일 수도 있다. 직급이 있는 이유는 각 직급에 어울리는 일이 있기 때문이다. 자신의 직급에 맞는 일을 해야 살아 숨 쉬는 조직이 된다. 그렇지 않은 조직은 죽어가는 조직이다. 살아있는 조직의 동력이 회사를 발전시키는 에너지가 된다.

부하 직원에게는 열심히 일할 수 있는 분위기를 만들어 주고, 리더는 자신의 시간을 차원 높은 연구와 탐구를 해서 회사의 발전 모멘텀을 찾아야 한다. 그렇게 해야 부하 직원의 롤 모델이 될 수 있으며, 또한 존경도 받을 수 있다.

대통령 선거 토론 방송을 보면 너무 세세한 것까지 거론하며 상대방을 공격한다. 대통령은 그런 세세한 것까지 알 필요가 없다고 생각한다. 국가와 민족을 위해서 철저하게 봉사하겠다는 정신과 국정 운영에 대한 올바른 철학이 있으면 된다. 그리고 대통령이 되면 일을 잘 할 수 있는 인재를 뽑으면 된다. 학연, 지연 등을 배제하고 인재를 등용해 적재적소에서 일을 잘 할 수 있게 만드는 것이 대통령의 덕목이다. 역량과는 무관하게 선거에서 자신을 도와준 사람만을 등용한다면 나라를 망치게 된다. 인사가 만사다. 능력을 보고 채용해야 하며, 그 능력을 최대한 발휘할 수 있게 분위기를 만들어 주는 것이 진정한 리더이다.

🖋 리더는 나무보다는 숲을 봐야 한다 ◇◇◇◇◇◇◇◇◇◇◇◇

조직의 리더는 일의 세밀한 부분까지 알 필요가 없다. 전문적인 것은 그 일을 전문으로 하는 실무자에게 맡겨야 한다. 리더가 처음부터 끝까지 다하는 것이 어떤 측면에서는 효율적이고 편리한 점도 있지만, 크게 보면 디테일의 함정에 빠질 수도 있다. 나무 몇 그루를 자세하게 보고 숲 전체를 보지 못하는 우를 범할 수도 있게 되는 것이다. 리더는 전체를 보고 조직을 끌고 가는 것이 더 중요하며, 전문적이고 세세한 실무는 각 분야에서 능력을 갖춘 부하에게 맡기면 된다. 한 나라의 대통령도 리더이므로 그 원칙은 같다고 생각한다. 유능한 전문가를 발굴해 적재적소에 배치하는 인사를 잘하면 국가 경영을 잘 할 수 있다고 생각한다. 그러나 국가를 다스리는 올바른 철학은 가지고 있어야 한다.

◇◇

리더십의 유형에 대한 두 가지 사례

앞에서 이야기한 리더의 덕목에 꼭 맞는 일화가 하나 있다. 삼성에서 영입한 K라는 직원이 있었는데, 그는 덕산하이메탈 사장직을 끝으로 퇴임했다. 그는 공대 전기전자과 출신으로 일을 할 때는 이공계 출신답게 아주 세부적인 부분까지 꼼꼼하게 확인하는 스타일이었다. 그가 회사의 상무, 전무, 부사장으로 있을 때까지는 그러한 스타일로 일을 잘했다. 그의 열정은 정말 대단했고 나도 그의 열정은 인정했다. 그러나 그가 사장이 되자 그의 장점이 오히려 일을 그르쳤다. 그는 이전에 그가 하던 대로 모든 사안에 대해 관여했고 일일이 부하 직원의 일을 간섭했다. 어떤 프로젝트를 진행했는데, 사장이 사사건건 오더를 내리니까 실무자들이 자발적으로 움직이지 않았고 그것은 추진력을 떨어뜨리는 원인이 되었다. 회장을 비롯한 모든 직급의 관련자들이 모여 회의를 할 때 실무자가 자신의 의견을 말하려고 하면 그는 바로 말을 끊어버렸다. 각 직급의 임직원이 모여 회의하는 이유는 어떤 사안에 대해 다양한 의견을 제시하고 의논을 하기 위해서인데, 그것을 못 하게 하니 회의하는 의미가 없었다. 사장이 실무자처럼 일하면 안 된다고 여러 차례 이야기했지만, 그는 자신의 방식을 바꾸지 않았다.

반면, 그와 대비되는 다른 계열사를 맡은 사장이 있었다. 그 사장은 옆에서 보면 아둔하다고 느낄 정도로 말이 없었으나 그래도 자기 일은 다 했다. 내가 답답해 간섭하면 그는,

"시간을 좀 주십시오. 1, 2년 안에 본궤도에 올려놓겠습니다."

라고 말하곤 했다. 그리고는 새벽에 나와 현장을 챙기며 자신이 해야 할 일을 묵묵히 다 했다. 그리고 직원들을 간섭하는 것이 아니라 직원들의 기를 살려주었다. 직원들의 말을 존중해주며 소신껏 일할 수 있게 분위기를 조성해주었다. 그러니 그의 밑에 있는 직원들이 파이팅하는 분위기가 살아났다. 창의성이 살아나고 각자가 알고 있는 지식을 테이블 위에 올려놓을 수 있었다. 1, 2년 지나니 확연히 달라졌다. 리더는 직원들을 피동적으로 움직이게 하는 것이 아니라 능동적으로 일을 하게 만들어야 한다.

K 사장은 열정은 있었지만, 직원들을 수동적으로 만들었고, 후자는 기를 살려 파이팅하게 만들었다. 이런 것은 리더의 아주 중요한 역량에 속한다. 그것을 고치라고 많은 이야기를 했지만, 근본적으로 그것이 안 되었다. 그래서 그를 사장 자리에서 고문으로 옮겼다.

조직 구성원이 열 손가락으로 셀 수 있을 정도로 조직이 소규모일 때는 K 사장과 같은 방법이 통할 수도 있다. 그런 사장의 열정은 최고의 가치가 될 수 있다. 하지만 규모가 크면 시스템이 일하게 만들어야 하고, 사장은 실무를 맡은 직원들이 의욕적으로 일하도록 동기를 부여해야 한다. 그리고 사장은 더 높은 차원의 안목을 가지고 전략적인 관점에서 회사를 운영해야 한다. 회사의 미래 발전 인자는 무엇이며, 회사를 발전시킬 수 있는 성장 동력 사업은 무엇인지, 이를 위해 R&D로 기술 개발을 할 것인지 아니면 M&A를 통해 그러한 기술을 확보할 것인지 등, 회사를 한 단계 업그레이드할 수 있는 획기적인 발전 기회를 모색해야 한다.

논공행상과 일벌백계

리더는 리더로서 할 일을 하고, 각 직급은 자신에게 주어진 일을 잘 수행할 때 회사는 발전한다. 리더에게는 부하 직원을 믿어주는 믿음이 절대적으로 필요하다. 간섭한다는 것은 부하 직원이 실수해서 일이 잘못될 수도 있다는 생각 때문인 경우가 많다. 한 마디로 부하 직원의 능력에 대한 믿음이 부족하므로 참견을 하는 것이다. 실수는 누구나 할 수 있으므로 큰 실수가 아니라면 배움의 기회로 삼을 수 있도록 유도하는 것이 진정한 리더의 도리다. 부하 직원은 자신을 믿어줄 때, 자신의 모든 능력을 테이블 위에 올려놓는다. 시시콜콜한 것까지 간섭하지 않고 부하 직원이 일을 잘 할 수 있는 환경을 만들어 주는 것이 리더가 해야 할 일이다.

리더는 아랫사람을 믿어주고 일에 대한 재량권도 주어야 한다. 재량권이란 어떤 일을 자기의 생각대로 헤아려 처리할 수 있는 자격이나 권리를 말한다. 그래야 적재적소에서 효율적으로 일할 수 있다. 하지만 재량권을 줄 때 중요한 것이 있는데 그것은 책임과 결과에 대한 평가이다. 평가해서 칭찬하거나 책임을 지우는 것이 논공행상과 일벌백계다. 그렇게 하지 않으면 방임하는 꼴이 되어버린다. 방임하는 리더는 올바른 리더라 할 수 없다. 올바른 리더는 아랫사람에게 재량권을 주되, 상명하달식이 되어서는 안 된다. 뒤에서 채찍질하는 것이 아니라 앞에서 진두지휘해야 한다.

조직을 잘 끌고 가기 위해서는 논공행상과 일벌백계에 철저해야 한다. 마키아벨리는 군주론에서 "리더는 잔인할 때는 한 없이 잔인해야 한다. 처음부터 끝까지 관대하면 권위가 지켜지지 않는다."고 말하고 있다.

늘 후하게만 대하면 조직의 기강이 서지 않는다는 의미다. 읍참마속이라는 말도 있다. 제갈량이 아끼는 장수 마속을 눈물을 머금고 목을 벤 일을 말한다. 그것이 일벌백계이다. 리더는 잔인해야 할 때는 제갈량처럼 그렇게 혹독하게 잔인해야 한다.

또한, 아낄 때는 한없이 아껴야 한다. 하지만 인색해서는 안 된다. 아껴서 모여진 자금은 꼭 필요할 때는 아낌없이 후하게 써야 한다. 공을 세운 직원에 대해 철저하게 평가하고 공정한 보상을 해주어야 한다. 그것이 논공행상이다.

6장

성공하는 기업인이 되려면

기업인이 가져야 할 마인드와 자세

업종 선정 시 유의점

벤처기업이나 스타트업 등 어떤 것이든 창업하려고 하는 사람은 먼저 자신이 하려고 하는 사업의 성격에 대해 깊이 생각해 보아야 한다. 유망한 사업인지, 시장은 어떻게 형성되어 있으며 앞으로 어떻게 변해 갈 것인지, 내가 이 사업을 할 때의 유리한 점, 불리한 점은 무엇인지, 자신이 가진 자본의 규모와 자신의 경험에 적합한 사업인지, 자신의 성격과 잘 맞는지 등 사전에 살펴야 할 것들이 아주 많다.

성격상 쉬운 사업은 쉽게 시작할 수 있지만, 진입장벽이 낮아 경쟁력은 약하다. 성격상 어려운 사업은 진입하기는 힘들지만, 일단 진입에 성공하고 나면 경쟁력이 있게 된다. 헛간에 노는 쥐는 항상 헛간에서 배가 고프고, 곳간에 노는 쥐는 항상 곳간에서 배가 부른 것처럼, 사업은 한번 시작하면 그 시장에서 벗어나기가 쉽지 않다. 한번 발을 디딘 그 테두리의 상황에 숙명적으로 따르게 되는 것이 일반적이다. 그러므로 처음 업종을 선택할 때는 심사숙고해야 한다.

겸손과 겸허

기업하는 사람에게 강조하고 싶은 것은 겸손과 겸허다. 겸손하지 않다는 것은 자만에 빠진 것을 의미한다. 자만은 내가 하는 일이, 내가 하는 방식이 최고라고 생각하는 것으로, 자신감과는 다른 차원이다. '이젠 됐다.', '내가 최고다'라고 생각해 발전하려는 노력의 여지를 찾지 못하는 것으로, 발전이 중단되게 된다. 자만에 빠진 사람은 노력해서 달성할 목표를 잃어버린 사람이다. 삼성그룹 고위 임원들은 대학에서나 일반인들을 대상으로 특강을 하는 것을 자제한다고 한다. 남 앞에서 강의하다 보면 자신이 잘했던 것, 잘하고 있는 것만 말하게 되고 그러면 자아도취에 빠져 더 높은 곳으로 올라갈 노력을 하지 않게 되고, 그러면 도태될 수도 있기 때문이라고 한다.

겸허는 마음을 비우는 것이다. 마음을 비우지 않으면, 편견과 선입견이 생길 수가 있다. 어떤 결정을 할 때는 여러 가지 상황에 대해 충분히 검토한 후 결정해야 한다. 그런데 편견과 선입견에 빠지게 되면 자신이 알고 있는 경험과 지식으로만 문제를 보게 되며, 그렇게 되면 자신의 지식과 경험이 오히려 문제의 본질을 가려 참모습을 볼 수 없게 만든다. 그렇게 한 판단이 올바른 결정이 될 수 없다는 것은 자명하다. 그러므로 기업인은 겸허한 마음으로 다른 사람의 의견에 귀를 기울여야 한다.

마쓰시타 고노스케의 성공비결

우리에게 익숙한 브랜드인 파나소닉(Panasonic)을 생산하는 마쓰시타 전기산업을 창업해 마쓰시타 그룹을 세계적인 기업으로 성장시켜 경영의 신으로 추앙받는 마쓰시타 고노스케에게 그가 성공한 비결을 물었다고 한다. 그의 대답은 뜻밖에도 가난한 집안에서 태어났다는 것, 보잘것없는 학력, 그리고 연약한 몸을 들었다. 누가 보기에도 이들은 약점인데, 의아해하는 질문자에게 이들을 성공비결로 내세우는 마쓰시타의 설명은 이랬다. 가난한 집안에서 태어났기 때문에 어렸을 때부터 돈의 소중함을 깨달았고, 초등학교 4학년 중퇴라는 학력밖에 없었기 때문에 주변 사람들의 말에 귀 기울이며 어디서건 배움을 청하는 것을 꺼리지 않았다. 태어날 때부터 몸이 연약했기 때문에 술이나 담배를 멀리하고 건강에 유의했다. 이들 모두를 약점이 아니라 오히려 강점으로 활용해 세계적인 기업가가 되었다.

학습과 실천, 용기와 용단

기업을 경영하는 사람은 항상 배우는 자세가 필요하다. 삶을 살아가다 보면 자신이 잘 알지 못하는 일이나 자신이 좋다고 느끼는 것을 만나게 되는 경우가 있다. 자신이 잘 알지 못하는 것은 물론 자신이 좋다고 느끼는 것도 좋다고 느끼는 것에서 끝낼 것이 아니라 내 것으로 만드는 자세가 필요하다. 내 것으로 만드는 방법이 바로 배우는 자세이다. 학습을 통해 내 것으로 만든 다음에는 실천이 뒤따라야 한다. 기업을 경영하는 사람뿐만 아니라 일반인에게도 이러한 배우는 자세는 중요하다. 평소 배우는 자세로 삶을 살고 있는가 아닌가에 따라 세월이 한참 흐른 후의 결과는 엄청난 차이가 날 수도 있다. 학습과 실천을 이야기하려니 과거에 내가 겪었던 한 가지 일이 생각난다.

서울에 회사 일로 출장을 갔을 때의 일이다. 예약해둔 기차 출발 시각에 맞춰 서둘러 서울역에 도착하니 식사를 할 시간을 놓쳤다. 제대로 식사할 시간이 충분치 않았기에 빵을 세 개 사서 대합실 한쪽 구석에서 먹고 있었다. 그런데 어떤 사람이 내 앞으로 오더니, 무릎을 꿇으면서,

"사장님, 돈 만 원만 주시면 고맙겠습니다."

라고 말을 걸었다. 보아하니 허름한 옷차림에 슬리퍼를 신고 계절에 맞지 않은 양말까지 신고 있는 것이 누가 봐도 노숙자였다. 주머니에 있던 만 원짜리 하나를 꺼내 주니 염치없이

"사장님, 빵도 하나 주시면 고맙겠습니다."

라고 한다. 남아있는 빵은 내가 제일 좋아하는 크림빵이었고, 순

간 망설였지만, 그 빵을 그에게 주었다. 그랬더니 내 옆에 앉아 그 빵을 먹기 시작했다. 만약 카메라 기자가 그 순간의 사진을 찍었다면 사람들이 나도 영락없이 노숙자로 여길 것이라는 생각이 들었다. 대합실 한쪽 구석에서 둘이 나란히 앉아 빵을 먹고 있으니 그렇게 생각할 법도 했다. 그렇지만 둘이 나란히 앉아 빵을 먹고 있더라도 실상은 그는 노숙자이고 나는 기업의 회장이다. 노숙자를 폄하하고 싶은 생각이 추호도 없지만, 나에게는 그와 다른 점이 있다는 생각이 들었다.

나는 무엇이든 배우고 노력하고 받아들이는 학습 자세가 되어있고, 옳다고 느끼면 단호하게 실천하는 용단도 있다. 학습 자세와 용기, 용단을 가지고 배우고 실천한다면 크든 작든 발전이 있다는 것이 평소 내 생각이다. 그는 둘 중 어느 하나는 부족했기 때문에 나와는 다른 삶을 살고 있다는 생각이 들었다.

실천하기 위해서는 용기와 용단이 필요하다. 아무리 좋은 생각이라도 실천하기란 쉽지 않다. 그러나 평소 용기와 용단을 발휘해서 실천하는 것이 습관이 되도록 해 두면, 좋다고 생각하는 것을 발견했을 때 그것을 완전히 내 것으로 만들 가능성이 커진다.

도전의식

기업 경영에서 가장 우려되는 것은 기업가가 관리자처럼 되는 것이다. 혁신 정신으로 무장한 기업가가 사라지고 그 자리에 안정을 우선으로 하는 관리자가 들어앉게 되면 지속적인 성장을 할 수 없다. 기업이 생존과 발전을 계속하려면 변화와 혁신의 급류 속에 기꺼이 몸을 던질 줄 알아야 한다. 관리자가 안정적인 관리에 지나치게 치중해 혁신할 기회를 놓치고 마는 데에 반해 기업가는 실천할 수 있는 용기와 용단을 갖추고 도전할 때를 알며, 따라서 과감하게 도전할 수 있다.

실천할 수 있는 용단과 용기를 갖추었다면 그다음에는 도전해야 한다. 덕산은 끊임없이 도전하는 기업이다. 덕산산업을 창업한 것 자체가 도전의 시작이었다. 아연 용융도금업체인 덕산갈바텍을 창업한 것, 덕산하이메탈을 창업해 IT 산업을 시작한 것 또한 도전이었다. 도전에 도전을 거듭했기에 오늘의 덕산그룹이 탄생할 수 있었다. 끊임없이 도전할 수 있었던 것은 위로 향하는 도전을 내 DNA로 만들었기 때문에 가능했으며, 나의 도전 DNA가 빛을 발휘할 수 있었던 것은 평소의 학습하는 자세와 실천하는 자세 덕분이었다.

기업인에게 도전은 크든 작든 일상화되어야 한다. 도전하다 보면 실패할 수도 있지만, 실패는 그 자체로 그치는 것이 아니라 성공적인 실패가 되어야 한다. 어떤 일에 새롭게 도전할 때는 사전에 치밀하게 분석해야 하지만, 그래도 실패하면 그 실패한 것을 미련 없이 던져 버려야 한다.

도전할 때도 조건이 있다. 내가 가진 능력을 100으로 가정했을 때

투자하는 것은 많아야 40을 넘지 않아야 한다. 그렇게 해야 혹 실패하더라도 도전한 만큼만 잃어버리고 나머지는 수중에 남게 되는 것이다. 내가 가진 전부를 투자해서 실행한 도전이 실패하는 경우는 내가 가진 모두를 잃어버리게 되므로 나의 근본까지 통째로 흔들릴 수 있다. 장기적인 관점에서 본다면, 40 정도를 투자해서 실패한 것은 미래에 발생할 수도 있는 더 큰 실패에 대한 면역체계를 형성하는 것이 된다. 그러므로 기업인이 가져야 할 가장 기본적인 덕목은 도전 마인드이다.

벤처기업을 창업하려는 사람에게 필요한 심리적, 정신적 자산

벤처기업을 창업하려는 사람에게 기술과 자본이라는 물적 자산이 기본적으로 필요하지만, 그 밖에 심리적, 정신적 자산이 필요하다. 내 경험상 가장 중요하다고 생각되는 심리적, 정신적 자산은 겸손과 겸허, 학습과 실천, 도전 의욕 등이다. 물적 자산이 부족하면 외부에서 해결할 수 있지만, 심리적, 정신적 자산이 부족한 경우에는 해결할 방법이 없다. 심리적, 정신적 자산을 가지고 시작한 사람은 성공할 가능성이 훨씬 크다.

주식 상장과 정도경영

벤처기업이 더 큰 기업으로 성장, 발전하기 위해서는 증권시장에 주식을 상장할 필요가 있으며 주식을 상장하기 위해서는 정도경영을 해야 한다는 것이 내 지론이다. 덕산그룹은 총 9개의 계열사로 구성되어있는데 그 중 덕산하이메탈, 덕산네오룩스, 덕산테코피아 등 세 개의 회사가 상장회사이다. 여기서는 기업 경영에서 상장이 가지는 의미를 내 경험에 비추어 나름대로 피력해 보고자 한다.

기업에서 자금이 필요할 경우 은행에서 차입하기도 하지만 자본시장을 통해 자금을 조달하기도 한다. 그런데 기업이 자본시장을 통해 자금을 조달하기 위해서는 기업을 공개하고 그 기업의 주식을 증권시장에 상장해야 한다. 상장된 주식은 일반 투자자가 증권시장에서 주식을 자유롭게 거래할 수 있으므로, 상장된 주식은 그 기업의 일정 지분이 일반 투자자에게 공정한 가격으로 판매된 것임을 의미한다. 특정 기업의 주식이 증권시장에서 공정한 가격으로 거래되기 위해서는 부실기업이 아니라는 것을 증명하기 위해 일정한 요건을 갖추어야 하며, 또 그 기업의 경영 상태에 대한 정보가 투명하게 공개되어야 하므로 증권감독원의 엄격한 감독과 감시를 받는다. 따라서 기업의 주식 상장은 자본 조달이라는 의미 외에도 기업의 대외적 공신력을 높이는 효과도 있다.

비상장 회사는 기업의 대부분 지분을 사주나 사주와 관계가 있는 특정인들이 소유하지만, 상장회사는 기업을 공개하고 일정 비율의 주식을 일반 투자자에게 매각하므로 일반인이 그 기업 지분의 일부를 소유하게 되는 것이다. 그렇기 때문에 그 기업의 가치에 영향을 줄 수 있는 경영행위의 일거수일투족을 일반인에게 공개해야 하고 이것을 증권감독원이 철저히 감시하는 것이다.

예컨대 덕산하이메탈이 자산 가치의 몇 % 이상의 금액을 차입할 때는 반드시 증권감독원에 신고하고 증권거래소에 공시하게 되어 있다. 그렇게 하지 않으면 제재를 받게 된다. 또한 기업의 일거수일투족이 공개되고 중요사항들은 공시되어야 하므로 정도경영을 할 수밖에 없다. 그런 과정을 거치기 때문에 상장회사는 비상장 회사와 비교해서 공신력이 높을 수밖에 없다.

차입을 통한 자금조달은 원리금 상환이라는 부담이 있으나, 주식을 발행해 증권시장에서 공개 매각하는 형태의 자본시장을 통한 자금조달은 상환할 필요가 없는 자금이다. 또한 기업의 주식이 증권거래소에서 거래될 수 있도록 하는 상장은 엄격한 요건을 거쳐야 하고 투명한 공시가 수반되므로, 기업의 인지도나 대외적인 공신력이 향상되고 투명하게 기업을 경영한다고 공인받는 효과가 크다. 하지만 기업을 공개하는 것은 기업 경영활동의 일거수일투족을 밝혀야 하니 경영적인 측면에서 부담이 될 수도 있다. 또, 일반 투자자가 기업 가치를 높게 평가하지 않을 때는 발행된 주식이 액면보다 낮은 금액으로 거래되거나 제시된 가격에 모든 주식이 판매되지 않을 수도 있어 목표한 금액을 조달할 수 없다는 위험도 있다. 그러므로 기업을 공개하고자 할 때는 이들 장단점을 잘 고려해 결정해야 한다. 내가 덕산하이메탈 주식을 상장할 때는 기업 가치가 상당히 높게 평가되어 액면가 이상으로 프리미엄 발행을 했기 때문에 목표한 자금을 어려움 없이 조달할 수 있었다. 이로써 회사의 인지도가 향상되었음은 물론 추가로 유입된 자금으로 유보자금이 많아져 신규투자는 물론 자회사 설립도 가능했다. 그런데 일반 투자자들이 기업 가치를 높게 평가하는 것은 시류도 잘 타야 한다. 주가는 미래의 기업 가치를 반영한 것이므로 결국 일반 투자자가 그 기업의 미래를 어떻게 평가하느냐에 따라 그 가치가 달라질 것이다.

덕산하이메탈이 상장된 시기는 김대중 대통령 시절 벤처기업을 중요시하고 벤처 붐이 일 때였다. 그때는 IT, 반도체 사업이 시류였고 반도체 소재산업인 덕산하이메탈이 그 시류를 탈 수 있었다. 덕

덕산하이메탈 상장(2005)

산하이메탈을 상장시킨 것은 나의 안목일 수도 있지만, 운도 따랐다. 그렇기에 기업의 상장을 결정하기 위해서는 현장 감각이 무엇보다 중요하다고 생각한다.

한 손에는 논어를, 한 손에는 주판을

일본에서는 우리나라가 조선 시대였던 1800년대에 벌써 도덕 경영이 뿌리내렸다. 시부사와 에이이치라는 관료이자 사업가가 있었는데, 그 사람이 지은 책 중에 '논어와 주판'이라는 책이 있다. 주판은 경제활동을 상징하고 논어는 도덕을 상징한다. 이 책에서는 한 손에는 논어를, 한 손에는 주판을 말하고 있는데 이는 기업가가 경제활동을 할 때 도덕을 중요시해야 함을 말한다.

그 말은 나의 가슴에 큰 울림을 주었다. 자본주의 체제에서 이윤 추구는 기본이나, 옳지 않은 행위를 저지르며 돈을 버는 것은 도덕적으로 있을 수 없는 일이다. "개같이 벌어서 정승같이 써라"라는 말이 있다. 그 말에는 일정 부분 오류가 있는 것 같다. 개같이 번다는 것은 불법을 저지르더라도 돈만 벌면 된다는 의미가 포함되어 있는데 그러면 안 된다. 돈을 벌 때도 정당하게 벌어야 한다. 시부사와 에

이이치의 말은 돈을 버는 것에도 경계가 있어야 한다는 말이다. 즉 법이 정한 울타리 내에서 돈을 벌어야 함을 의미한다. 그것이 철저한 자본주의 정신이다. 일본은 동양 사상의 근본 위에 서양의 제도를 받아들였는데, 우리보다 앞서 자본주의를 받아들여 나름대로 소화를 잘했다. 그 시기가 1800년대이고 시부사와 에이이치가 활동한 시대다. 시부사와 에이이치는 일본 자본주의의 아버지라고 불린다.

조선의 중심 사상은 숭유배불 사상으로 유교를 국가의 경영이념으로 신봉했다. 그것이 건국 초기의 건국이념으로는 합당할 수 있겠으나, 시대의 변화에 따라 중심 사상은 변해야 한다고 생각한다. 일본이 자본주의를 받아들이고 발전을 거듭하고 있을 당시, 조선은 유교적인 주장의 차이에 따른 당파 싸움이 치열했으며, 바깥세상의 변화를 외면한 채 쇄국정책을 견지했다. 그러다 보니 사회 전반이 뒤처졌고, 생산적이지 못했으며, 비합리적이었고, 실용적이지도 못했다. 시대에 뒤떨어져 나약해지니 일본에 나라를 빼앗긴 것이다. 그런 상태에서는 일본이 아니더라도 러시아, 미국, 영국 등 다른 서구 열강에 나라를 빼앗겼을 수도 있었다고 생각한다.

기업 경영의 관점에서 보자면 시대의 흐름을 읽지 못하고 혁신하지 못한 경우이다. 시대에 맞게 변하지 못하고 혁신을 하지 못한 것이 누적되어 결국 나라를 잃은 것이다. 조선에 대해 정말 아쉬운 것이 한 가지 있다. 조선도 기회가 있었는데 그 기회를 살리지 못했다. 그 기회는 바로 세종대왕의 앞선 사고였다. 나에게는 16대조 할아버지이기도 한 세종대왕은 천민이었던 장영실을 등용해서 해시계, 물시계와 같은 과학기구를 개발하게 하는 등 파격적인 인재 등용 정책을 실천했다. 훈민정음 창제 등 위대하고 혁신적인 업적이 얼마나 많았는가? 그런데도 후대에서 그것을 계승 발전시키지 못한 것이다. 아마도 세종대왕의 혁신이 후대에 잘 계승되어 발전되었다면 일본에 나라를 빼앗기는 일은 없지 않았을까?

덕산도 세종대왕과 같은 맥락의 혁신과 도덕 경영을 했기에 발전할 수 있었다. 세종대왕의 혁신 정신은 후대에 계승되지 못했지만, 나는 그것을 타산지석으로 삼아 덕산의 정신을 후대에까지 계승, 발전시키기 위해 사장단과 임직원에게 시간 날 때마다 덕산의 정신을 이야기한다.

기업을 경영하다 보면 굽이굽이 난관에 부닥치기도 한다. 그럴 때 쉬운 길을 택하는 유혹에 빠지기도 한다. 하지만 나는 유혹에 빠지지 않았다. 예를 들면 많은 기업이 기업 고유의 활동보다는 부동산 투자에 열을 올린다. 부동산에 투자하면 더 쉽게 돈을 벌 수도 있다. 하지만 나는 그렇게 하지 않았다. 부동산에 투자하는 것보다 창조하고 혁신하면 더 큰 부가가치가 생긴다는 것을 경험으로 알고 있기 때문이다.

언젠가 국세청에서 세무조사를 나온 적이 있었다. 최근에는 정보 기술의 발달로 주민등록번호, 사업자등록번호 등으로 조회하면 개인이 소유하는 예금계좌, 부동산 등 개인의 모든 재산 상황을 파악

할 수 있다. 당시 나와 우리 회사를 샅샅이 조사하고 난 후 조사관이,

"회장님은 정말 깨끗하네요. 부동산도 없고, 기업을 어떻게 경영했는지 궁금하네요?"

바꾸어 말하면, 기업 경영을 하면서 손쉽게 돈벌이를 할 수 있는 부동산 투기도 하지 않고, 바보스러울 정도로 우직하게 정도를 걸었다는 말이 되는 것이다. 우리 가족은 평생 검소함이 몸에 배어 아무리 돈을 쓰라고 해도 쓰지 않는다. 어떤 면에서 '누릴 것을 못 누리고 사는 것이 아닌가?' 하는 생각이 들 정도다.

세상에는 돈보다 더 큰 가치가 있다

많은 사람이 돈을 최고의 가치로 꼽는다. 하지만 돈 없이도 얼마든지 행복하게 살수 있으며, 돈이 많다고 꼭 행복한 것도 아니다. 행복의 가치를 잃어버릴 때, 아무리 돈이 많더라도 불행해진다. 나는 진정한 행복은 정도를 걷는 것에서 온다고 생각한다. 돈은 좋은 것이고 돈으로 할 수 있는 일도 많다. 그렇지만 눈앞에 돈이 보이더라도 그것이 정도에 어긋난 것이라면 그것을 취하지 않아야 한다. 눈에 보이지 않을 만큼 작은 풀씨가 큰 잡초로 자란다. 작은 부정이 점점 큰 부정으로 자랄 수 있다. 아무리 작은 것이라도 부정적인 것은 택하지 않는다는 정신이 있었기에, 오늘의 내가 있고, 덕산그룹이 있으며, 우리 가족의 행복을 지킬 수 있었다.

경영자의 균형 감각

　기업 경영에서 균형 감각은 대단히 중요하며 회사의 경쟁력이 된다. 그런데 이것을 간과하고 사업주의 허황된 생각이나 명예욕 때문에, 실용적이거나 합리적인 경영을 못 하는 기업들도 더러 있다. 사업이 어느 정도 안정되었을 때는 다음 단계의 성장이나 발전을 도모하며 회사 경영에 더욱 관심을 가져야 한다. 그런데 사업이 안정되어 여유가 생기게 되면 회사 일에 신경을 쓰지 않고 다른 일, 예컨대 정치계를 기웃거리거나 부동산 투자에 열을 올리는 등, 사업 외적인 영역에 관심을 가지기 시작하는 사업주들이 더러 있다. 사업 외적인 영역에 에너지를 소비하는 것은 경영자로서 확실한 소신이 없다는 것을 나타낸다.

손자병법과 균형 감각

손자병법에 '지피지기면 백전불태(知彼知己 百戰不殆)'라는 말이 있다. 적을 알고 나를 알면 백번 싸워도 위태롭지 않다는 말이다. 나는 그중에 지피는 나중 일이고 지기부터 되어야 한다고 생각한다. 상대방보다는 자신을 먼저 알아야 한다는 말이다. 이것은 '너 자신을 알라'고 한 옛 현자(그리스의 소크라테스)의 말과 일맥상통하는 것이다. 나는 이 말이 기업 경영에도 적용되어야 한다고 생각한다. 나의 입장, 회사의 역량이 어느 정도인지, 현재의 위치가 어디인지, 어느 방향으로 가는 것인지를 알아야 한다. 우리 기업이 가지고 있는 역량을 알고 그 역량에 걸맞은 투자나 인사, 복지정책 등을 시행해야 한다는 것이다. 그런 것들이 잘 보이지 않을 때는 경영 컨설팅을 받을 줄도 알아야 한다. 덕산은 거금을 들여 그런 진단을 받기도 했다. 자신의 분수를 모르고 균형 감각을 잃은 CEO는 CEO의 자격이 없다. 기업 경영에서 균형 감각은 그만큼 중요하다.

실용성과 합리성

우리 회사는 '소재산업 입국, 그 중심기업 덕산'이라는 슬로건을 가지고 있다. 언젠가 아들에게,

"이 슬로건은 이제 내릴 때가 되지 않았느냐? 과거 우리 시대에나 통용되던 구호이지 너희 시대에는 너희 시대에 알맞은 슬로건을 만들어야 하지 않겠니? 지나간 시대의 것들이 미래를 향한 발전에 장애가 되면 되지 않으니, 아버지 세대의 생각에 구속되지 말고 너희 소신대로 해라. 내가 만들었다는 이유로 그것을 그대로 이어받으면 너희가 가진 창의력을 마음껏 발휘할 수 없게 된다."

라는 말을 한 적이 있다. '소재산업 입국'이라는 슬로건은 우리나라가 한창 산업화의 길을 걷고 있던 시기에는 매력적인 말이었지만, 이제 시대가 변했다. 이 시대에 알맞은 새로운 기치가 필요하다고 생각했고, 또 이 슬로건 때문에 나의 한계가 아들의 한계가 되면 안

된다고 생각했기 때문이다. 내가 가지고 있는 실용적인 사고의 결과 이런 말을 할 수 있었다. 그런데 이 말을 들은 아들은,

"아닙니다, 회장님. 삼성그룹이나 외부에서 손님이 오면 회사 벽면에 걸린 그 문구를 보고, '와! 좋다. 그 문구를 생각하신 회장님이 대단하신 분이구나' 하고 말합니다. 이것은 우리 회사의 정체성을 나타내는 문구입니다. 저는 그대로 사용하는 것이 회사 발전에 훨씬 도움이 된다고 생각합니다."

라고 대답했다. 아들의 말이 고마웠고 거기서 아들의 실용주의적 사고를 읽을 수 있었다. 내가 그 슬로건을 내리라고 한 것이나 아들이 내리지 않겠다고 한 것이나 모두가 회사 발전을 위한 실용적인 사고에서 비롯된 것으로 생각한다.

몇 년 전에 나와 친분이 있는 지인이 울산 지역에 새 공장을 지어 확장 이전을 했다. 개업식에 초청을 받아 지방자치단체의 단체장과 부단체장을 역임한 몇몇 선배들과 함께 참석했다. 식 중, 참석한 주요 내빈이 소개되었고, 마지막으로 그 회사의 사장이 소개되었는데 알고 보니 그는 지인의 아들로 나이가 30대 초반이었다. 그것을 보고 '나이가 어린데 사장 직책을 잘 수행할 수 있을까? 아무리 사장 아들이라도 능력이 되어야 사장을 시킬 수 있을 텐데, 경험이 부족한 아들이 잘할 수 있으려나?'라는 생각이 들었다. 성공한 사업가가 자식에게 사업을 물려주는 것은 누구나 가질 수 있는 욕심이다. 그런데 중요한 것은 '그가 사장이라는 직책을 수행할 능력이 있는가?'

하는 것이다. 그 회사 직원들이 하는 말이 그 아들은 학교를 졸업한 지가 얼마 되지 않았으며, 별다른 회사 경력이 없다는 것이었다. 그렇다면 사장감이 되지 않는 사람을 단지 아들이라는 이유로 사장에 앉히는 것은 합리성을 잃은 처사라고 생각되었다. 물론 배우면서 할 수도 있겠지만 그 과정에서 제대로 일을 하지 못하면 회사는 돌이킬 수 없는 상황에 마주할 수도 있을 것이기 때문이다.

이건 아닌데 하는 생각을 하며 개업식장을 떠나왔다. 그리고 그 회사가 생산하기로 선택한 제품도 합리적이지 않다는 생각이 들었다. 그것은 핸드폰에 사용되는 부품이었는데, 삼성도 이미 일부는 중국에서 생산된 것을 납품받고 있었다. 내가 알고 있던 그 지인은 삼성그룹의 계열사에서 근무하다 퇴직하고 창업을 했는데 창업 초기에는 삼성그룹의 인사들과 인적 관계가 있어 납품사업이 꽤 잘되었다. 이번에도 그런 인적 관계를 믿고 그 제품을 선택한 것 같았다. 고가의 장비를 도입해 생산라인을 깔고 그 제품을 생산한다는 것이었는데 단가 측면에서 장기적으로 중국 제품과 경쟁해 이길 수 있을지 의문이 들었다. 단가 측면에서 불리할 것이 뻔한데 인적 관계만 믿고 그것을 국내에서 생산하겠다는 것 역시 합리성이 없는 결정이라고 생각했다.

개업식장을 나오면서 '여러 가지 측면에서 옳지 않은 선택을 했구나.' 하는 생각이 들어 돌아오는 차 안에서 함께 갔던 선배들에게,

"형님 제가 조금 성급한지는 모르겠지만 저 회사 얼마 못 갈 것 같

습니다. 곧 주저앉을 것 같습니다."

라는 말을 했다. 그러자 한 선배는,

"이 회장, 뭘 보고 그렇게 이야기하노?"

라고 물었다. 그로부터 1년 정도가 지난 후 그 회사가 부도가 났다는 소문을 들었다. 내가 알던 지인도 더는 울산에서 볼 수 없었다.

당시 함께 차를 탔던 선배를 그 후에 만났는데,

"이 회장, 용하네. 그 회사가 망할 것을 그때 어찌 알았나?"

라며 감탄했다.

✍ 경영자가 합리성을 잃으면 기업이 위태롭게 된다 ∞

그 회사는 제품 하나를 잘못 선택했기 때문만으로 쓰러진 것은 아니라고 생각한다. 사사로운 정에 지나쳐 능력이 되지 않는 아들을 사장 자리에 앉힌 것이나 과거의 인적 관계만 믿고 경쟁력이 없는 제품을 선택해서 생산하려고 한 것이나 모두 경영자가 합리성을 잃고 결정한 처사라고 생각된다. 합리성을 잃은 이러한 판단과 결정으로 문제점이 점차 누적되었고 그것을 견디지 못해 마침내 쓰러진 것이다. 이 사례로 미루어 볼 때 경영자가 합리성을 잃으면 기업의 생존이 위태롭게 된다. 따라서 경영자의 합리적 판단은 기업을 위기에 빠뜨리지 않게 하는 중요한 요소다.

기업의 진주, 혁신

앞에서도 여러 번 강조한 바 있지만, 기업이 성공하기 위한 필수 요건 중에서 가장 중요한 것이 혁신이라고 생각된다.

일본의 한 청년에 대한 기사를 본 적이 있는데 그는 1893년 아코야 조개(アコヤ貝)의 진주 양식을 세계 최초로 성공한 청년이다. 진주는 인간에게 아주 오래된 보석으로 희귀하기 때문에 일반인이 구하기는 어렵고, 그만큼 가격이 비싸다.

그는 섬으로 들어가 진주조개 양식을 시도했다. 진주조개에 상처를 내면 딴딴한 조갯살이 나와 회복이 되면서 진주가 생성된다. 진주조개 양식을 시도한 초기에는 반원 형태였지만 연구에 연구를 거듭해 온전한 원형 형태의 진주를 만드는 데 성공했고, 크기를 점점 키워 보석 시장에 상품으로 내어놓았다. 그런데 그것은 진주가 아니라며 영국에서 제동을 걸었다. 당시 자연산 진주는 페르시아만 연안에서 집중적으로 생산되고 있었는데 영국이 그것을 받아서 판매하며 세계 진주시장의 상권을 장악하고 있었다. 그런데 양식 진주가 나와 천연 진주 시장이 타격을 입으니 공격하기 시작한 것이었다.

그때부터 이 청년은 양식 진주의 우수성을 입증하기 위해 각고의 노력을 했다. 양식 진주의 품질을 유지하기 위해, 생산된 진주 중 상품 가치가 있는 10%만 남기고 나머지는 폐기했다. 또 학계와 공동으로 본격적인 연구를 시작했다. 자연산 진주를 분석해 양식 진주와 비교하고, 양식 진주의 품질이 자연산보다 더 좋을 수도 있다는 연구 결과를 홍보했다. 마침내 그는 성공했고, 그것이 세계적으로 유명한 미끼모토 진주이다. 미스 유니버스 왕관에도 그 진주를 사용한다고 한다. 미끼모토는 그룹을 이루었고 계속해서 혁신을 이어갔다. 페르시아만에서 자연산 진주를 캐던 사람들은 양식 진주가 엄청나게 쏟아지니 더는 생업으로 삼기가 어려워졌다. 그때가 20세기 초였는데, 자연산 진주를 채취하던 그 사람들은 이후 뭍에서 생업을 찾았다.

세계적으로 자동차가 일상화된 것은 1930~40년대이고 자동차가 보급되는 것만큼 연료의 수요도 늘었다. 그러니 유전개발 쪽으로 이 사람들이 힘을 쏟기 시작했고, 결국 유전개발에 성공했다. 석유를 흑진주라고도 하는데, 당시 진주를 채취하는 대신 석유를 채취했으니 사람들이 석유를 흑진주라고 부르는 것이 아닐까 하고 추측해 본다. 이 기사를 읽고 미키모토라는 사람을 만나보고도 싶었다.

🗣 혁신은 기업의 진주다 ◇◇◇◇◇◇◇◇◇◇◇◇◇◇◇◇◇◇◇◇◇

미키모토는 혁신을 거듭했다. 진주 양식을 시도한 것도 혁신이고, 반원 모양의 진주를 원형으로 생산한 것도 혁신이며, 당시 강대국이었던 영국과 싸워 양식 진주의 가치를 높인 것도 혁신이고, 연구를 계속해 보석의 지위까지 올린 것도 혁신이다. 또한, 페르시아만 연안에서 진주를 채취하던 사람들이 진주 대신 흑진주인 석유로 먹거리를 전환한 것도 위기를 기회로 활용한 혁신이라고 생각한다. 그런 점들이 나에게 피부로 와 닿았다. 무언가 새롭게 만드는 것이 나와 잘 어울리는 것이다. 나의 성공 요인은 보통 사람으로 태어나서 혁신을 지속한 것이었다. 나는 혁신을 하는 것이 재미있다. 젊었을 때나 나이가 든 지금이나 여전히 혁신은 즐거우므로 기꺼이 혁신에 몰두한다. 기업이 나무라면 그 나무에 꽃이 피게 하는 것이 혁신이요, 기업이 조개라면 그 속에서 자라는 진주를 캐는 것이 혁신이다.

◇◇

🗣 혁신하려면 어떻게 해야 하는가? ◇◇◇◇◇◇◇◇◇◇◇◇◇◇◇

첫째, 사고가 깨어있어야 한다. 전방위적 사고, 즉 미래 발전지향적 사고가 되어있어야 한다.

둘째, 트렌드를 읽어야 한다. 시장 전반에 걸친 기업과의 관련된 움직임과 세계적인 트렌드를 읽어야 올바른 혁신을 할 수 있다.

셋째, 철저하게 자본주의적 사고를 해야 한다. 시부사와 에이이치는 "한 손에는 논어를, 한 손에는 주판을"이라는 말을 했다. 이것은 정도경영을 해야 한다는 말이다.

◇◇

기술과 사람에게 마음을 열어라

혁신하려면 항상 마인드가 열려있어야 한다. 무엇이든 긍정적으로 생각하고 일단은 수용하려는 자세가 필요하다. 그러고 나서 판단력이 뒤따라야 한다. 오픈 마인드를 가져서 득을 본 일화가 하나 있다.

어느 날, 두 사람이 나를 찾아왔다.

"안녕하세요, 회장님. 저희가 탄 배가 침몰이 되어 난파선의 잔해를 잡고 겨우겨우 살아왔습니다. 덕산에 오면 밥은 먹여줄 것 같아 찾아왔습니다. 한 마디로 피난 왔습니다."

했다.

그들은 마산 사람들이었다. 마산에도 솔더볼 업체가 하나 있었는데 우리와 경쟁하다가 사업이 잘 안 되어서 사장이 종업원 임금도 못 주고 야반도주했다고 한다. 둘의 이야기를 듣고 찬찬히 살펴보니 일을 잘할 수 있을 것으로 판단되었다. 그래서 한 사람은 기획실, 한 사람은 총무부에 경력사원으로 발령을 냈다. 기획실에 입사한 사람은 나중에 전무까지 승진했고 총무부에 입사한 사람은 총무이사로 승진되었다.

덕산네오룩스를 합병했을 무렵, 총무부에 입사한 그 사람이 주도적으로 일을 했다. 당시 뱀이 겨울나기를 하려고 공장 짓는 터에 모였는데, 그 뱀을 캔에 담은 사람도 그 사람이요, 미얀마 제련소의 기반을 닦은 사람도 그 사람이다. 기획실에 입사한 사람은 유미코아를 끌어들이고 계약을 성사시킨 사람이다. 난파선을 타고 온 사람들이 덕산을 위해 큰일을 해주었다.

🖐 오픈 마인드 ⬦⬦⬦⬦⬦⬦⬦⬦⬦⬦⬦⬦⬦⬦⬦⬦⬦⬦⬦⬦⬦⬦

기업을 운영하면서 미래 발전 인자를 찾으려면 항상 마인드가 열려있어야 한다. 혁신에서 그것은 아주 중요하다. 오픈 마인드를 가지고 있어야 미래 발전 인자가 보이고 인재가 보이고 기술이 눈에 보인다.

인맥은 금맥이다

나의 경우는 현대정공(모비스)이라는 직장에서 퇴사하고 창업하여 성공한 사례다. 요즈음 민간 기업은 입사해서 정년까지 근무하는 경우가 드물어 평생직장이라는 개념이 많이 희석되었다. 그렇기에 직장을 다니다가 그만두고 새로운 인생 항로를 찾으려는 사람들이 늘어나고 있다. 이 책을 읽는 독자 중에도 과거의 나처럼 골똘하게 퇴사를 고민하는 사람이 있을 것이다. 퇴사나 이직은 누구나 결정하기 힘든 일이다. 업을 바꿀 때는 신중해야 함은 상식에 속한다. 망설이다 기회를 놓치는 경우도 있고, 섣불리 업을 바꾸었다 낭패를 보는 경우도 있다. 무엇이 정답인지는 아무도 모른다. 그렇기 때문에 철저한 자기분석이 필요하고 업을 바꾸기 전에는 사전에 철저히 대비해야 한다.

직장을 퇴사하고 창업하여 성공하기 위해서는 개인마다 차이가 있을지 모르나 공통으로 통용되는 가치가 있다. 그것은 바로 인간관계이다. 인간관계는 살아오면서 가족 이외의 사람들과 맺은 모든 관계를 말한다. 사람은 혼자서 살기는 힘들고, 친척, 동네 친구, 학교 동문, 직장 동료, 같은 종교의 교인, 동호회 동호인 등 다른 사람들과 많은 관계를 맺는다. 사람이 살아가는 일을 다른 말로 하면 관계를 맺는 과정이라 할 수 있을 만큼 인간관계는 중요하다. 우리나라는 특히 인맥이 중요한 사회다. 처음 만나는 사람과 공통분모를 찾기 위해 호구조사부터 먼저 하는 것이 자연스러운 일이다. 처음 만나는 사람이 자신이 아는 사람을 안다고 하면 금세 분위기가 바뀌기도 한다.

자신이 직접적으로 알거나, 간접적으로 아는 사람들 간의 관계를 관계망이라 부른다. 관계망이란 관계 그물이다. 그물에 가로와 세로가 만나는 접점이 있는 것처럼, 사람도 각자가 살아온 삶의 방향이 서로 다르고, 그런 서로 다른 방향이 만나는 접점이 있다. 그런 접점을 많이 만들수록 관계망이 넓어진다. 그물이 넓을수록 고기를 잡을 가능성이 커지는 것처럼 관계망이 넓을수록 인간관계에서 성공할 확률이 커진다. 관계망은 달리 생각하면 개인이 가진 인프라라고 말할 수 있다. 인프라가 넓고 견고하게 구축된 사람은, 어떤 일을 시작할 때 주변으로부터 도움을 많이 받을 수 있어 성공할 가능성이 그만큼 커진다.

재산은 꼭 돈만을 의미하지는 않는다. 관계망을 넓고 튼튼하게 만들어 자신의 인프라로 만들어두는 것은 돈보다 더 값진 재산이 될 수 있다. 그렇기 때문에 인맥을 금맥이라고도 말하는 것이다. 사업을 시작하려면 자본과 기술이 필요한 것으로 알고들 있는데, 이것 외에도 필요한 중요한 자산이 인맥이다.

그런데 의외로 인간관계를 맺는 것을 힘들어하는 사람들이 많다. 좋은 인간관계를 맺는 방법은 아주 단순하며, 누구나 잘 알고 있다. 상대방에게 먼저 손을 내밀고, 겸손하며 상대를 배려하고, 서로 협력하며 어려움은 나누고, 좋은 일은 함께하는 것이다. 이런 단순한 방법을 알고는 있지만, 실행하기는 그리 쉽지 않다. 좋은 인간관계를 형성하려면 노력이 필요하다. 좋은 사람을 발견하면 스스로 다가가서라도 좋은 관계 맺기를 시도해야 한다.

또한, 인간관계에서는 갈등 관리를 잘해야 한다. 인간관계를 맺다 보면 가끔 본의 아니게 갈등이 생기기 마련이다. 이러한 경우 갈등 상황을 잘 극복하면 관계가 더욱 돈독해지는 계기가 되지만, 잘못 대처하면 관계가 끊어질 뿐만 아니라 상대는 나를 적으로 돌리게 된다. 그래서 갈등 관리가 중요하다. 어떤 경우에도 적은 만들지 말아야 한다. 무덤에 들어가도 막말은 하지 말라고 했다. 사람은 언제 어디서 다시 만날지 아무도 모르기 때문이다.

자신이 다니던 직장의 동료와는 특히 끈끈한 인맥을 맺어두는 것이 좋다. 이들은 자신이 다니던 직장과 관련된 일을 창업할 때 사업이 안정화될 때까지 많은 도움이 될 수 있다. 끈끈한 인맥을 맺기 위해서는 평소 인간관계에 신경을 써야 한다.

나는 현대중공업이나 현대정공에서 근무할 때 좋은 인맥을 많이 만들었고, 그것은 처음 사업을 시작할 때 많은 도움이 되었다. 그러나 현대정공에 근무할 당시 회사 밖의 공장장이라 불리던 O 사장과의 갈등 관리에는 실패했고 그 때문에 나는 창업 초기에 많은 시련을 겪었다. 지금에 와서 돌이켜 생각해 보니 좀 더 현명하게 대처했더라면 하는 아쉬움도 있다. 그러나 길게 보면, 그 시련은 나에게 버틸 수 있는 정신의 힘줄을 더 단단하게 만들어 주었다고 생각한다.

인간관계라는 보물

사람이 살아가는 일은 인간관계 맺기라고 할 수 있다. 그리고 좋은 인간관계를 맺는 것은 정신적으로나 물질적으로나 보물을 가지는 것과 같다. 따라서 좋은 인간관계를 많이 맺는 것은 그만큼 많은 보물을 가진 빛나는 인생이 될 수 있음을 의미한다. 금은 지하에 있는 광산에만 있는 것이 아니다. 내가 살아가면서 만나는 사람들이 광산이고, 그 사람들 사이에서 숨겨진 금을 캐는 것은 순전히 내 몫이다.

소유와 경영의 분리 주장에 대한 내 생각

'소유와 경영은 분리되어야 한다'라는 입장에서 시중에는 자식에게 회사를 승계 하는 것에 대해 부정적인 시각도 있다. 하지만 그러한 주장은 업종의 특성을 고려해야 한다고 생각한다. 우리 회사의 주업종인 소재산업의 특성은 장기적인 관점에서 주로 의사결정을 해야 하는 사업이다. 예컨대 연구 개발에 관한 결정은 장기적인 관점에서 판단하지 않으면 쉽사리 결정할 수 없는 문제이다. 나는 회사를 장기적인 관점에서 성장, 발전시키는 것은 소유와 경영의 문제가 아니라 어떻게 혁신하고 노력하느냐의 문제라고 생각한다.

소유와 경영을 분리해서 회사 경영을 꼭 전문경영인에게 맡겨야 하는가? 소유자가 경영하는 것과 소유자가 아닌 전문경영인이 경영하는 것에는 많은 차이가 있다. 전문경영인은 자신의 임기 동안 실적을 올려야 하고, 그러려고 하다 보면 긴 안목으로 사안을 보지 못할 수도 있다. 회사의 장기적인 발전을 위해서 현재의 실적을 포기하는 것도 감수할 수 있는 상황이 발생하는 것이 기업의 일이다. 그런데 고용된 경영자는 단기 실적에 치중할 수밖에 없어 장기적인 관점에서의 의사결정에는 약할 수밖에 없다. 소재산업은 특히 장기적인 관점에서의 의사결정이 많다.

또, 회사가 발전할 수 있는 중요한 투자 기회가 왔을 때도 두 부류의 경영자는 확연하게 다르다. 고용된 사장의 경우 투자 기회가 왔을 때 실패의 두려움 때문에 실행하기를 주저하는 경향이 있지만 오너 사장의 경우는 성공의 확신이 다소 떨어지더라도 투자 적기라 판단되면 과감하게 밀어붙인다. 그런 부분이 큰 차이다. 당장은 큰 효과가 보이지 않더라도 미래의 비전 달성에 필요한 투자를 결정할 때 고용 사장은 생각할 수 없는 일을 오너 사장은 감행하는 경우가 많다. 그런 관점에서 본다면 소유자가 경영하는 것이 바람직할 때도 있다고 생각한다.

고정관념의 타파

　많은 기업에서는 어떤 일이나 상황에 대해서 적절한 비판이나 고민 없이, 다른 곳에서 하고 있으니 이제껏 그렇게 해왔으니 그렇게 해야 하는 것은 당연하다고 생각하고 실행하는 경우가 많다. 좋은 말로는 시스템이며, 나쁜 말로는 구태의연한 방식이다. 세상에 당연한 것은 하나도 없다. 기존 방식으로 하면 큰 위험은 없을지 모르나 발전도 없다. 성공하는 기업인이 되려면 고정관념을 깰 필요가 있다. 당연한 것에 대해 왜? 라는 의문을 항상 가져야 한다. 그래야 발전이 뒤따른다.

　덕산은 고정관념에 얽매이지 않는 기업이다. 그중 하나가 연간 사업계획을 수립하는 방식이다. 연간 사업계획을 수립할 때 대부분 기업에서는 상명하달의 방식으로 한다. 경영층에서 먼저 사업목표를 설정하고 이를 달성하기 위한 사업계획을 수립하며 이것을 하부조직으로 내려가면서 세부 계획을 수립하도록 하여 부서나 개인의 매출액 목표를 할당하는 방식이다. 그러나 덕산에서는 이를 역순으로 한다. 개인이 먼저 자신의 연간 매출액 목표를 자발적으로 설정한다. 올해는 이만큼 했으니 내년에는 이만큼 하겠다는 목표를 개인이 스스로가 설정하는 것이다. 다음에 개인의 목표를 부서별로 집계하고 부서별 매출액 목표를 회사 전체적으로 집계하여 회사 전체의 매출액 목표를 설정한다. 상명하달식으로 위에서 정해주는 목표가 아니라 담당자가 예측해 직접 자신의 목표를 설정하는 것이다. 담당자가 스스로 작성한 계획이므로 책임감을 가지고 목표를 달성하기 위한 실적 이행에 몰입하게 된다. 매월 계획 대비 실적을 개인별로 작성하도록 해서 개인의 목표 달성 정도를 스스로 평가하게 하며 이를 부서별로도 집계하여 부서별 목표 달성 정도를 평가하고 점검하며 실적이 부진하면 대책을 세우도록 한다. 부서별 실적은 회사 전체로 집계하여 회사 전체의 계획 대비 실적과 손익을 임원 회의에서 보고하고 평가와 함께 점검, 대책 수립 등에 활용한다.

연말에는 개인의 목표 대비 실적에 따라 개인별로 성과급을 지급한다. 목표를 100% 달성하였을 때는 성과급을 100% 지급하고 실적이 목표의 70% 이상 100% 미만일 때는 성과급을 50%, 실적이 목표의 70% 이하일 때는 성과급이 없다. 목표를 100% 이상 달성하였을 때는 성과급 100% + α를 지급한다. 이러한 제도를 운용하기 위해서 가장 중요한 것은 투명경영이다. 실적 이행이나 성과급

지급 내용 등이 투명하지 않으면 직원은 회사를 믿지 못한다. 나름대로 열심히 했는데 생각보다 성과급이 적다면 의심할 수밖에 없고 불만을 품게 된다. 그러므로 회사 경영의 모든 것을 오픈하고 투명하게 경영해야 한다.

고정관념의 타파란 혁신의 다른 얼굴이라 할 수 있다. 덕산이 단기간에 괄목할 성장을 이룬 것은 이렇게 고정관념을 깰 수 있었기 때문이라고 생각한다.

신입사원에 대한 정신 교육

자긍심 교육

우리 회사에 신입사원이 입사했을 때 그들에게 맨 먼저 하는 말은 "자긍심을 가져라."이다. 신입사원들에게 덕산그룹이 경제, 사회적인 관점에서 우리나라에서 가치와 의미가 큰 회사라는 것을 알려주어 자긍심을 가지게 함으로써, 열심히 일하도록 동기를 부여하기 위한 것이다.

덕산하이메탈은 소재 회사이다. 재료를 용해해 추출기에 넣고 압력을 가하면 바늘구멍처럼 작은 구멍으로 통과해 나오는데 그것에 펄스를 주면 국수처럼 쭉 나오는 것이 아니고 잘려서 방울 모양으로 떨어진다. 표면장력에 의해 구형으로 형성되며, 빨리 응고되도록 질소를 첨가한다. 이러한 공정은 물리적인 변화이고 물리적인 기술이 필요하지만, 나노 단위의 미세한 제품을 생산하기 위해서는 물리적

기술만으로는 처리하기가 어렵다. 이때는 화학 원리가 필요하고 따라서 합성공정, 합성 정제공정이 필요하다. 이러한 공정은 제약회사의 신약 제조 공정이나 바이오 공정과 흡사한데 신입사원이 회사에 입사해서 동화하는 과정이 이와 유사하다고 생각한다.

신입사원의 입사는 회사에 몸이 들어온다는 물리적인 의미와 동시에 정신이 들어온다는 화학적인 의미를 지닌다고 생각한다. 회사에서 중시하는 가치와 기존 직원들의 정신과 함께 신입사원들의 정신이 혼합되어 화학적인 반응을 해야 비로소 덕산그룹의 직원으로 거듭날 수 있음을 의미한다.

신입사원을 교육할 때, 선진국에서 수백 년의 역사를 가진 장수기업들의 사례를 많이 인용한다. 독일의 머크(Merc)사는 제약 및 소재 회사이다. 약을 생산하기 위해서는 아주 정밀한 정제 기술이 필요하다. 머크사는 처음에 제약회사로 출발했으나 100년 전부터는 액정 소재를 연구·개발하기 시작했다. 그 결과 오늘날 액정과 액정의 혼합물, 디스플레이 응용 분야에서 2,500여 건의 세계 특허를 보유하면서 관련분야의 제품들은 세계 시장 점유율 1위를 차지하고 있다.

머크사의 역사는 창사 후 350년이나 되는데, 두 차례의 세계 대전과 1929년의 세계 경제 대공황에서도 살아남아 지금까지도 승승장구하고 있다. 소재 회사는 머크사처럼 영속할 수 있다. 소재는 제품

생산에 필요한 원재료이며, 완제품의 형태와 성격이 바뀌더라도 소재는 항상 필요하기 때문이다. IT 소재는 반도체를 사용하는 제품이 존재하는 한 항상 필요할 것이다. 그래서,

"우리 회사는 소재사업을 하므로 영구히 존속할 수 있다. 그러니 자긍심을 가지고 열심히 일하라. 회사가 성장하면 회사와 더불어 당신들도 함께 성장할 것이다."

라고 교육하는 것이다.

최근 경제 상황이 좋지 않다 보니 많은 기업이 문을 닫는다. 특히 코로나19는 상황을 더욱 악화시키고 있다. 회사가 문을 닫는 것은 단순히 하나의 회사가 없어지는 것 이상으로 많은 의미를 지니고 있다. 회사가 문을 닫게 되면 그곳에 종사하는 종업원은 더는 일을 할 수 없게 되며 생계의 터전을 잃게 된다. 생계를 위해서는 새로운 직장을 찾아 나서야 하며 이것은 막막한 사막으로 내몰리는 것과 같은 처절한 심경을 느끼게 만든다. 요즈음은 새롭게 직장을 구하기도 힘든 시대이니 생계의 터전을 잃은 사람들이 느끼는 막막함은 더욱 클 것이다. 또 하나는 직장은 돈만 버는 곳이 아니라 일을 통해 보람을 느끼고 자신의 꿈을 이루어 가는 곳이다. 그런데 회사가 문을 닫으면 그 모든 것이 사라져 버린다. 직장을 잃게 되면 일의 보람도, 꿈도 없어진다. 세 번째로 직장은 사회를 살아가는 방법을 배우고 인간관계를 수련할 수 있는 장이 된다. 직장에서 동료 간의 관계, 상하

덕산그룹 신입사원 교육

관계, 대인관계를 통해 사회생활을 하는 방법을 배운다. 직장은 이
처럼 중요한 의미를 지니므로 사람들은 쉽사리 문을 닫을 수 없는
안정된 직장을 찾게 되는 것이다. 그래서 나는 신입사원들에게 먼저
우리 회사는 소재사업을 하므로 쉽사리 문을 닫지 않을 안정된 직장
이라는 생각부터 강하게 심어주고 싶은 것이다.

신입사원에게 정신 교육을 하는 것은 회사에 뿌리를 튼튼히 내리
도록 하기 위해서이다. 뿌리가 튼튼해야 실한 열매를 맺을 수 있기
때문이다.

맡은 일에 최선을 다하라 – 신발 정리에도 도가 있다
신입사원에 대한 정신 교육 중 다른 하나는 자신이 맡은 일에 최

선을 다하라는 것이다. 이를 위해 일본의 한큐전철 설립자인 고바야시 이치조가 했던 이야기를 들려준다.

"당신이 신발 정리하는 일을 맡았으면, 이 세상에서 제일 신발 정리를 잘하는 사람이 돼라. 그러면 세상은 당신을 신발 정리만 하는 심부름꾼으로 놔두지 않을 것이다."

신발 정리는 아주 단순한 일이지만 그런 일에서도 자신의 창의성을 발휘하여 차별성 있게 일을 하라는 뜻이다. 즉 신발 정리에도 더 높은 단계의 도가 있는 것이다.

👍 맡은 자리의 주인으로

회사의 일을 내 일처럼 생각하는 것이 주인의식이다. 이것은 회사의 발전과 더불어 나도 성장할 수 있다는 신념을 가질 때 가능하다. 내 일을 하는 것과 다른 사람의 일을 대신해 줄 때의 마음가짐이 서로 다른 것처럼 손님과 주인은 일을 대하는 마인드 자체가 다르다. 따라서 신입사원에게 회사생활을 시작할 때부터 자신이 맡은 자리에서 내가 주인이라는 의식을 가지도록 동기를 부여하는 것이다.

소영웅론

또 직원 모두를 다음과 같이 국가 경제를 위해서 일선에서 싸우는 투사와 영웅으로 격려한다.

"우리 회사에서 일하는 여러분은 어떤 직급에서 어떤 일을 하든, 모두 작은 영웅들이다. 우리가 하는 일은 총칼만 들지 않았을 뿐 국가 경제의 최일선에서 싸우는 투사와 같다. 우리는 세계 유수의 기업들과 사활을 걸고 경쟁하고 있으며 기업 간의 국제경쟁은 경제 전쟁이나 다름없다. 국가 경제에서 기업만큼 중요한 것은 없으며, 우리의 희생과 노력이 나라의 경제를 부강하게 한다. 그러므로 기업에서 일하는 사람은 모두 나라에 충성하는 사람들이요, 일선 현장에서 싸우고 있는 여러분은 모두 소영웅이다."

기업이념

기업이 성공하기 위한 또 하나의 조건은 '기업이념이 있느냐?' 하는 것이다. 기업이념은 전 종업원의 역량을 한 곳으로 집결하기 위한 것이다. 기업이념을 중심으로 움직여야 의기투합이 되며, 모두가 함께 한 곳, 즉 기업이 가야 할 방향을 바라보게 된다. 이것은 마치 줄다리기를 할 때 모든 구성원이 힘을 쓰는 방향을 통일해야 큰 힘이 나오는 원리와 같다. 덕산은 '소재산업 입국(立國), 그 중심기업 덕산(德山)'을 기업이념으로 삼고 있다. 기업이념은 전 종업원이 깊이 믿어야 하며, 전 종업원의 의식에 일관성 있게 살아있어야 하며, 전 종업원 오장육부 깊은 곳에까지 고유한 색깔로 지속하고 있어야 한다. 그럴 때 기업은 성공하게 된다.

덕산하이메탈 비전 선포식

7장

덕산그룹,
내 인생의 멋진 일

기업하길 잘했다

나는 삶의 대부분을 기업인으로 살았다. 도전해서 성취한 경험도 있지만 실패해서 힘든 시기도 있었다. 성공은 성공한 대로, 실패는 실패한 대로 의미가 깊다. 그간 살아오면서 여러 가지 우여곡절이 많았지만 나는 기업인으로 사는 길을 택한 것을 참 잘했다고 생각한다. 기업인으로 살지 않았다면 인생의 맛을 그처럼 폭이 넓고 깊게 음미할 수 있었을까?

우리나라에는 그간 많은 기업이 부침했고, 또 새로운 기업이 태어나기도 한다. 그만큼 많은 기업인이 활동을 해왔고 지금도 많은 기업인이 활동하고 있다. 내가 생각하기에 기업을 운영하는 사람만큼 애국자도 없는 것 같은데 우리나라에서는 기업가가 정당한 평가를 받지 못하는 경우가 많다고 생각된다. 종종 부를 가졌다는 이유만으로 사회적으로 더 엄격한 도덕적 잣대를 들이대어 가끔 사회적으로 매도되기도 하는데, 공과 실은 분명하게 평가되어야 한다고 생각한다. 개인적으로는 업종을 불문하고 기업과 기업인들은 모두 국가와 사회에 크게 기여하고 있다고 생각한다. 그 이유는 여러 가지가 있겠지만 여기서는 내가 평소에 생각하고 있는 몇 가지만 간추려 본다.

첫째, 기업은 국민의 소비생활을 윤택하게 만들어 주는 역할을 한다. 즉 기업은 '편리함'이란 인간 삶의 본연을 해결해 주는 역할을 하는 것이다. 현대에 와서 인간의 삶에 필요한 대부분을 기업이 가장 효율적으로 해결해 줄 수 있다. 그러므로 기업은 인간에게 풍요로운 소비생활을 가능하게 해주고 나아가서 인류를 번영에 이르게 하는 효율적 수단이라고 생각된다.

일제강점기의 착취로 우리 국민은 굶주렸고, 한국전쟁으로 그나마 있던 산업시설마저 폐허로 변했다. 전쟁이 끝난 후의 상황은 더욱 처참했다. 보릿고개라는 말이 생길 정도로 많은 사람이 허기진 배를 움켜쥐고 하루하루를 연명하는 힘든 삶을 살았다. 기업은 그런 잿더미밖에 없는 폐허 위에 공장을 세우고 국민을 고용하며 한강의 기적을 만들어 냈다. 세계에서 유래를 찾아보기 힘들 정도로, 단시간에 눈부신 경제 발전을 이루어낸 것이다. 마침내 2021년 7월 유엔무역개발회의(UNCTAD)에서는 우리나라를 개발도상국에서 선진국으로 지위를 변경하기로 결정했다.

경제가 발전함에 따라 우리의 삶은 과거와 비교할 수 없을 정도로 윤택해졌다. 우리나라가 오늘날처럼 발전한 것은 모든 국민이 힘을 합친 결과지만, 그 앞에서 진두지휘하며 앞장선 것은 기업인이라는 사실은 누구도 부인할 수 없을 것이다. 그렇기에 내가 그런 기업인 중의 한 사람이라는 것이 보람되고 자랑스러운 것이다.

둘째, 국가적인 차원에서 기업이 가진 가장 큰 기능은 국민을 위해 일자리를 만든다는 것이다. 한 사람 한 사람에게 있어 일자리는 그 사람의 인생에서 가장 가치 있는 의미 중의 하나다. 고도 성장기를 지나 저 성장기에 접어든 요즈음 일자리가 많이 줄어들었기에, 중앙정부나 지자체에서 앞다투어 일자리를 만들기 위해 공을 들인다. 고도 성장기에는 현대자동차나 현대중공업처럼 노동 집약적 산업이 중심이었다. 그렇기에 일자리는 넘치고 사람이 모자랐다.

하지만 지금은 많은 부분을 기계나 IT가 대신한다. 일자리를 잃은 사람은 벼랑 끝에 내몰리기도 한다. 일자리는 생존과 직결되기에 밥줄이라고 표현할 만큼 중요하다. 그만큼 절박하게 국민에게 필요한 것이 일자리며, 그런 중요한 일자리를 만들어 주는 것이 기업이다. 중앙정부나 지자체에서 아무리 큰 노력을 해도 기업에서 고용해주지 않으면 일자리는 생기지 않는다. 기업이 발전을 위해 끊임없이 노력한 결과 일자리가 창출되고 국민은 일자리를 가질 수 있게 되는 것이다. 지금도 덕산에는 많은 임직원이 맡은 자리에서 주인으로 열심히 일하고 있다.

셋째, 기업은 세금을 낸다. 우리나라 예산의 많은 부분을 감당하는 것이 기업이 낸 세금이다. 기업은 국내뿐만 아니라 수출을 통해 경제 행위를 한다. 그런 경제활동으로 생긴 일정 부분을 세금으로 내는 것이다. 물론 일반인도 세금을 내지만 많은 부분은 기업에서 일한 소득에서 발생한 세금이다. 국가는 돈이 없으면 운영하기 어렵다. 세금으로 징수한 돈이 있기에 공공복리 정책을 펴고, 경제를 살리고, 국방을 튼튼히 하며, 교통, 시설 등의 사회 인프라를 만들고, 미래 세대를 교육하는 정책을 펴는 등 수 많은 일을 할 수 있는 것이다. 그런 측면에서 보면 기업은 국가의 근본을 떠받치는 기둥 역할을 한다고 할 수 있다.

넷째, 협력업체에 일거리를 준다. 일정 규모의 회사가 되면 협력업체가 생긴다. 소위 산업을 계열화한다는 것이다. 협력업체에 일거리를 만들어 주어 그 회사도 지속성 있게 성장할 수 있도록 해주고, 그 회사에 소속된 직원의 소득 창출에도 이바지한다. 규모가 작은 중소기업들은 큰 기업과 협력 체계를 만들어 이익을 창출하여 점점 더 성장하게 되며, 어느 정도 규모가 되면 그들은 또다시 자신들의 협력업체에 일거리를 주는 체인이 형성되게 되는 것이다. 서로 상생할 수 있는 여건을 만들어 주는 것 또한 기업의 역할이다.

다섯째, 사회에 직, 간접적으로 이바지한다. 사회사업을 하여 도움이 필요한 사람에게 도움을 주고, 지역 문화에도 힘을 쏟으며 기부도 한다. 국가에서 국민 모두를 위한 정책을 만들어 시행하기에는 한계가 있다. 기업은 국가 정책에서 소외당하는 사람을 지원하기도 하고 장학재단을 만들어 국가의 역량을 키우는 역할도 한다. 나는 어릴 때부터 나누는 것의 의미와 가치에 대해서 깨달았기에, 내 형편에 맞는 나눔을 실천하고 있다. 나눔은 꼭 돈에 국한되는 의미가 아니다. 이처럼 책을 쓰는 것도 나의 경험을 나누는 행위이며, 사회적으로도 의미가 있다고 생각한다. 또한, 벤처기업을 하여 일가를 이루었으니, 벤처를 시작하려는 후배 기업인에게도 도움을 주고 싶다. 그것도 사회를 위한 기여라 생각한다.

기업, 작은 것부터 시작해보자

기업을 경영하는 것은 국가와 사회를 위해 이렇게 좋은 일을 많이 한다. 그런 일을 내가 평생토록 할 수 있었다는 것에 보람을 느낀다. 사회적인 측면 말고도 개인적인 측면에서도 기업을 경영하는 일은 멋진 일이라고 생각한다. 끊임없이 도전하고 성공을 위해 깊은 고뇌도 한다. 그런 일 자체가 재미도 있고 개인적인 희열도 느낄 수 있으며 삶의 가치를 느끼게도 한다. 또한, 일만 하는 것이 아니라 즐길 줄 아는 여유를 가질 수 있는 것도 기업인이 누릴 수 있는 축복이다. 얼마나 멋진 일인가? 그래서 나는 기업을 경영하기를 참 잘했다고 생각한다. 기업 경영을 할까 말까 망설이는 사람이 있다면, 작은 것부터라도 시작하길 권한다.

"소재산업 입국(立國), 그 중심기업 덕산(德山)"

우리 회사 회의실에는 "소재산업 입국, 그 중심기업 덕산"이라고 적힌 판넬이 서 있다. 소재산업으로 나라를 세운다는 의미다. 1999년 솔더볼 사업을 시작하고 나서 이 산업의 생태계에 대해 어느 정도 이해할 수 있었고 그러한 이해 끝에 '소재산업 입국'이라는 이 문구를 생각해냈다. 당시만 하더라도, 우리나라 IT 제품은 단조롭고 수준도 낮았다. 삼성과 LG에서 텔레비전이나 핸드폰을 개발할 때 핵심 소재와 부품은 국내에서 조달하기보다는 대부분 수입에 의존했다. 그러니 상당 부분의 부를 외국에 주는 꼴이었다. 일반적인 부품은 개발되어 있었지만, 정밀 첨단소재는 거의 불모지 수준이었다. 이 부분에 특별하게 관심을 가지면 기업도 발전하고 국가 산업에도 이바지할 수 있겠다고 생각했다. 그래서 나는 소재산업으로 나라를

덕산네오룩스 사옥 벽면에 걸려있는 덕산의 기업이념

세우고 싶다는 생각을 하게 된 것이다. 그런 의미로 "소재산업 입국(立國), 그 중심기업 덕산(德山)"이라는 슬로건을 사용하게 되었다.

현재 우리 회사는 첨단 소재산업을 선도하는 위치에 서 있다. 2019년 일본은 우리나라에 소재 수출을 중단한다고 선언했고, 그것은 반일 감정을 불러일으켰으며, 일본제품 불매운동으로까지 번졌다. 그제야 정부는 소부장(소재, 부품, 장비) 산업의 중요성을 인식했고, 막대한 투자를 시작했다. 그렇지만 우리는 벌써 20년 전에 그 중요성을 인식하고 '소재산업 입국'을 선언하고 연구 개발에 박차를 가한 것이다.

덕산을 방문하는 외부인들이 공장 벽에 걸려 있는 "소재산업 입국

(立國), 그 중심기업 덕산(德山)"의 문구를 보고 물었다.

"누가 만든 것입니까?"

"20년 전에 내가 만들었습니다."

그 말을 듣고 그들은 매우 놀라워했다.

덕산산업을 시작으로 덕산갈바텍, 덕산하이메탈, 덕산네오룩스, 덕산테코피아, 덕산넵코어스, DS미얀마 등을 인수하거나 설립하며 9개의 회사를 가진 그룹으로 성장했다. 덕산은 크게 발전했고, IT 소재산업 분야에서 덕산이 차지하는 비중이 아주 많이 커졌다.

우리나라 산업은 제조업 중심이다. 제조업 비중이 큰 나라일수록 소재산업 또한 중요하다. 이제껏 중요하다는 말만 했지, 국가는 소재산업 육성에는 인색한 경향이 있었다. 일본에 수출 규제라는 수모를 당하고 나서야 부랴부랴 소재산업이 얼마나 중요한 것인가를 깨달은 것 같다.

늦은 감이 있지만, 지금부터는 더 중요하다. 4차 산업혁명은 높은 부가가치와 첨단 기술을 필요로 하는 소재산업 발전이 성공 여부를 결정짓기 때문이다.

📝 제조업의 뿌리는 소재산업이다 ◇◇◇◇◇◇◇◇◇◇◇◇◇◇◇◇◇◇◇

제조업을 나무라 하면 그것의 뿌리는 소재산업이다. 뿌리 깊은 나무는 바람에 아니 흔들린다는 옛말처럼, 소재산업이 튼튼해야 당연히 제조업이 지속적인 발전을 이룰 수 있다. 우리나라의 제조업 수준은 이미 선진국 반열에 올라가 있지만, 소재산업은 아직 많이 취약하다. 그런 만큼 국가는 소재산업을 더 육성해야 한다. 그 말을 역으로 생각하면 소재산업의 발전 여지가 그만큼 크다는 것을 의미한다. 소재산업의 기술 향상도 중요하지만, 혁신적인 첨단 정밀 기술 개발은 더 중요하다. 그 혁신의 중심에 덕산이 있다. '소재산업 입국'이라는 말 그대로 소재산업을 선도하는 덕산이 될 것이다.

덕산의 사회 공헌

"세상을 위한 바른 뜻이 없는 부자는
세상에서 가장 가난한 사람 중 한 사람이다."

나눠가져야 한다는 사고구조의 형성

내 나눔의 사고구조는 초등학생 때 촌 아낙으로부터 받은 교훈에 영향을 받아 형성되었다고 생각한다. 당시 어머님은 3남 1녀의 자식을 홀로 키우며 중농 규모의 농사를 지으셨다. 어느 날 외진 곳에 있는 고구마밭에 가셨던 어머님은 아연실색하고 말았다. 간밤에 누군가가 고구마를 삼분의 일가량 캐 가버린 것이다. 살기 어려웠던 시절이었기에 농작물 도둑이 가끔 있었다. 깜짝 놀란 어머님은 고래고래 고함을 지르기도 하고 탄식하기도 했다. 그때 옆 밭에 일하러 왔던 이웃 아주머니인 화정 댁이 이 광경을 보았다. 화정 댁은 울산

동구 화정동에서 우리 동네로 시집을 왔고, 우리 어머니는 울산 웅촌면 검단에서 시집을 왔으므로 검단 댁이라 불렀다. 화정 댁이 어머니를 위로하며 말했다.

"검단 댁이요. 너무 상심 마이소, 마 그래도 주인이 더 많이 먹는다, 그리 생각 하이소."

어머니 곁에 있던 어린 나는 그 말이 예사롭지 않게 들렸고 머릿속에 강하게 각인되었다.

수십 년이 지나 사업할 때 그 말이 떠올랐다. 비록 주인이 도둑에게 고구마를 캐 가도록 허락한 건 아닌지만 결국은 나눠 가지게 되었다. 그때 화정 댁의 말처럼 '나누는 쪽의 사고구조는 이렇게 가져야 하는구나.' 하는 생각이 들었고, 지금 사업하면서 그것을 교훈 삼아 나눔을 실천하고 있다. 나는 성직자도 아니고 봉사를 삶의 전부로 여기는 사람이 아닌 기업을 경영하는 기업인이다. 비교적 남들보다 많이 가졌고, 나누어주는 위치에 있다. 그리고 이것을 기준으로 했을 때, 나누어주는 사람이 많이 가지는 것은 당연하다고 생각한다. 왜냐하면 나누어주는 사람이 많이 가져야 주고 남는 것으로 유효하게 투자하여 확대 재생산할 수 있기 때문이다. 어릴 때의 그 일은 나에게 합리적이고 현실적인 교훈이 되었다. 나의 사회적 나눔은 그때부터 틀이 잡혀가기 시작했다는 생각이 든다.

사회적인 관점에서 본다면 나눔은 기업가의 역할 중 하나다. 자본주의 본산은 영국이다. 애덤 스미스는 1776년 그의 저서 〈국부론〉에서 모든 경제 주체가 건전한 사회제도 아래서 경쟁하면, '보이지 않는 손'에 의해 경제 질서가 유지되고 부와 번영을 이루게 된다고 했다. 스미스의 사상은 자유 방임주의와 경제적 자유주의의 토대가 되었고, 많은 학자에 의해 발전되어 경제적 균형이 효율적인 자원 배분을 실현할 수 있다는 신념을 낳았다. 그러나 스미스의 자유방임 이론은 경제적 효율에는 이바지했으나, 자본주의의 문제점 중의 하나인 빈부격차를 발생하게 했다. 이러한 사회적 빈부격차에 반감을 가진 사상이 마르크스주의 또는 사회주의 사상이다.

카를 마르크스는 독일에서 혁명운동을 하다가 추방되었다. 영국에서 망명 생활을 하면서 '자본론'을 썼다. 그런데 사회주의 혁명이 일어난 곳은 영국이 아니라 러시아다. 카를 마르크스의 이론을 레닌이 활용한 결과다. 영국에서는 노동운동이 사회적 혁명으로 가지 않았다. 그 이유는 기업가와 사회의 가진 자들이 노블레스 오블리주를 실천했기 때문이라고 생각한다. 기업가들이 빈부격차 등 사회문제를 해결하기 위해 사회의 어두운 부분에 봉사하고 이바지하는 것, 즉 노블레스 오블리주가 사회주의 혁명이 일어나지 않게 완충 작용을 한 것이다. 그렇기에 사회의 어두운 부분에 봉사하고 이바지하는 것이 가진 자, 자본가, 기업가의 사회적 역할이라고 생각한다.

덕산하이메탈 경영으로 어느 정도 사업기반이 안정된 후부터는 사회의 어두운 면을 살피려고 노력했다. 불우하고 힘든 이웃을 도울 기회가 생기면 주저 없이 참여했다. 어릴 적 화정 댁이 어머니에게 한 말을 꼭 생각해서가 아니라, 머릿속에 어렴풋이 박혀있던, 나눠 가져야 한다는 생각을 점차 행동으로 옮긴 것으로 생각한다.

저소득층을 위한 지원

(1) 울산공동모금회 성금 지원

해마다 연말이 되면 울산공동모금회에서 불우이웃돕기 성금을 모금한다. 이 공동모금회에 2005년부터 2019년까지 약 6억 원의 성금을 냈다. 대기업도 아닌 중소기업에서 억 단위의 돈을 기부하는 것에 대해 모금회 관계자뿐만 아니라 주변의 많은 사람이 놀라곤 했다. 광역시 전체 모금 목표액이 연간 100억 원 정도가 되었다. 대기업이야 몇 십억씩 낼 수 있다고 하더라도, 중소기업이 억 단위의 성금을 내는 것은 흔하지 않은 일이기 때문이다. 성금은 대한적십자사 지정기탁금으로 했다. 대한적십자사는 재해구조 및 구호, 사회 의료 사업 등을 하며 어려운 이웃을 돕는 인도주의 활동을 하는 것을 알았기 때문이다. 내가 낸 성금이 구체적으로 누구에게 어떻게 사용하는지는 정확히 모르지만, 대한적십자사가 적십자정신에 따라 가난하고 힘든 이웃을 돕는 사업을 많이 한다고 이해하고 있기에, 간접적으로나마 어려운 이웃을 돕기 위해 나름의 성의를 표현해 온 것이다.

사실 성금이나 기부금을 낸 사실과 액수를 공개적으로 밝히는 것은 나에게도 조금 부담이 되는 일이다. 성경에도 오른손이 하는 일을 왼손이 모르게 하라고 하지 않았던가? 그러나 내가 굳이 여기서 이것을 밝히는 이유는 젊은 세대도 기부문화에 익숙했으면 하는 바람이 있어서다. 가진 자가 어려운 이웃에게 나눔을 실천할 때 우리 사회는 좀 더 밝아지지 않겠는가?

(2) 아산병원 불우환자 진료비 지원

앞에서 언급한 것처럼 후두암을 진단받고 서울 아산병원에서 치료받아 완치된 바 있다. 이후 매년 아산병원을 방문해 정기건강검진을 받고 있다. 어느 해 건강검진을 받기 위해 아내와 함께 대기실에서 대기하는 동안 본 병원 홍보 책자에서, 아산병원이 불우환자 진료비 지원을 위한 후원을 받고 있다는 사실을 알게 되었다. 즉석에서 아내와 상의해 기부금을 내기로 했다. 그 후 매년 1억 원씩 지금까지 6억 원을 기부했다. 그중 4억 원은 불우환자 진료비 지원을 위한 기금으로, 2억 원은 아산병원의 설립 목적 중의 하나인 인간의 생명, 질병에 관한 지속적인 연구를 위한 기금으로 기부했다.

기부금을 내면 병원에서 후원금으로 진료받은 환자에 대한 명세서가 오는데 그 명세서를 받아보면 가슴이 뿌듯하고 그렇게 기분이 좋을 수가 없다. 아산병원에 기부한 후원금으로 그간 많은 사람이 혜택을 입었다. 후원을 받은 사람 중에는 나에게 손편지로 고마움을 표시한 사람도 더러 있었다. 돈이 없어 언감생심 꿈도 꿀 수 없었던 언청이 수술을 내 덕에 할 수 있었다고 손편지를 보내오는가 하면, 치료비 때문에 포기할 뻔했던 암 수술도 내 덕에 해서 새 생명을 얻었다고 고맙다는 편지를 보내온 사람도 있었는데, 그때 형언할 수 없는 큰 기쁨과 보람을 느꼈다.

(3) 울산대학교 병원 소아재활원 설립 지원

최근에는 환경의 영향 때문인지 장애를 가지고 태어나는 아이들이 많다고 한다. 선천적으로든, 또는 질병, 사고 등의 후천적 요인이든 장애가 있는 아이들은 장기간에 걸쳐 재활 치료를 받아야 한다. 울산에는 아직껏 이들 소아 환자가 재활 치료를 받을 수 있는 시설이 없었다. 재활이 필요한 소아 환자들은 인근 부산이나 대구의 큰 병원까지 가서 치료를 받아야 했다. 재활에 오랜 기간이 걸리는 만큼 그동안 소아 환자 부모는 교통 문제 등 큰 어려움을 겪었다. 어느 날 울산대학교 병원장에게서 이러한 얘기와 함께 울산에도 소아의 재활 치료를 돕는 시설을 만들고 싶다는 말을 들었다. 그 말을 듣고 울산대학교 병원에 소아 재활 전용 치료실 설립을 위한 병원 발전기금 1억 원을 기부했다. 나의 이러한 결정에 아내도 적극적으로 찬성했다.

최근 개원된 울산대학교 병원 소아 재활 전용 치료실에서는 소아의 언어, 운동, 인지 등 전문 치료를 시행하고 있다. 장애아를 가진

울산대학교병원 소아재활원 설립 기금 지원

지역의 부모들이 크게 환영하고 기뻐하고 있다고 한다. 아이는 우리
사회의 희망이고 미래다. 아이가 건강해야 우리의 미래도 건강해진
다. 이것을 계기로 아이들이 적절한 치료를 받고 건강한 삶을 되찾
아 건강하게 자라주었으면 좋겠다.

　이 기부를 계기로 이웃에 있는 지역병원의 시설과 의료진의 기술
이 향상되는 데 일조하겠다고 생각했다. 여건이 되는 사람은 수도
권의 대형병원에 갈 수 있겠지만, 그럴 형편이 안 되는 지역민은 지
역병원을 이용할 수밖에 없다. 지역민이 군이 수도권의 대형병원을
찾지 않아도 웬만한 질병은 인근의 병원을 믿고 찾아가 치료받을 수
있다면, 많은 불편이 해소될 것이다.

인재 육성을 위한 장학금 지원

기업을 경영하면서 인재의 중요성을 일찍부터 절감하고 있었다. 기업을 경영하면서 부딪치는 다양한 문제를 해결해 가는 과정에서 결국 문제는 사람이 해결한다는 것을 깨달았기 때문이다. 실험실 수준의 솔더볼 기술을 도입해 양산하는 과정에서 무척 애를 먹었다. 그때 나와 같이 밤낮을 잊고 기술 개발에 매진해준 기술인력들이 있었기에 오늘날의 덕산하이메탈이 있게 된 것이라 믿고 있다.

그 후에도 네오룩스, 테코피아 등 신기술이 필요한 소재산업을 해오면서 부닥쳤던 많은 기술적인 문제들을 기술인력들이 해결했다. 그리고 내게는 거의 전쟁으로 느껴졌던 경쟁 속에서 기초과학, 연구 개발, 특허 등은 무엇보다 중요했다. 이런 모든 걸 해결할 수 있는 인재, 특히 이공계 인재의 중요성을 절감했다. 특히 IT산업의 발전은 신소재의 뒷받침이 없이는 한계에 봉착하기 마련이고, 또 내가 하는 소재산업은 선진국 특히 일본이 기술이전을 피하는 분야이다.

우리 스스로 소재산업을 발전시키기 위해서는 장기간에 걸친 R&D가 필요하며, 특히 소재산업의 기술은 창의적 발상이 요구되는 분야이므로 창의적인 인재의 육성이 절대적이다. 덕산그룹의 주요 3개 회사인 덕산하이메탈, 덕산네오룩스, 덕산테코피아의 전체 관리인력 중 R&D 관련 인력이 약 30%를 차지한다. 그만큼 나는 인재를 중요하게 여긴다.

(1) 한국로타리장학문화재단 장학금 출연

젊은 시절부터 국제 봉사기구인 국제로타리 클럽에서 봉사활동을 했는데, 그중 하나가 장학금을 출연한 일이다. 로타리 클럽 내에는 장학재단(한국로타리장학문화재단)이 만들어져 있다. 나를 비롯한 전국 로타리언이 장학금을 출연하고, 그 돈을 장학재단에서 장학금으로 운용하고 있다. 인재 육성의 중요성을 생각하고 있던 터라 이 사업에 적극적으로 참여했다. 장학재단에서는 출연한 금액의 규모에 따라 일정액을 울산지역에서 선발된 장학생에게 내 호를 따 '유하장학금'으로 지급했다. 로타리 클럽에서 장학금 수여식을 마치면 장학금을 받은 학생들과 점심을 먹으면서 인성 교육 차원에서 덕담도 한다. 어느 날 학생들을 돌려보내고 그곳에 참석한 사람과 이야기를 나누던 중에 로타리 회원 한 사람이 이런 이야기를 했다.

"그렇게 도와주는데도 학생들은 그것을 당연한 것으로 받아들이고 고마움을 잘 모르는 것 같네요."

그 말끝에

"도움을 주면 그것으로 끝내야 합니다. 기대나 반대급부를 생각하는 것은 바람직하지 않습니다. 도움을 주는 것으로 끝을 내어야 진정하게 도와주는 것으로 생각합니다."

라고 말했다. 이 말은 평소 생각하고 있던 나눔에 대한 나의 철학이기도 하다. 잘 아는 로타리 회원의 친척 중에 음악에 대한 재능은 뛰어나나, 가정 형편이 어려운 학생이 있다는 말을 들었다. 그 학생은 서울대 성악과로 진학했는데, 그 학생에게 대학 4년, 대학원 2년 도합 6년의 학비를 지원해 주었다. 학비를 지원해 주었을 뿐 그 학생이 졸업 후 어디서 무슨 일을 하는지 알려고 하지 않았다. 훌륭한 음악가로 성장해 있기를 바랄 뿐이다.

(2) 공익 장학법인 '유하 푸른 재단' 설립 및 장학금 지급

2017년에는 사재 20억 원의 장학기금을 출연해, 나의 호인 '유하(裕河)'를 따 공익 장학법인 '유하 푸른 재단'을 설립했다. 미래를 짊어질 이공계 대학생을 돕자는 차원인데, 각 대학에서 추천받아 선발된 학생에게 장학금을 지급하고 있다. 현재까지 80명에게 약 6억 원의 장학금을 지급했다. 최근 금리 하락 등으로 인해 장학기금 운용 수익만으로는 장학금 지급이 어려워 그룹 소속 기업에서 기부금을 받아 장학금을 지급하고 있다. 만들어진 장학재단을 부실하게 끌고 갈 수는 없다고 생각해서다. 장학생들에게는 단순히 장학금만 지급하는 것이 아니라 여름과 겨울방학 기간 섬머 스쿨과 윈트 스쿨을 개설해 인성 교육과 국가관 정립을 위한 다양한 교양강좌도 실시하고 있다.

유하 푸른재단 장학금 수여식

지역의 스타트업 활성화를 위한 지원

오래전부터 현업을 은퇴하고 난 후에 무엇을 할 것인가를 고민해 왔다. 울산지역 최초로 스타트업으로써 성공한 기업인으로서 나는 성공의 발판이 된 울산에 대해 일종의 의무감과 책임감을 가지고 있다. 울산지역에 꼭 필요하고, 내가 잘할 수 있는 역할이 지역의 스타트업 활성화를 위한 일이라고 생각하고 이를 구체화하는 과정에서 지역의 고등교육기관인 울산과학기술원(UNIST, Ulsan National Institute of Science & Technology)과 조우하게 되었다. UNIST는 2009년 첫 신입생을 받은 이래, 역사는 짧지만 탁월한 연구력과 창업 실적을 바탕으로 주목받고 있다. 2021년 THE가 발표한 세계 대학평가에서 국내 5위에 올랐으며, 개교 50년 이하 대학평가에서

"UNIST의 미래에 가슴이 설렙니다,
저도 청년 창업 활성화에 힘을 보태겠습니다 ,,
이 준 호 덕산그룹 회장

이준호 덕산그룹 회장
UNIST 발전기금 약정식
2021.11.4(목) 서울 코리아나호텔 로얄룸

유니스트 발전기금 기부 약정식

는 세계 10위에 자리했다. 기술창업의 중요성을 꾸준히 강조해온 결과 2021년 현재까지 교원창업 57개, 학생창업 69개 등 126개 사를 배출했으며 이들의 기업 가치는 6,871억 원에 이른다. UNIST가 짧은 역사에도 불구하고 많은 스타트업을 창업한 것을 보고 UNIST라면 능히 내가 생각하는 꿈과 이상을 실현할 수 있을 거라고 생각했다. 학생들의 실전형 창업 교육을 추진하기 위해 UNIST가 추진하고 있는 챌린지융합관 건립사업에 300억 원을 기부하기로 했다. 뒤에 이 사업에 대해 상세하게 기술하겠지만 이 기부는 UNIST 개교 이래 가장 큰 규모다. 울산시민의 염원으로 탄생한 UNIST의 성장발전을 위해 울산의 대표적 향토기업인 덕산이 앞장섰다는 점에서 의미가 크다.

유니스트 발전기금 기부 약정식에서 가족과 함께(오른쪽 두 분은 UNIST 이용훈 총장 부처)

🖐 '같이'가 '가치' 있는 일

마이크로소프트 회장을 비롯한 벤처로 성공한 사람들은 노블레스 오블리주를 실천하고 있는데, 나도 그런 역할을 하고자 한다. "돈을 버는 것은 기술이고, 쓰는 것은 예술이다."라는 말이 있다. 돈은 벌 때도 잘 벌어야겠지만, 쓸 때는 더 잘 써야 한다는 말이다. 그래야 빛이 난다. 그 빛은 어둠 속에서 헤매고 있는 사람에게 희망의 빛이 된다. 나는 기업을 하며 돈을 벌었다. 그 돈을 예술이 되게 쓰고 싶다. 사회 구성원이 같이 잘 살아야 좋은 사회. 그렇기에 '같이'가 '가치' 있는 일이다.

8장

인간, 이준호 이야기

일을 즐기는 삶

DS

내가 얼마나 일을 즐기며 살아왔는지 잘 모를 것이다. 주말이거나 연휴가 되면 거의 절망에 빠질 정도다. 집중할만한 무언가가 없어지기 때문이다. 삶의 활력을 찾기 위해서는 계속 열정을 쏟아부어 일해야 하기 때문이다.

현재 내 나이는 77세이다. 이 나이에도 계획한 일을 하기 위해서 아침 일찍 집을 나설 때 가슴이 설레는 것을 느낀다. 그것은 아직 꿈과 혼이 살아있기 때문이라고 생각한다.

두 번의 암 투병기

후두암 투병기

인생을 살다 보면 어떤 일을 계기로 인생이 바뀌기도 한다. 우리는 그것을 삶의 전환점이라고 이야기한다. 나에게는 후두암을 앓은 일이 삶의 전환점이 된 것 같다. 후두암을 앓기 전후의 나의 삶은 확연하게 구분된다.

후두암을 앓기 전에는 도금사업을 했다. 도금산업의 발전을 위해 한국용융도금협회를 조직하여 회장으로 활동하면서 우리나라를 아시아태평양 용융아연도금협회(APGGA, Asia Pacific General Galvanizing Association)에 이사국으로 가입시키고, 2001년 10월에는 아시아태평양 용융아연도금 회의(APGGC)를 부산 벡스코에서 개최했다. 도금인으로 살아오면서 나름대로 우리나라 도금산업 발전을 위해 최선을 다했다.

후두암을 완치하고 난 후에는 도금산업보다는 IT 벤처사업에 집중했다. 후두암을 치료하면서, IT 산업에 대한 다양한 정보를 접한 결과, 소재산업을 바라보는 안목이 생기고, IT 산업이 도금산업보다 스케일이 크고 더 전도유망하며, 이 산업 분야에 유미코아, 머크, 쓰리엠, 듀폰, 다우케미컬 등 국제적 규모의 다국적 기업이 포진해 있다는 사실도 알게 되었다. 이러한 과정에서 앞으로의 주력 사업을 IT 소재산업으로 바꿔야 하겠다고 생각하면서 이들 기업은 자연히 우리의 롤 모델이 되었다. 그리고 후두암 치료 전후의 사업패턴이 완전히 달라지면서, 결국 암 투병이 사업까지 전환하게 하는 변곡점이 되었다.

앞에서 언급한 APGGC 행사를 하기 2년 전인 1999년에 덕산하이메탈을 창업했다. 실험실 수준의 기술을 경제성 있는 양산 가능한 기술로 업그레이드하느라 전력을 다하면서 그 과정에서 몸이 많이 상했다. 이것과 국제행사를 준비하면서 쌓인 스트레스가 겹친 탓인지 목에 문제가 생겼다.

행사 기간 중 목에 이상을 느꼈으나 행사 때문에 차일피일 미루다 행사가 끝난 후 병원을 찾았더니 목에 조그만 혹이 있다고 했다. 울산의 한 병원에 가서 조직검사를 하니 결핵성 세포가 보여 결핵성 혹이라고 진단했고, 의사는 결핵만 잡으면 치료를 할 수 있다고 했다. 그래서 그 병원에서 5개월여 동안 통원 치료를 했는데도 혹은 점점 커졌다. 결핵성 혹은 딱딱해지며 더는 커지지 않는다고 하는데 이상하다고 생각해 다시 검사하니 암세포가 발견되었다. 더는 내가 다니던 병원을 믿을 수가 없어 그동안 치료한 기록을 전부 가지고 서울 아산병원으로 갔다. 아산병원에서는 모든 가능성을 가지고 처음부터 새롭게 접근하며 다양한 검사를 시작했다. 검사를 하는 며칠 동안 많은 생각이 머리를 스치고 지나갔다. '내가 왜 이런 병에 걸렸을까? 정도를 걸으면서 착하고 올바르게 살았는데, 열심히 산 나에게 왜 이런 병이 왔을까?' 결국 2002년 4월에 최종적으로 후두암 진단을, 그것도 4기라는 진단을 받았다.

당시 큰아들이 대학원에 다니고 있었는데, 내 소식을 듣고 급히 병원으로 왔다. 늦은 봄, 봄볕이 따사로운 병원 앞 벤치에서 아들, 아내와 함께 셋이 앉아서 눈물을 흘렸다. 앞이 보이지 않을 정도로 암울했고 좌절감이 밀려왔다. 어차피 병은 내 몫이었지만 이 상황을 지켜보는 큰아들이 정말 안 되었다. '아들이 얼마나 놀라고 상처를 받았을까? 자신은 아직 부모를 모실 수 있는 여건이 되지도 못하는데, 그런 상황에 부닥쳤으니 얼마나 힘들까?' 하는 생각이 들었다. 아마도 나는 그때를 평생 잊지 못할 것이다. 당시 둘째 아들은 미국에 유학 중이었는데 괜한 걱정을 할까 봐 연락도 하지 않았다.

후두암은 하인두 성대에 생기는 암으로 잘못하면 목숨을 잃을 수도 있지만, 다른 암과 비교해서 치유율이 비교적 높다고 알려져 있다. 그리고 불행 중 다행으로 한 가닥 빛을 발견했다. 두경부의 암은 치유가 될 가능성이 80% 이상으로 비교적 높다는 것이었다. 그 사실을 알게 되자 세상이 달리 보였고 절망감에서도 벗어날 수 있었다. 내 병을 고칠 수 있다고 생각하니, 열심히 치료도 받을 수 있었고 치료와 함께 일도 열심히 할 수 있을 것 같았다. 병원에서는 입원 치료를 하라고 권했지만 나는 통원 치료를 선택했다. 오전에는 회사에 나가 일하고 오후에는 서울에 가서 치료를 받고 저녁은 집에 와서 먹었다.

나는 대부분의 다른 암 환자와 같이 항암제 주사와 방사선 치료를 병행했다. 항암제를 맞고 나면 일주일간은 몸이 기진맥진하게 되어 제대로 먹지도 못했다. 안 먹으면 죽는다는 생각 때문에 음식을 먹기는 했지만, 굉장히 고통스러웠다. 항암제를 맞고 일주일쯤 지나면 몸이 어느 정도 회복되어 살만해지는데, 그때부터는 '사투다. 이렇게 하지 않으면 죽는다.'라고 생각하며 죽자 살자 운동을 했다. 그렇게 일주일 동안 몸 상태를 좋게 만든 후 다시 항암제를 맞는 2주 단위의 생활을 반복했다.

방사선 치료는 매일 했는데, 암 부위에 방사선을 쪼이면 목 주위가 전부 충격을 받아 침샘도 파괴되고 성대도 부었다. 또 목 안에서 시작된 발진이 피부 밖에까지 영향을 주어 목의 안과 밖이 모두 헐었다. 방사선 치료를 하면 새로운 세포가 생성되지 않는데 그러면 면역력이 떨어져 호흡할 때 들어오는 균에 감염이 되어 입이 헐기도 했다. 신진대사가 제대로 되지 않는 것은 물론이다. 음식도 자극성이 있는 것은 먹지 못하니, 미역국을 짜지도 맵지도 않게 끓여 마실 수 있는 정도의 죽처럼 만들어 먹으며 영양을 보충했다.

나는 사력을 다해서 투병 기간을 보냈다. 투병 중에도 잠자는 시간을 빼고는 가능한 한 침대에 눕지 않았다. 그리고 병중이라는 사실을 잊어버리기 위해 일에 파묻혀 살려고 노력했다. 일은 나에게 생기를 불러일으켰고, 살고 있다는 생동감을 느끼게 했다. 투병 중에도 오전에는 출근해서 정상 근무를 하고, 오후에는 병원에서 치료를 받기 위해 비행기를 타고 서울로 올라갔다. 공항에서 다시 한 시간이 걸려 병원에 도착하면 방사선 치료를 하는 데 5분이 걸렸다. 5분 치료를 받기 위해 오후를 다 보내는 것이었다.

당시 비행기 안에서 심완구 전 울산시장을 만났다. 심 시장은 나보다 먼저 암에 걸렸었는데 내가 만났던 당시는 투병이 거의 끝나가는 시점이었다. 투병 중 겪은 자신의 경험을 바탕으로 나에게 많은 조언을 해주었다.

암에 대한 속담이 있는데,

"아프다고 누워만 있으면 죽고 일어나서 활동하면 산다."

는 것이다. 내가 살던 울산 다운동 현대 아파트 뒤에는 입화산이라는 나지막한 산이 있다. 맑은 공기를 마시고 움직이는 것이 사는 길이라고 생각해서 그 산을 나무를 잡고 바둥바둥 기듯이 올라갔다. 항암치료를 받으면 의사는 3일 뒤에 운동을 시작하라고 권했지만 나는 치료를 받은 당일부터 링거 주머니를 배에 차고 계단을 오르는 운동부터 시작했다. 이렇게 운동하게 되면 피곤해져서 잠을 잘 자게 되었고 입맛도 좋아졌으며 변도 잘 봤다. 쾌식, 쾌변, 쾌면, 이것이 건강 유지의 3박자인데 이것을 잘 지킨 것이다.

암 발병의 원인-스트레스

누구든지 암 발병인자를 가지고 있지만 모두 다 암에 걸리는 것은 아니다. 발병 원인에는 여러 가지가 있겠지만 나는 스트레스가 가장 큰 영향을 미친다고 생각한다. 따라서 평소 스트레스를 해소하는 방법을 강구해야 한다. 운동하든지, 또는 자신이 좋아하는 것을 열심히 해서 스트레스를 해소해야 한다. 그런데 발병 당시에 나는 여러 가지로 신경 쓸 일이 많아 연속적으로 스트레스를 받았다. 지금 생각해 보니 그러한 스트레스 때문에 내가 암에 걸렸다고 생각한다.

그렇게 해서 거의 1년이 지나고 나서 나의 긴 투병 생활도 끝이 났다. 완치 판정을 받았고 드디어 후두암을 극복한 것이었다.

암에서 회복되니 사업도 잘되었다. 죽을 고비를 넘겼으니 사업도 목숨 걸고 하면 안 될 것이 없다고 생각했다. 덕산하이메탈은 양산과 관련된 기술적 어려움을 거의 극복하고 양산체제를 준비하고 있었으며 덕산산업과 덕산갈바텍도 임직원들의 노력으로 사업이 확대일로에 있었다. 개인적인 병고를 이겨 내고 회사에 복귀한 것이 임직원에게는 오히려 용기를 가지고 새롭게 시작하는 계기가 되었던 것 같다.

최악의 상황인 죽을 고비를 넘겼기 때문에, 두려울 것이 없었다. 욕심을 버리고 순리에 따르겠다고 생각하니 만사가 잘 풀렸다. 우선 덕산하이메탈이 삼성전자에 협력업체로 등록되어 거래가 시작되었다. 협력업체로 등록이 되기까지는 모든 것을 인정받아야 할 정도로 엄청나게 많은 절차에 합격해야 하는데 그 과정을 모두 통과한 것이다. 그리고 큰아들이 결혼식을 올렸다. 며느리를 처음 만났을 때 첫 인상이 정말 좋고 예뻤는데 며느리가 우리 집에 큰 복을 가져오지 않았나 생각한다. 또한 벨기에의 소재 회사인 유미코아의 투자를 받았는데, 그들은 후에 우리 회사에 발전 모멘텀을 주고 갔다. L기업을 인수 합병해 덕산네오룩스를 설립했고, 덕산테코피아를 인수해 설립하는 등 큼직큼직한 좋은 일이 계속해서 일어났다.

폐암을 이겨내다

후두암이 완치된 후부터는 매년 정기적으로 아내와 함께 서울 아산병원으로 종합검진을 받으러 다녔다. 그러던 중 2015년에 폐암 진단을 받았다. 예년처럼 엑스레이를 찍고 혈액검사를 했는데, 의사가 CT를 찍어 보자고 했다. CT 검사 결과 폐암 가능성이 있다고 해서 다시 조직검사를 하니 폐암 세포가 나왔다. 크기가 2cm 정도로 제법 진행이 된 상태였다.

폐암에는 두 가지가 있는데, 소세포 폐암과 비소세포 폐암이다. 소세포 폐암은 발병하고 6개월을 못 살 정도로 나쁜 암이고, 비소세포 폐암은 전이도 더디고 암세포를 절개해 떼어내면 살 수 있는 확률이 높은 상대적으로 착한 암이다. 나는 다행히 비소세포 폐암이었다. 의사가 수술하자고 했고, 나는 의사 선생님 손에 내 생명을 맡기겠다고 말했다. 방사선과, 종양 내과, 외과 의사 6~7명이 모여 협진 회의를 한 후 수술을 했는데, 수술은 개복하지 않고 기구를 넣어서 절개하는 방식이었다. 수술을 받기 전에 이런 생각이 들었다.

'내 인생 할 만큼 했다. 정말 무에서 시작해서 할 것은 다 했다. 기업도 경영해 봤고, 그 기업을 상장도 시켰고, 외국인 투자까지 받았다. 그리고 아이들 결혼도 다 시켰다. 기업인으로서, 가장으로서 할 수 있는 것은 다 했다. 언제라도 하늘에서 부르면 미련 없이 가겠다.'

수술이 끝난 뒤 마취가 깰 동안 회복실에 누워있었는데, 아들 둘이 찾아왔다. 두 아들을 보자 '내가 살았구나' 하는 생각이 들었고 갑자기 눈물이 났다.

"내가 살아서 너희와 함께 있게 되었구나."

그 후에 항암치료를 받고 결국 폐암도 이겨 냈다. 지금 완치 후 7년째에 접어들었다. 완치 후 5년까지는 6개월에 한 번씩 재발 여부를 체크했는데, 6년째부터는 1년에 한 번씩 체크한다. 지금부터는 언제든지 하늘이 부르면 갈 준비를 하면서 하나하나 정리하면서 살고 있다.

🕮 사고의 전환이다. 모든 것은 생각하기 나름 ◇◇◇◇◇◇

누구나 생각하지 않은 암이라는 죽을병에 걸릴 수 있다. 나는 두 번이나 암에 걸렸고 그것을 모두 이겨 내었다. 암에 걸리면 많은 사람이 절망하고 걱정부터 한다. 하지만 절망과 걱정이 암을 이기게 해주지는 않는다. 나을 수 있다는 희망을 가지고 치료에 최선을 다하면, 죽을 수도 있는 병을 극복할 수 있지만, 부정적인 생각으로 가득하다면 나을 수 있는 병도 악화되어 죽을 수 있다. 병은 물리적인 측면에서도 극복해야 하지만, 그 전에 정신적인 측면에서부터 극복해야 한다. 그래야 병과 싸워 이길 수 있다.

이것은 비단 암에만 해당하는 말이 아니다. 사업을 하다 보면 절망적인 상황에 처하게 되는 경우가 있다. 그때는 좌절하지 말고, 그 상황을 극복할 수 있다는 정신부터 먼저 회복해야 한다. 그러고 나서 그 상황을 극복할 수 있는 물리적 방법을 찾아야 한다. 속담에 하늘이 무너져도 솟아날 구멍이 있다고 하는데 틀린 말이 아니라고 생각한다.

우리 가족 이야기

가문 이야기

16대조 할아버지가 이도 세종대왕이며, 나는 세종대왕의 아들인 전주 이씨 밀성대군파이다. 세종대왕의 6대손인 이공여 할아버지는 나에게는 10대조가 된다. 이공여 할아버지는 임진왜란 직후 광해군 시절에 부산진의 방어 사령관인 부산진 첨사를 지냈다. 임기를 마칠 무렵 광해군이 인조반정으로 실각하는 등 시절이 어지럽게 되자 울산에 터를 잡고 살게 되었고 나에게는 입향조가 되었다.

세종대왕은 조선 시대 가장 위대한 임금이라 생각하며, 내가 가장 존경하는 사람 중의 한 분이다. 세종대왕은 국가를 경영하는 능력이 탁월했다. 앞에서 언급했듯이 조조의 유재시거를 실천한 임금으로 신분제도가 엄격했던 조선 초기, 서얼 출신, 무관 출신, 관노 출신 등을 가리지 않고 능력이 있으면 주요 관직에 임명한 것은 그 시대로서는 무척 혁신적인 생각이었다. 또한, 세종대왕의 애민 정신은 다른 어떤 임금도 따라가지 못할 정도로 특별했다고 생각한다. '신하가 고달파야 백성이 편안하다.'라고 생각해 신하를 지칠 정도로 혹사하면서 혁신을 이루었다. 훈민정음을 창제해 반포하던 날, 축하 잔치를 열었는데 집현전 학사 절반이 참석하지 못했다. 그 이유는 대부분이 살인적인 과중한 업무에 못 견뎌 병석에 누운 탓이었다고 한다. 또한 김종서가 모친상을 당해 3년 상을 치러야 한다며 휴가를 청하자, 변방을 지키는 일이 오히려 시급하다고 하며 허락하지 않고 국경을 지키게 했다. 그만큼 일반 백성을 사랑하는 마음이 컸다는 것이다. 조선 초기 때는 명이 기세등등하던 시대였는데 명의 영향력 속에 있던 조선이 훈민정음이라는 우리글을 창제했다는 것, 훈민정음 창제에 참고하기 위해 신숙주를 만주까지 보내 만주족의 만주어와 관련된 참고 자료를 가져오게 한 것 또한 상상을 초월하는 일이었다.

　나는 이런 훌륭한 분을 조상으로 모신 것을 자랑스럽게 여기며 그 어른의 혁신적이고 창의적인 정신이 우리 가문에 길이 계승되기를 기원한다.

　내가 '소재산업 입국, 그 중심기업 덕산'이라는 기치를 내걸고 소재산업에 주력한 것은 선대 조상들의 훌륭한 정신을 계승할 수 있는 길이라고 생각한다. 소재산업은 모든 산업의 기초이고 시작이자 원천이다. 오늘날 인간의 생활을 편리하게 만드는 기기들의 대부분은 반도체가 필수적이고 모든 반도체는 소재산업에 그 기반을 두고 있다. 소재는 어떠한 산업에서든 반드시 필요하니 소재산업은 영속할 수 있는 산업이다.

다른 대부분 산업은 시대에 따라, 기술의 변화에 따라 흥망성쇠와 부침이 있다. 조선산업은 시대에 따라 유럽에서 일본, 우리나라를 거쳐 중국으로 부침의 사이클이 이동해 가고 있고, 자동차산업은 내연기관에서 전기자동차로 기술의 변화에 따라 산업의 부침이 옮겨 가고 있다. 하지만 소재산업은 모든 산업의 기초가 되기에 그러한 부침의 사이클 밖에 있다고 할 수 있다. 소재산업은 영속할 수 있으므로 소재산업을 주력으로 하는 한 덕산그룹도 영속할 수 있을 것이다. 나의 후대에서도 덕산이 지속해서 발전하기를 기원하며, 나는 소재산업의 가치를 이해하고 그 터전을 닦았다는 것에 의미를 두고 싶다.

아아! 어머니

86세였던 노모께서 심한 몸살감기에 걸리셨다. 그때가 APGGC 행사 일로 해외에 출장을 가고자 했을 때였다. 출장을 떠나기 전에 어머니를 뵈러 갔다.

"출장은 며칠 동안 가느냐, 언제 돌아오느냐?"

"일주일 정도 다녀와야 합니다."

"그렇게 오랫동안 가느냐?"

어머니께서 앓아누우셨던 기간이 이미 일주일이나 되었다. 당시 어머니 곁에서 하룻밤을 자고 싶었지만, 이미 정해져 있는 일정 때문에 다녀와서 그렇게 해야지 하고 생각하고 정해진 출장을 떠났다. 그런데 어머니의 그 말씀이 어쩐지 심상치 않게 들렸다.

출장 관련된 일을 하느라 여러 나라를 돌아다니다 말레이시아를 거쳐 싱가포르 공항에 도착하니 현지 KAL 지점장이 "이준호 사장님 찾습니다"라는 푯말을 들고 서 있었다. 그것을 보는 순간 '아이고, 어머니에게 무슨 변고가 생겼구나!' 하는 예감이 들었는데, 아니나 다를까 어머니가 돌아가셨다는 비보를 전해주었다. KAL 지점장은 벌써 돌아갈 저녁 비행기 표까지 마련해두고 있었다. 출발시간까지는 7시간가량이 남아있었다.

출장을 도와주던 현지 에이전시와 싱가포르 한 포구의 식당에서 대화를 나누는데도 그 내용이 하나도 귀에 들어오지 않았다. 기다리는 그 7시간은 정말 길게 느껴졌고 마침내 저녁 비행기를 타고 귀국했다. 한국 공항에 도착하면서 형님에게 전화했다. 형님은

"너 올 때까지 입관을 안 하고 있다."

고 말했다. 싱가포르 포구의 식당에서부터 계속 눈물이 흘렀는데 막상 어머니의 주검을 대하니 대성통곡을 하게 되었다. '그때 출장 떠나기 전에 어머니 곁에서 하룻밤을 함께 잘걸.' 하는 생각이 나며 함께 하지 못한 일이 두고두고 마음에 걸렸다. 부모님을 여의는 것은 누구나 피해갈 수 없는 인생의 한 과정이다. 그런데 내가 5살 때

부산대 졸업식 날 어머니와 함께

돌아가신 아버지는 어릴 때라 기억에 없었고, 철들고 돌아가신 혈육
은 어머니가 유일했다. 그러기에 그 슬픔은 더욱 컸다.

어머니가 돌아가시고 나니 삶의 목표가 흔들리는 것 같았다. 어
머니가 살아계실 때 내가 사업에 성공하는 것을 어머니께 말씀드리
며 "우리 아들 참, 잘했구나." 하는 말을 듣는 것이 나에게는 커다
란 즐거움이었는데, 이제 그럴 수 없게 되었으니 그 상실감을 주체
하기가 정말 힘들었다.

'사업에 성공해서 보여줄 어머니도 계시지 않는데 누구에게 보여
주려고, 무엇 때문에 이 사업을 하는가?' 하는 생각과 함께 슬픔에
젖어 헤매고 있을 때, 아내가 나에게 말했다.

"나와 아이들은 뭐냐?"

슬픔에서 벗어나라는 의미였고, 큰 울림으로 다가왔다. '맞다. 나에게는 아내와 아이들이 있었지! 세상 만물이 생성했다가 소멸함은 자연의 이치다. 누구에게나 찾아오는 당연한 절차며 과정이다. 지금은 지금대로 미래는 미래대로 삶의 가치를 현재에서 찾을 필요가 있다. 더는 이미 돌아가신 과거에 얽매여서는 안 된다.' 하는 울림을 주었다. 그렇게 해서 어머니가 돌아가신 슬픔에서 헤어나 사업에 몰두할 수 있었다.

무엇과도 비교할 수 없는 행운, 아내

내가 어려운 처지에 있을 때 일어설 수 있게 노력하도록 용기를 주는 사람이 좋은 친구다. 나는 이런 사람을 가진 것이 정말 행복한데, 특히 아내는 내가 큰 병을 여러 번 겪었을 때 나를 일어설 수 있도록 지탱하고 용기를 준 사람이다.

아내는 정신력이 강하고 기본에 철저한 사람이다. 자신 때문에 타인이 피해를 보는 일은 절대로 용납하지 않으며, 공사 구분에도 철저하다. 내가 수십 년간 사업을 하는 동안 아내에게서 일과시간에 전화를 받아본 적이 한 번도 없다.

아무리 힘들어도 자신이 해야 할 일은 기어코 다 해내는 사람이다. 몸이 아파서 죽을 지경일지라도 내가 출근할 때면 언제나 아침 밥상이 차려져 있다. 그런 아내가 때로는 지나치다고 생각될 때가 있다. 한번은 아내가 거실 창문을 닦다가 창문을 안고 넘어진 적이 있었다. 유리창이 깨지면서 유리 파편이 손등에 박혀 택시를 타고 병원에 가서 수십 바늘을 꿰맸다. 그런 일을 당하고도 나에게 전화 한 통 하지 않았고 퇴근하고 나서야 그런 사실을 알았다. 그처럼 아무리 위급한 일이 있어도 일과시간에는 좀처럼 전화하는 일이 없었다.

결혼 초기에 나는 아무것도 가진 것이 없었다. 오히려 마이너스 통장만 가지고 있었다. 취업해서 결혼할 때까지 벌어 놓은 돈은 작은형이 결혼할 때 모두 도와주었다. 월급을 타서 적금을 부었는데, 적금을 찾고 회사 봉급을 담보로 대출까지 해서 모두 작은형의 신혼집 전세자금에 보탰으니 나는 잔뜩 빚만 안고 있었다. 새 신부는 기가 찼던 모양이다. 그때부터 월급의 90%를 저축했다. 당장 먹을 것조차 제대로 없을 정도였다. 명태를 한 마리 사면 국을 끓여 먹고, 명태 머리는 부숴서 된장국에 넣어 먹을 정도로 알뜰했다. 살다 보면 무슨 일을 당할지 모르므로 운신의 폭은 항상 가지고 있어야 하니 꼭 저축이 필요하다고 했다.

검소한 생활을 하면서 다른 사람이 흥청망청하는 것을 보면 아주 싫어했다. 또 자신이 가정부 노릇을 하더라도 아이들 교육만큼은 꼭 시켜야 한다고 생각했다. 그런 정신적인 강인함이 내가 사업을 하거나 아이들이 강하게 성장할 수 있는 정신적 바탕이 되었다.

아내의 이화여대 학창 시절, 맨 왼쪽이 아내   아내와 함께 해외여행 중에

아내는 계획을 세우고 계획대로 실천하는 성격이다. 반면 나는 가끔 어떤 길이 보인다고 생각되면 저돌적으로 새로운 사업에 도전한다. 사업하는 일은 끊임없는 도전과 혁신의 연속이다. 그러다 보면 계획된 테두리를 벗어나는 경우도 많이 있을 수밖에 없다. 그것을 옆에서 지켜보는 아내는 나보다 더 힘들어한다. 아내 입장에서는 내가 교사나 교수 직업을 갖는 것이 더 성격에 맞을 것이다. 잘 짜진 틀 내에서 일정한 수입을 얻고 그에 따라 계획된 지출을 하는 것이 아내의 성미에 더 맞을 것이라는 생각이 든다.

하지만 내가 하는 사업은 그런 성격이 아니다. 끊임없는 도전과 혁신의 연속으로 변화가 무쌍하다. 새로운 사업에 관해서 이야기하면 아내는 언제나 반대부터 했다. 반대할 뿐만 아니라, 그 말을 들은 날부터 고심하며 속을 끓였다. 나는 아내의 그러한 성격을 잘 알기 때문에 집에서는 가능하면 사업 이야기를 잘 하지 않는다. 그렇지만 아내가 간접적으로 알게 되는 것을 피해갈 수는 없다. 나는 평생 새로운 사업을 끊임없이 펼쳐왔기 때문에 아내의 고뇌가 어떠했을까를 미루어 짐작할 수 있다.

결론적으로 아내의 삶의 자세는 우리 가정이 흔들리지 않도록 하는 정신적 지주 역할을 해주었다. 아내의 반대는 내가 사업할 때 실패하지 않도록 주도면밀하게 하라는 의도로 받아들였다. 자신은 노심초사 고민하는 삶을 선택해 힘이 들더라도 내가 사업에 실패하지 않아야 우리 가정이 잘될 것이라고 믿기 때문에 그렇게 한다고 생각한다. 아내는 자기 덕에 내 사업이 잘되는 줄 알라고 농담처럼 말하지만 사실 나도 그렇게 생각한다. 그런 아내를 만난 것은 내 인생에서 무엇과도 비교할 수 없는 큰 행운이기에 아내에게 늘 감사하게 생각하고 있다.

큰아들 이수훈

장남 이수훈은 효자이다. 내가 후두암, 폐암 등 여러 차례 큰 병을 앓았을 때, 늘 옆에서 함께 하면서 많은 힘이 되어주었다.

선녀처럼 예쁜 며느리와 결혼해서 우리 집안으로 데리고 온 것이나 눈에 넣어도 아프지 않을 첫 손녀 하윤이를 선물해 준 것이나 모두 고맙다. 천지지대덕왈생(天地之大德曰生), 새로운 생명이 태어난 것이 세상의 어떤 것보다 가치 있는 것이란 생각을 항상 해왔기에 의미가 더 컸다. 첫 손녀는 우리 가문의 큰 경사로 느껴졌다. 내가 아들을 낳을 때는 인생의 깊이를 헤아리지 못했던 시기여서 그랬는지 그렇게 기쁘지 않았는데, 하윤이를 안을 때는 인생의 깊이가 깊어지고 새 생명의 의미를 알아서 그랬던지 정말 기뻤고 나에게는 무엇과도 비할 바 없는 큰 효도로 생각되었다.

장남이 자라던 시기는 내가 사업에 열중하고 있을 때라 아들에게 크게 신경을 쓰지 못했다. 넘치는 사랑을 받아야 할 시기에 그렇게 해주지 못한 것이 항상 마음에 걸렸다. 중고생 때 그렇게 신고 싶어 하는 나이키 신발 한 켤레를 못 사준 것도, 지금 생각해 보니 정말 미안하다.

장남과의 특별한 추억을 남기기 위해 포항 해병부대의 일반인을 위한 병영체험에 함께 참여하기로 하고 원서를 냈다. 그런데 갑자기 몸살이 나서 나는 가지 못하고 장남 혼자 포항으로 보냈다. 그것도 지나고 보니 '둘이 함께 갔으면 평생 남을 좋은 추억거리가 되었을 텐데'하는 아쉬움으로 남는다.

현재는 덕산네오룩스의 대표이사직을 맡고 있는데 사업을 아주 탁월하게 잘하고 있는 것을 보니 정말 고맙다. 꾸준히 성장하는 사업가가 되었으면 좋겠다. 하지만 사업에 휘둘리지는 말아야 한다.

장남 이수훈 덕산네오룩스 대표, 2022년 대한상의, Forbes 사회공헌대상을 수상하고 인사를 하고 있다

사업은 자신이 휘둘러야 한다. 사업에 휘둘리면 스트레스를 받는데, 그러면 스트레스 때문에 몸에 병이 생긴다. 사업은 항상 긍정적인 자세로 즐겁게 해야 하며 자신이 컨트롤 할 수 있어야 한다.

한번은 덕산하이메탈의 미래와 혁신에 대한 주제로 전 임직원들이 참여하는 비전 회의를 한 적이 있다. '소재산업으로서 영속적으로 발전하기 위해서는 무엇을 어떻게 할 것인가'에 대한 브레인스토밍을 하는 자리였는데, 장남은 회사가 추구할 가치로 '비욘드 메터리얼(beyond material)'이라는 문구를 은근슬쩍 집어넣었다. 이는 소재산업을 넘어서겠다는 의미이니, 어찌 보면 줄기차게 소재산업을 주장해 온 나에게 반기를 드는 것이라는 생각도 들 수 있겠지만 나는 오히려 마음이 든든했다. 내 한계가 아들의 한계가 되어서는 안 된다고 늘 생각했고, 아버지를 뛰어넘어서 더 발전하겠다는 의미로 받아들였기 때문이다. 아들이 청출어람(靑出於藍)이 될 수 있다는 생각에 마음이 흡족했다.

장남은 사람을 끌어당기는 묘한 매력이 있는가 보다. 삼성, LG 등 대기업에서 능력을 발휘하고 있는 현직 임원들을 많이 영입해 온다. 4차 산업혁명 시대는 엄청나게 빠른 속도로 변화하는 시대이니 한 차원 앞서서 바라보아야 그 변화에 유연하게 대응할 수 있고 그러려면 유능한 인재가 많아야 한다. 유능한 인재들을 영입하여 미래에 대비하려는 장남을 보면 든든하다.

장남이 덕산네오룩스를 맡아서 경영한 이후 내가 경영할 때에 비해 매출액과 주가 등 회사실적이 두 배 이상이 되었다. 그리고 장남이 스스로 만든 작품이 있는데, 티그리스인베스트먼트라는 투자회사를 설립하고, 항법장치를 개발하는 항공우주산업 회사를 인수하여 덕산넵코어스를 설립한 것이다. 덕산넵코어스에서는 누리호의 중요부품인 항법장치를 개발 및 제조하고 있는데 경량화가 필수요건이다. 반도체 집적도를 높여 경량화하는 기술 개발을 대학과 협업으로 진행하고 있다. 덕산하이메탈의 중요 의사결정에도 관여하고 있는데 덕산그룹의 경영을 맡겨도 잘 할 수 있을 것이라는 생각이 들어 아주 든든하다.

장남은 독서하는 것을 아주 좋아해 항상 손에서 책을 놓지 않고,

책값만 한 달에 3~40만 원을 지출한다고 한다. 그러다 보니 이사할 때마다 책을 치우는 것이 큰일이 되었다. 그래서 주기적으로 책을 골라 버렸었는데 언젠가부터 책을 버리지 않고 자신이 경영하는 덕산네오룩스에 서장을 만들어 보관하고 있다. 독서를 많이 하니 다방면으로 지식이 풍부하고 그래서인지 임직원들이 그를 잘 따른다. 어릴 때부터 지능지수가 높았는데 좋은 머리에 다독으로 지식까지 얻으니 그것이 경영을 잘 할 수 있는 밑거름이 된 것 같다.

자식으로서 부모에게 대하는 인간적인 측면에서나 회사 대표로서의 업무적인 측면 모두에서 잘하고 있으니 장남은 나에게 아주 효자다. 자신이 하는 모든 일에 대해서 강한 자부심을 품고 열심히 하는 모습은 무엇보다도 보기가 좋고 나에게는 더없이 고마운 일이다.

작은아들 이수완

작은아들 이수완은 한마디로 끈질긴 근성과 지구력의 표본이라 말할 수 있다. 어떤 목표를 세우면 치밀하게 계획을 세우고 과감하게 결정해, 될 때까지 밀어붙인다. 또 집중력과 몰입하는 힘이 뛰어나고, 뭐든 하겠다고 마음먹은 일은 반드시 이루고야 마는 성격이다.

그리고 제 일은 자신이 알아서 판단하고 결정한다. 고려대학교로 진학했는데, 2학년을 마치고 군에 입대했다. 제대 후 복학을 연기하고 미국으로 어학연수를 갔는데, 처음에는 한국 유학원에서 소개해

둘째 아들 덕산테코피아 대표 이수완

준 대로 미국의 어학원에 다녔으나 얼마 안 있어 커뮤니티 칼리지로
가는 방법을 스스로 찾아 칼리지에 입학해 2년 동안 공부했다. 칼리
지를 졸업하고 미국 서부 최고의 명문대학교인 UCLA에 3학년으
로 편입해 비즈니스 경제학(business economics)을 전공했다. 모
두 혼자서 길을 찾고 도전해 이룬 결과다. 이러한 것들을 볼 때 상당
히 자립심이 강하고 창의력이 있다고 생각한다.

　당시는 한국의 외환위기, 소위 말하는 IMF 시절이었다. 한국에
서 유학 온 주변 친구들이 부모의 사업 실패로 공부를 포기하고 귀
국하는 것을 많이 보았다고 한다. 그것을 보며 '나도 저렇게 될 수도
있겠다.'라는 생각이 들어 그때부터 혹시 있을지도 모를 상황에 대
비하기 위해 내핍 생활을 시작했다고 한다. 2년 후 졸업식 때 미국

에 가서 보니, 우리가 유학 경비로 보내 준 돈을 절약해 5천만 원을 저축하고 있었다. 그런데 아들이 사는 집을 보니 기가 막혔다. 임대료가 싼 지하실을 세내어 살고 있었는데, 습기가 많아서 방 구석구석에 곰팡이가 나 있었고, 제대로 된 침대도 없이 방바닥에 에어메트를 깔고 침구로 사용하고 있었다. 또한 타고 다니는 차는 낡은 중고차여서 언제 설지 모를 지경이었다. 당시 우리 형편이 그리 어렵지 않았는데도 아들은 최악의 상황에 대비해 절약하며 극빈 생활을 한 것이었다. 보내 준 유학 경비에서 5천만 원을 저축할 수 있었던 것은 그렇게 생활했기에 가능한 일이었다. 보통 사람이 하기는 절대 쉽지 않았을 것으로 생각했고, 아들이 고생한 상황은 능히 미루어 짐작할 수 있었다. 그만큼 둘째는 목표를 세우면 꼭 이루고야 마는 성격이며, 모든 것을 스스로 알아서 해결하는 자립심이 강한 아이다. 자신이 옳다고 생각하면 누가 뭐래도 밀어붙여 해내고야 만다.

졸업 후 미국 현지에서 삼성그룹의 입사 시험에 합격했으므로 현지에서 취업할 수 있었고, 또 국내에 들어와 취업할 수도 있었다. 나는 아들에게,

"해외에 있으면 가족이 쉽게 만나기가 어렵지 않으냐? 가족은 함께 있어야 가족이다. 국내에 들어와서 일하는 것이 좋겠다."

라고 했는데, 둘째는 처음에는 미국에서 취업하겠다고 했으나 결국 내 말을 들어주었다. 대신 한 달 후에 귀국하겠다고 말하고는 남미 여행을 떠나고자 했다. 내가 이야기할 것도 있으니 여행을 가지

말고 바로 귀국하라고 말했지만, 끝까지 고집을 부렸다. 그때 아들과 대립한 것이 아직도 기억에 남는다. 아내는,

"자기 하고 싶은 대로 하게 내버려 두라."

는 쪽이었지만 나는,

"미국도 자기 마음대로 결정해서 갔고 모든 것을 자기가 하고 싶은 대로 했는데, 그만큼 했으면 할 만큼 하지 않았느냐? 이제 아비 말도 좀 들어주었으면 한다."

라고 말했다. 아들과 일종의 자존심 대결을 한 것 같다. 그때 '백 번 말려도 자기가 하고 싶은 것은 끝까지 밀고 나가는구나, 말려도 소용이 없네! 자식 이기는 부모 없다는데 그 말이 정말 맞네'하는 생각이 들었다.

아들은 남미의 잉카 유적을 보기를 원했는데, LA에서 바로 남미를 갈 수 있는데 그때가 아니면 언제 여행할 수 있겠느냐는 것이 그 이유였단다. 지금 생각해봐도 한국에서 남미를 여행 가는 것은 결코 쉬운 일이 아니다. LA에서 버스를 타고 멕시코까지 가는데, 장거리 버스의 제일 값싼 자리를 잡고 보니 그 자리가 바로 화장실 옆이었고, 차가 달리면 쏟아지는 악취가 전부 자기 자리로 왔다고 한다. 며칠 동안 여행을 하며 얼굴이 노랗게 될 정도로 악취에 시달렸다고 한다.

둘째는 현재 덕산테코피아를 맡아 탁월한 경영 능력을 보여주

고 있다. OLED 중간 소재와 반도체 소재인 헥사클로로디실란(HCDS)을 생산하는 회사인데, 아비가 보기에도 사업을 꽤 잘 운영하는 것 같다. HCDS는 반도체용 초고순도 박막증착 전구체(Precursor)로써 초미세 박막을 형성하거나 두께를 조절하는 역할을 하는 소재이다. 덕산테코피아가 유일하게 국산화에 성공했다. 삼성전자에 주로 납품하고 있는데, 납품 점유율이 50%를 넘는다. 이 소재에 대한 덕산테코피아의 기술 수준은 타의 추종을 불허할 정도이다.

지금은 2차 전지 소재를 생산하는 신규사업에 투자해 미국에 진출하려고 한다. 20여 명으로 팀을 구성해 미국의 환경, 노동, 인적자원, 주 정부의 정책 등을 연구하며, 변호사들과 함께 법률관계를 검토하고 공장설계도 하는 등 준비를 철저히 하고 있다. 현재 우리가 핸들링하는 규모의 몇 배가 되는 천문학적 금액을 투자하는 큰 스케일의 사업이다.

전 세계의 자동차회사들이 지구환경 보호를 위해 전기자동차 개발과 생산에 매달리고 있는 것처럼 미국의 GM, 포드, 테슬라 등도 전기자동차에 매진하고 있다. 포드에서는 기회를 놓치지 않으려고 트럭까지도 전기자동차로 개발하고 있다. 전기자동차 산업에서 가장 중요한 부품은 전지이다. 따라서 향후 전기자동차의 수요 증가와 더불어 전지의 수요도 엄청나게 증가할 가능성이 크다. 둘째는 이러한 전지의 생산 확대를 예상하고 미국에 전지의 소재 중 하나인 전해액 공장을 지으려고 하는 것이다.

자신의 주관이 뚜렷하고 계획이 치밀하며 목표 의식과 추진력도 강하고 스케일도 크기에 앞으로 대성하리라 믿어 의심치 않는다. 이런 아들을 둔 것이 아버지로서 무척 든든하고 자랑스럽고 또한, 고맙기 그지없다.

두 아들에게

수훈, 수완 두 아들에게는 정말 미안하고 후회스러운 일이 많다. 아버지의 무한히 큰사랑을 느끼고 자라야 할 성장기에 나는 아이들에게 관심과 사랑을 주지 못했다. 그 당시 나는 사업에만 몰두해 있었고 사업에서 실패하지 않기 위해 연구실과 생산 현장에서 대부분 시간을 보냈다. 어떻게 해서든 사업에 성공하기 위해 가족들이 어떻게 지내는지 관심을 둘 여유가 없이 동분서주했다.

한참 감수성이 예민할 때여서 주변에서 일어나는 온갖 일들을 스펀지처럼 흡수하면서 성장할 그 시기에 아버지의 평온치 못한 얼굴을 보여주어서 몹시 미안하다. 많은 고민과 걱정에 내 표정은 굳어 있었고 아이들을 살갑게 돌볼 시간도, 마음의 여유도 없었다. 그런 얼굴을 보고 성장했을 아이들의 마음이 어떠했을지 짐작이 간다. 나에게는 소중하고 사랑스러운 아이들과 많은 시간을 보내지 못한 지난날들이 아쉽고 후회스럽다. 어떠한 방법으로든 아들들에게 그러한 미안함에 대해 보상해주고 싶고, 아들들이 정말 잘 되었으면 하는 바람이 간절하다.

그것이 어릴 때 해주지 못한 사랑에 대한 보상이 될 수야 없겠지만 두 아들에게 회사를 하나씩 승계해주었다. 그런데 두 아들은 물려 준 사업을 잘 꾸려갈 뿐만 아니라 더욱 키우고 발전시키고 있어 한없이 기특하고 고맙기까지 하다. 부모는 자식이 사회에서 제 할 일을 다 하며 살아가는 모습을 보는 것이 제일 바라는 일이다. 그런데 우리 부자는 마주 앉아 같은 고민을 하며, 아들들이 내가 하던 사업들을 잘 이어나가고 있는 것을 보니 기쁘기 한이 없다. 아들들이 건강하게 열심히 일하는 모습을 보는 것만 하더라도 내게는 축복이다. 고진감래라든가? 젊어서는 정말 힘들었지만, 평생을 잘 일구어 왔다고 주는 하늘의 선물인가? 지금 나는 참 행복하다.

아들을 향한 詩

멀리서 아들을 보려 한다.

업무상 가까이에 있어 늘 보니

참 좋지만

되도록 아들을 안 보려 한다.

내 한계가

행여

아들의 한계가 될까 두려워.

사랑스러워도

뒤에서 보려 한다.

뒷모습에서는 보고 싶은

그리운 얼굴을 볼 수 있기 때문이다.

언제나 보고 싶은 모습들이기에

오늘도 멀리서 아들의 뒷모습을

하염없이 바라본다.

나에게 특별한 의미가 있는 사람들

사람이 어떤 사람을 만나는지를 아는 것은 그 사람의 과거와 현재와 미래를 아는 것이란 말이 있다. 나와 인간관계를 맺은 많은 사람이 있고, 그 한 사람 한 사람이 모두 의미가 있지만, 나에게 특별한 의미를 가진 몇 사람이 있어 소개해 보기로 한다.

작은형

작은형과 나는 세 살 터울이다. 내가 초등학교를 졸업하고 중학교에 들어갈 때, 작은형은 중학교를 졸업하고 고등학교 들어갈 시기였다. 그런데 당시 남부지방을 강타한 태풍 사라호 때문에 홍수가 졌고, 제방 둑이 터져 논이 물에 잠기는 바람에 농사를 망치게 되었다. 중농의 살림이었지만, 흉년이 들었으니 어떻게 할 도리가 없었다. 홀어머니는 둘 다 학교에 보내기가 버거워 작은형에게 말했다.

"동생 중학교는 보내야 안 되겠나. 니가 한 해만 쉬었다가 고등학교에 갔으면 좋겠다."

작은형은 기꺼이 양보했고 충분히 학업을 하지 못한 작은형에게 나는 첫 번째 빚을 지게 되었다. 군대에서 3년을 복무하고 나왔을 때도 집안 형편은 여전히 좋지 않았다. 내가 복학할 당시 작은형은 현대자동차에 취업하여 다니고 있었는데, 내가 학업을 계속하고 3, 4학년 때 행정고시 준비를 할 수 있었던 것도 모두 작은형이 도와준 덕분이었다. "돈은 걱정하지 마라, 내가 도와줄게." 하며 하숙비를 대어 주었고 나는 그 덕택에 안심하고 고시 공부를 할 수 있었다. 그러니 작은형에게는 두 번의 빚을 지게 된 셈이다.

그래서 나는 작은형이 결혼할 때 신혼집 전세금을 마련해주었다. 당시 나는 현대중공업에 취업해 다닐 때였는데, 적금 넣은 것을 빼고 대출을 내어서 전세금을 마련해주었다. 그 후 작은 형은 현대자동차를 퇴사하고 자영업을 하다가, 내가 덕산산업을 창업했을 때 우리 회사에 와서 나와 함께 일했다. 작은형은 덕산에서 전무직을 끝으로 정년 퇴임했다.

나는 작은형의 은혜에 보답하는 뜻으로 예전에 덕산하이메탈 주식을 나누어 준 적이 있는데 그것을 아직도 보유하고 있다고 한다. 시가로 치면 거금이다. 형수님은 나에게 "내가 복이 많아요. 다 도련님 덕분입니다."라는 말을 하곤 한다. 작은형과 나의 관계는 그런 관계다.

자형

사업을 하면서 금전적으로 어려울 때, 자형은 큰 힘이 되어주었다. 당시 은행은 문턱이 높아서 담보나 보증인이 없으면 사업자금을 대출받기 어려웠고, 나는 필요할 때마다 자형을 보증인으로 세워서 대출을 받았다. 당시 자형은 교직에 있었는데, 내가 보증을 부탁하면 수업하다가도 은행으로 달려 나오곤 했다. 그때의 그 고마움은 지금도 잊을 수가 없다.

사업이 점점 커지면서 대출금의 규모도 커지니 겁이 났다. '내가 잘못해서 쓰러지게 되면 나 혼자 쓰러지는 것이 아니다. 작은형과 자형 두 집 살림을 모두 거덜 내는 것이다.' 그런 생각이 들어 죽을 둥 살 둥 하지 않으면 되지 않게 되었다. '나에게는 더는 물러설 곳이 없구나.' 하는 생각마저 들었다.

나를 도와준 작은형에게는 주식을 나누어 주고 우리 회사에서 상무, 전무까지 하며 정년으로 퇴직하게 했으니 나름대로 보답했다는 생각이 들었으나 자형에게는 보답할 길이 없었다. 그래서 조카를 불러서 덕산산업의 하도급 일을 하게 해주고, 덕산갈바텍의 주식 25%를 나누어주었다. 그러고 나니 자형에게도 어느 정도 마음의 빚을 갚았다고 생각되어 한결 홀가분해졌다.

2대에 걸쳐 덕산에 근무한 부자

어느 주말에 우리 회사 모 그룹장이 회사에 나왔다가 나와 함께 점심을 하게 되었는데 점심 도중 그가 이런 이야기를 했다.

"회장님 저희 아버지도 덕산에 근무했습니다. 저희 어머니가 갓 난아기 때 저를 업고 덕산에 찾아온 적이 있다는 말을 제가 들었습니다."

다른 사람이 들었다면 그냥 지나쳐버릴 이야기겠지만 창업주가 그런 말을 들으면 무척 기분이 좋아지는 이야기다.

"아버지 성함이 어떻게 되는데?"

"유 아무개입니다."

"아! 그렇구나. 기억난다."

덕산산업 창업 초기 영업, 경리, 그리고 기술자 2~3명 등 모두 7명이 함께 일했는데, 그때 그 그룹장의 부친은 현장 반장 일을 맡고 있었다. 그의 얼굴까지 확실히 기억났는데 성품이 아주 온순한 분으로 기억되었다. 문제에 부닥칠 때는 절대 안 된다는 소리는 하지 않고, '어렵겠지만 한번 해보겠습니다.'라고 했던 분이었다. 그 이야기를 들으니 얼마나 반가운지,

"그래, 요즈음은 어떻게 지내고 계시나?"

"건강이 그다지 좋지 않습니다. 신장이 좋지 않아 매주 두 번씩 투석해야 합니다."

그 말을 듣고 안타까운 생각이 들어 병원비에 보태라고 얼마간의 돈을 봉투에 넣어 주었다. 그랬더니,

"40년 전에 근무했던 저희 아버지를 기억해주시는 것만도 고마운

데, 병원비까지 주시니 정말 감사합니다."

라고 했다. 2대에 걸쳐 나와 같이 일을 한다는 사실이 나를 무척 흐뭇하게 했다. 그 그룹장은 회사의 내부 살림을 맡고 있어 나에게 매일 결재를 받으러 오는데, 그를 만날 때마다 그의 아버지 생각이 난다.

솔더볼의 씨앗을 뿌려준 J 교수

나에게 솔더볼 사업을 시작할 수 있도록 계기를 마련해 준 J 교수는 덕산하이메탈 창업 초기 다소 불편한 관계였지만 지금은 관계가 회복되어 좋은 관계를 유지하고 있다. 나의 인생에서 그를 만난 것은 좋은 인연이라고 생각하고 관계를 회복하려고 노력했다. 나는 인간관계에서 원만하고 발전적인 방향으로 관계를 형성하지 못하면 나 자신과 회사, 그리고 상대방 모두에게 손해라고 생각한다. 한때 그와의 관계가 좋지 않아 많은 심적 고통을 겪었지만, 그럴수록 관계가 회복된 지금은 가끔 생각나는 사람이다.

사업의 안정화에 큰 역할을 한 박여일 부사장

덕산산업을 경영할 때, 알루미늄 도금기술을 확보하기 위해 삼고 초려 하면서 그를 영입했는데, 그가 우리 회사로 온 초창기에는 소위 말하는 기술자 근성으로 나를 많이 애먹였다. 그렇지만 그와의 갈등이 해소되고 나서 회사는 그 덕분에 기술적으로나 사업적으로

나 많이 안정되었다. 그가 우리 회사에 오기 전에는 거의 10년 동안 품질 문제와 자금난으로 허덕였는데, 그가 오고 난 후에는 그가 가지고 있던 탁월한 도금기술과 지식으로 그 전부터 있었던 도금 품질 문제를 많이 해결하였을 뿐만 아니라, 새로이 추가된 알루미늄 도금 사업으로 매출이 안정되었다. 한마디로 태풍으로 출렁이던 사업이 순풍에 돛을 달게 된 것이었다.

사업이 안정되니 심적으로 여유가 생겼고 회사 내에서 일의 두서가 잡혔으며 새로운 사업을 해도 될 만한 충분한 여력이 생겼다. 그리하여 1992년에 덕산갈바텍을 창업했으며, 1999년에는 덕산하이메탈을 창업했다. 새로운 사업에 도전할 엄두를 낼 수 있었던 것은 전적으로 회사가 안정된 덕분이라 생각한다. 그는 나중에 우리 회사에서 부사장까지 승진했다가 퇴직했다.

여러 사람에게 덕산하이메탈 주식을 나누어 주었지만, 당시 나를 가장 애먹였던 기술자인 박여일 부사장에게는 주식을 가장 많이 나누어주었다. 그만큼 그는 내 사업에 많이 기여했기 때문이다. 그와는 갈등도 많이 빚었지만 나와는 참 좋은 인연이었다.

현업 은퇴 후에 하고 싶은 일

두 아들에게 회사 지분의 대부분을 승계했다. 두 아들은 회사의 오너인 동시에 전문경영인이다. 다행히 두 아들 모두 자기 위치에서 회사 경영을 잘하고 있다. 조만간 그룹의 모든 경영권을 두 아들과 그룹 내 전문경영인에게 맡기고 경영 일선에서 물러날 예정이다. '은퇴 후에 무엇을 할 것인가.'에 대해 오래전부터 생각했다.

덕산은 순수하게 울산지역에서 성장한 향토기업이다. 덕산하이메탈 창업 당시의 관점에서 보면 스타트업, 소위 벤처기업이다. 그런 의미에서 덕산은 울산지역 최초로 스타트업으로써 성공한 기업이다. 성공의 발판이 된 울산에 대해 성공한 기업인으로서 의무감과 책임감을 느끼고 있다. 그것을 어떻게 실천할 것인지 오랫동안 고민했다.

울산은 제조업으로서 성장한 도시이다. 우리나라의 산업 수도로 불릴 정도로 우리나라 발전을 이끌었으며, 한때는 울산세무서의 세수 실적이 전국 1, 2위를 다투기도 했다. 그러나 울산의 주력산업은 이제 성숙단계를 거쳐 그 성장이 둔화하고 있다. 일자리가 줄어들어 인구도 급격하게 빠져나가고 있다. 새로운 성장 물결을 타지 못한 과거 선진국 공업 도시들이 화려한 과거를 뒤로 한 채 몰락의 길을 걸었던 사실을 우리는 잘 알고 있다. 그러한 도시들의 전철을 밟지 않으려면 특단의 대책을 찾아야 한다. 이러한 문제를 해결하기 위해서는 국가 차원의 산업정책이나 지방정부의 대책이 필요하지만, 그동안 문제의 심각성만 제기하고 구호 차원의 신산업 필요성만 외쳤을 뿐 구체적 실천 방안은 제시하지 못하고 있다고 생각한다.

나는 이러한 문제를 해결할 수 있는 한 가지 방안으로 스타트업 활성화를 생각했다. 다양한 기술과 아이디어를 가진 개인이나 기업이 창업을 통해 지역에 새로운 성장산업을 일으킬 수 있다고 생각한 것이다. 벤처기업, 스타트업이 울산의 전통산업과 융합하거나 새로운 산업군으로 발전한다면, 지역 산업이 4차 산업혁명 시대의 미래 지향 산업으로 변모할 수 있을 것이다.

국가 정책 차원에서도 스타트업 활성화를 위해 외청 차원의 중소기업 행정을 중소벤처기업부로 승격시키면서 스타트업을 활성화하기 위해 최선을 다하고 있다. 벤처기업 활성화를 위해 정부 차원의 지원과 민간의 투자를 유도하기 위해 다양한 정책을 펼치고 있다. 팁스타운 정책이나 창업기획자(AC, Accelerater), 벤처캐피탈(VC, Venture Capital) 제도 등이 그것이다. 그러나 이러한 벤처 활성화를 위한 자원 대부분이 수도권에 집중되어 있어서, 지역의 창

업 투자 생태계는 무척 열악하다. 액셀러레이터(AC)나 벤처캐피탈
(VC) 전국 500개 사중 수도권에만 379사(76%)가 집중되어 있지
만, 울산에는 5개 사(1%)에 불과한 것이 이러한 사실을 웅변한다.

이러한 상황에서 지역의 스타트업 창업이나 성공은 지극히 한정
적이다. 우수한 기술이나 창업 아이디어를 가지고 있는 울산대학교
나 울산과학원의 교수와 학생들, 그리고 대, 중소기업의 기술자들이
창업하고 싶어도 지역의 열악한 창업환경에서는 엄두를 내지 못한
다. 그런데도 최근 유니스트 교수나 학생 중 창업해서 성공한 사례
가 몇몇 있었던 것은 대단히 고무적이다. 지역의 창업생태계를 활성
화하기 위해 나는 무엇을 어떻게 해야 할까를 생각했다.

유니스트 이용훈 총장과의 만남과 발전기금 기부

스타트업 기업과 스타트업을 지원하는 기관들을 집적화하는 것이
필요하다. 소위 클러스터를 만드는 것인데, 이들이 인근에 모여 있
으면 다양한 시너지 효과를 기대할 수 있다. 실리콘 밸리, 판교 밸리
가 이러한 예다. 스타트업 기업과 지원기관들을 집적화할 수 있는
가장 쉬운 방법은 빌딩을 지어 한 곳에 유치하거나 모으는 것이다.
소위 스타트업 타운 빌딩을 짓는 것을 의미한다.

스타트업 타운 빌딩을 계획하며 위치를 어디로 할 것인지 고민하
던 차 유니스트와 접촉하게 되었다. 유니스트 이용훈 총장을 만났
는데, 그가 쓴 책을 한 권 받았다. '퍼스트 무버, 유니스트'라는 제목

**FIRST MOVER
UNIST
퍼스트 무버, 유니스트**

울산과학기술원 이용훈 총장의
혁신 경영 에세이

UNIST

유니스트에 300억원 기부를 결심하게 한 유니스트 이용훈 총장의 책

의 책인데, UNIST를 어떻게 혁신할 것인가? 하는 내용이 담겨있었다. 특히 학생에게 창업할 수 있는 실전형 교육을 하겠다는 계획과, 울산의 산업을 미래형 산업으로 혁신할 바탕을 만들겠다는 비전에 큰 감명을 받았다.

학생들이 창업에 필요한 공부를 스스로 선택하게 하고, 창업 목표를 세우고 실현하는데 유효한 '문제해결식 교육'을 하여, 매년 50개 이상의 학생 창업동아리가 만들어질 수 있는 학생창업 붐을 조성하겠다는 내용이었다. 또한 전통산업 위주의 울산 산업을 인공지능,

유니스트 발전기금 기부 약정식에서 이용훈 총장, 임혜숙 장관과 함께

반도체, 디지털 헬스케어, 탄소 중립 등의 미래산업으로 전환하기 위한 대학원과 연구소를 만들며, 그에 필요한 전문가와 인재를 초빙하고 있는 이 총장의 실행력이 나의 관심을 끌었다. 내가 하고자 하는 일의 상당 부분이 이 총장의 구상과 일치했다.

또한, 학생들의 창업 교육을 위해 유니스트가 핀란드 알토 대학을 모델로 삼아 계획하고 있는 챌린지(Challenge) 융합관 사업이 나의 관심을 끌었다. 이 사업은 창의적이고 도전적인 실전형 교육과 활발한 창업을 지원하기 위한 건물을 건축하는 것이다. 이는 4차 산업혁명 시대에 학생이 주도적으로 '교육─실습─스터디 그룹─창업'을 할 수 있는 혁신공간이 될 것이며, 학생이 스스로 문제를 찾아 실전처럼 해결하는 환경을 제공할 것이라고 했다.

이 사업은 내가 추구하는 지역 스타트업 활성화의 씨앗이 될 수 있다고 판단했고, 이 사업을 적극적으로 지원하겠다고 약속하며, 유니스트에 300억 원의 발전기금을 기부하기로 했다. 지역의 스타트업 생태계 조성을 위한 나의 첫 발걸음인 셈이다. 유니스트에 발전기금 기부를 위한 약정식이 2021년 11월 4일 서울 코리아나호텔에서 열렸다. 나와 유니스트 이용훈 총장이 약정서에 서명하고 과학기술부 임혜숙 장관이 배석하는 형태였다. 유니스트에서는 내가 기부한 300억 원을 바탕으로 정부에 매칭 펀드를 요청해 총 600억 원의 사업을 추진 중이다. 나의 기부금이 마중물이 되어 정부가 동일금액을 출연하여 사업의 규모가 2배가 된 셈이다. 나는 약정식에서 UNIST가 울산에서 지역 인재를 육성하고 청년 창업을 활성화해서, 지역경제를 살리는 새로운 혁신 모델을 수립해달라고 당부했다. 이 기부는 UNIST 개교 이래 가장 큰 규모다. 울산시민의 염원으로 탄생한 UNIST의 성장발전을 위해 울산의 대표적 향토기업인 덕산이 앞장섰다는 점에서 의미가 크다.

이 총장은 내가 낸 기부금을 바탕으로 정부의 매칭 펀드를 지원받아 애초의 사업 규모를 확대해서 추진 중이다. 챌린지융합관의 규모가 확대되면, 애초에 내가 구상하였던 스타트업 타운 기능이 더해질 수 있다. 그렇게 된다면 챌린지융합관은 울산을 비롯한 동남권 지역의 스타트업 산실이 될 것이다.

스타트업 타운 건설과 병행해 나는 스타트업을 직접 지원할 수 있는 공익법인을 설립한 다음, 다음과 같은 사업을 하고자 한다. 첫째는 유망한 스타트업을 발굴해 필요한 맞춤식 교육과 지원을 하는 것이다. 소위 멘토링이다. 스타트업 중에는 사업 아이디어를 구체화할 수 있는 제품이나 서비스 개발이 필요한 기업, 필요한 기술 문제를 해결해야 하는 기업이 있다. 또한, 특허 사용과 등록, 생산(양산과 품질관리), 브랜딩과 마케팅, 글로벌 운영, 전문적인 기업 경영(회계, 세무 등) 등 다양하게 실천해야 할 분야가 있다. 안정적인 스타트업 기업이 되기 위해서는 현 단계에서 무엇이 필요하며, 필요를 어떻게 해결하며, 구체적으로 문제를 해결할 방안을 코치해 주는 전문가가 필요하다. 학생들이 그런 전문가를 찾는 등 다양하게 닥칠 문제를 스스로 해결하기는 쉽지 않다. 그래서 내가 만들 공익법인에서 그러한 역할, 즉 미국의 유명한 AC인 Y콤비네이터(Y Combinator)와 같은 역할을 하겠다는 것이다.

둘째는 스타트업 성장에 필요한 자본을 투자하는 것이다. 스타트업의 비즈니스가 어느 정도 성공 가능성을 인정받아 외부의 자본을 유치하기까지는 최소한의 자본이 필요하다. 공익법인은 이를 해결해 주는 기능을 할 것이다. 물론 이러한 투자는 위험이 크지만 투자한 기업이 성공할 때는 그만큼 수익도 커진다. 이것이 벤처캐피탈이다. 이러한 나의 구상이 실현되면 울산은 스타트업이 싹틀 수 있는 좋은 토양이 될 것이다.

스타트업의 성장과 스타트업 빌리지 조성

우리의 노력으로 지역에 스타트업 창업 붐이 일더라도 우려되는 일이 하나 있다. 우리의 바람은 지역에서 태어난 스타트업이 지역에서 성장하며 고용을 유발하고, 지역의 사업 지평을 바꾸었으면 하는 것이다. 그러나 스타트업이 지역에 발판을 마련하고 계속 지역에 머무르게 하기 위해서는 이들 스타트업의 정주 여건이 조성되어야 한다. 스타트업이 성장함에 따라 지속해서 인력이 필요하다. 우수한 인재를 유치하기 위해서는 정주 여건이 뒤따라야 한다. 쾌적한 환경과 교육, 의료, 문화, 유통 시설 등이 뒷받침되지 않으면, 몸이 가벼운 스타트업들은 좋은 환경을 찾아 떠나 버릴 것이다. 그러한 점에서 울산은 대단히 취약하다. 과거에 오로지 생산만을 염두에 두고 만들어진 공업단지는 공장만이 즐비한 삭막한 풍경을 연출했다.

이제는 바뀌어야 하고, 그래서 필요한 인프라가 스타트업 빌리지이다. 스타트업 빌리지는 성장한 스타트업들이 모여 자리매김하고 동시에 거주환경까지 잘 갖추어진 지역의 거점이 되는 것을 의미한다. 이러한 스타트업 빌리지의 조성은 지방정부가 나서야 해결할 수 있다. 유니스트 발전기금 기부에 대해 울산광역시에서 나에게 감사패를 수여하는 행사에서 나는 이점을 강조했다.

"제가 이 자리에서 말씀드리고 싶은 것은, 울산의 창업생태계를 활성화해 울산의 전통산업을 미래산업으로 변모시키려는 것입니다. 우리가 시작하는 이 사업이 성공하기 위해서는, 저희의 힘만으로는 부족합니다. 애써 잉태하고 보육한 스타트업들이 성장한 다음에 지역 사회를 떠나버린다면 그 목적은 달성할 수 없습니다. 울산의 신산업을 성장시켜 고용을 창출하기 위해서는, 이들 스타트업들이 울산에 정착해야 합니다. 이 자리에 계신 시장님과 시 관계자 여러분에게 이들이 정착할 수 있도록 여건을 조성하는 후속 사업을 마련해 주시기를 간곡히 부탁드립니다."

복지 사각지대에 있는 외국인 근로자에 대한 의료복지 지원

울산은 산업 수도로 불릴 만큼 제조업의 비중이 높고, 그만큼 많은 수의 제조업체가 있다. 이들 제조업체의 근로자 중에는 외국인 근로자가 많다. 근로 여건이 열악한 중소제조업체의 현장직 노동은 내국인들이 꺼리는 일이므로 외국인 근로자에게 의존할 수밖에 없다. 그런데 이들 외국인 근로자 중에는 불법체류자가 많다. 정부에서 정식으로 취업비자를 받고 입국한 근로자의 수는 지극히 제한적이라 이들만으로는 공장을 가동하기 힘든 실정이다. 따라서 다양한 방법으로 입국한 외국인들이 불법으로 체류하면서 기업의 문을 두드린다. 기업에서는 불법체류자인 것을 알면서도 공장 가동을 위해 이들을 채용하지 않을 수 없다.

문제는 이들 불법체류 외국인 근로자들이 모두 복지 사각지대에 놓여 있다는 것이다. 특히 이들이 질병이나 사고가 났을 때는 건강보험의 혜택을 받을 수 없고, 병원비 부담이 크기 때문에 병원을 이용하기도 대단히 어렵다. 특히 여성 근로자의 임신, 출산의 경우 그 부담이 엄청나다고 한다.

　내가 현업에서 은퇴 후 두 번째로 하고 싶은 사업은 복지 사각지대에 있는 외국인 근로자들에게 의료와 복지 혜택을 주는 일이다. 보다 구체적으로 생각해 보면 첫째, 외국인 여성의 분만비 지원, 둘째, 외국인 영유아의 예방접종 및 치료비 지원, 셋째, 외국인 근로자의 상해 수술비 및 치료비 지원, 넷째, 외국인 근로자의 건강증진 사업이다. 현업에서 은퇴하면 이러한 일들을 어떻게 할 수 있을지를 구상하고 내 힘이 닿는 한 이러한 사업에 매진할 것이다 [2].

---

2) 이 사업을 우선 시작해야겠다는 생각으로 2022년 5월, 외국인 의료복지 지원에 써 달라고 한국로터리 클럽에 성금을 기탁했다.

끝맺는 말

　야 놀자, 배달의 민족, 카카오 등의 성공 신화를 보면서, 벤처기업에 대한 관심도가 과거 어느 때보다 높아졌다. 그런 신화적인 현실을 보고 많은 사람이 벤처기업을 창업하거나 준비하고 있다. 1조 원의 기업 가치를 지닌 벤처기업을 유니콘 기업이라고 부른다. 그들 모두는 유니콘 기업을 꿈꾼다.

　하지만 관심에 비해 벤처기업에 대해 얻을 수 있는 정보는 많지 않다. 시중에 나와 있는 벤처기업을 다루고 있는 대부분 책들은 딱딱한 이론서들이다. 그것도 의미가 있겠으나, 나처럼 벤처기업을 직접 창업해 경영하면서 부딪친 문제들을 해결하는 과정과 그때그때 느낀 생각들을 다룬 생생한 경험담은 벤처기업 경영의 세계에 대한 안내서 구실을 충분히 할 수 있을 것이다.

　국가적으로도 중소기업청이 중소벤처기업부로 승격될 정도로 벤처기업에 대한 관심이 커졌다. 덕산은 벤처기업 1세대로서 유니콘 기업을 몇 개나 거느린 그룹으로 성장했다. 그런 성장 과정을 벤처기업을 경영하고 있는 사람이나, 벤처기업을 창업하려는 사람과 공유하기 위해 이 책을 썼다. 그들과 경험을 공유하는 것은 사회적, 경제적으로도 큰 의미가 있으리라고 믿는다.

벤처 1세대라는 말은 초창기에 벤처를 시작한 것을 의미한다. 그말은 내가 시작할 때는 우리나라에 벤처기업 경영의 길이 거의 없었음을 의미한다. 길은 처음 닦기가 힘이 들어서 그렇지 일단 닦아놓으면 뒤에 오는 사람은 그 길을 걸어오기만 하면 되므로 여러 사람에게 도움을 줄 수 있다. 이것이 이 책을 쓴 이유이기도 하다. 하지만 나의 길이 그들의 길과 똑같이 되어서는 안 된다. 왜냐면 나의한계가 그들의 한계가 되어서는 안 되기 때문이다. 단지 내가 닦은길이 흙길이라면 그들의 길은 아스팔트 길이 되었으면 좋겠다. 그렇기에 내가 만든 길이 그들의 길을 만드는 기초가 되기를 바란다.

이제는 4차 산업혁명 시대이다. 4차 산업의 주 종목은 IT를 비롯한 벤처 산업이다. 그런 환경에 적응하려면 변신 차원을 넘어 부흥수준이 되어야 한다. 나는 울산에서 14세기 서양에서 시작한 르네상스와 같은 벤처 부흥을 꿈꾼다. 울산에서 쏘아 올린 벤처 르네상스를 기폭제로 하여 우리나라 산업 전체가 한 단계 더 업그레이드되는 산업 르네상스가 이루어졌으면 좋겠다.

마지막으로 이 책은 기업가로서, 인간 이준호로서 살아온 많은 일이 기록되어 있다. 그리고 앞으로 나아갈 꿈도 들어 있다. 한 마디로이 책은 지나온 과거와 미래의 전환점으로서의 상징성을 가진다. 이 책이 벤처기업을 꿈꾸는 모든 사람에게 조금이라도 도움이 되었으면 좋겠다. 내가 UNIST 이용훈 총장이 쓴 '퍼스트 무버, 유니스트'라는 책을 읽고 유니스트에 발전기금을 기부하기로 결심하게 된 것처럼, 이 책이 누군가에게도 자신의 인생을 혁신하는 계기를 마련해 주는 선한 영향력이 되기를 기대한다.

2023년 2월
덕산 그룹 회장실에서

이정표 없는 길을 가다

2023. 2. 15. 초 판 1쇄 인쇄
2023. 2. 22. 초 판 1쇄 발행

지은이 | 이준호
펴낸이 | 이종춘
펴낸곳 | **BM** ㈜도서출판 **성안당**
주소 | 04032 서울시 마포구 양화로 127 첨단빌딩 3층(출판기획 R&D 센터)
　　　 10881 경기도 파주시 문발로 112 파주 출판 문화도시(제작 및 물류)
전화 | 02) 3142-0036
　　　 031) 950-6300
팩스 | 031) 955-0510
등록 | 1973. 2. 1. 제406-2005-000046호
출판사 홈페이지 | www.cyber.co.kr
ISBN | 978-89-315-5918-7 (03320)
정가 | 18,000원

이 책을 만든 사람들
책임 | 최옥현
기획 | 윤창영, 박미향
윤문 | 김하늘
교정 · 교열 | 김해영
본문 · 표지 디자인 | 박원석
홍보 | 김계향, 유미나, 이준영, 정단비
국제부 | 이선민, 조혜란
마케팅 | 구본철, 차정욱, 오영일, 나진호, 강호묵
마케팅 지원 | 장상범
제작 | 김유석

■ **도서 A/S 안내**

성안당에서 발행하는 모든 도서는 저자와 출판사, 그리고 독자가 함께 만들어 나갑니다.
좋은 책을 펴내기 위해 많은 노력을 기울이고 있습니다. 혹시라도 내용상의 오류나 오탈자 등이
발견되면 "좋은 **책은 나라의 보배**"로서 우리 모두가 함께 만들어 간다는 마음으로 연락주시기
바랍니다. 수정 보완하여 더 나은 책이 되도록 최선을 다하겠습니다.
성안당은 늘 독자 여러분들의 소중한 의견을 기다리고 있습니다. 좋은 의견을 보내주시는 분께는
성안당 쇼핑몰의 포인트(3,000포인트)를 적립해 드립니다.
잘못 만들어진 책이나 부록 등이 파손된 경우에는 교환해 드립니다.